사냥꾼의
눈

HAWK EYES

비즈니스 아이디어를 포착하는 관찰의 기술

사냥꾼의 눈

양은우 지음

와이즈맵

HAWK EYES

기회는 매일 우리 주변을 스치고 있고 누구에게나 공평하게 주어지고 있다.
날카로운 매의 눈으로 세상을 바라볼 수 있는 사냥꾼의 눈이 있다면
그 기회를 손아귀에 넣을 수 있지만 그렇지 않은 사람들은
지금과 별다를 바 없는 삶을 살게 될 것이다.

사냥꾼이 될 것인가 사냥감이 될 것인가?

    1990년대 말의 외환위기와 2007년의 금융위기를 겪으며 고용에 대한 사회구성원들과 기업의 통념이 달라지기 시작했다. 급속한 고도성장을 이루던 과거에는 한 번 들어간 직장이라면 자신이 원하지 않는 한 밀려날 우려가 그리 크지 않았고, 평생직장의 개념이 암묵적으로 통용되었다. 하지만 두 차례의 굵직한 사건 이후 고용에 대한 안정성은 사라졌고, 이를 보고 자라난 신세대들이 사회에 편입되기 시작하면서 직장에 대한 충성도는 더욱 희박해지고 있다. 사람들의 가치는 직장에서 개인의 삶으로 초점이 바뀌었고 미래를 준비하기 위한 수단으로 부와 성공에 관심을 가지기 시작했다. 그러던 중 찾아온 '코로나19' 팬데믹으로 인해 경기가 또다시 수렁으로 빠지며 자신의 의도와는 상관없이 직장을 잃거나 수입이 줄어드는 등 버거운 삶을 살게 되자 더욱 많은 사람들이 부에 관심을 가지게 되었다. 아무리 어려운 일이 있어도 돈만 있다면 얼마든지 이겨낼 수 있다는 믿음이 커졌기 때문이다.

우리가 살아가는 세상은 약육강식의 법칙이 지배하는 정글과 크게 다를 바 없다. 정글에는 사냥꾼과 사냥감이라는 두 가지 중요한 요소가 존재한다. 사냥꾼은 다른 개체를 잡아먹는 힘을 가진 개체를 말한다. 사냥감은 사냥꾼에게 자신을 내줌으로써 그들을 먹여 살리는 힘 없는 존재다. 사냥꾼이 되면 편한 삶을 살 수 있지만 사냥감이 되면 한시도 발 뻗고 살 수 없다. 늘 숨죽이고 사냥꾼의 눈에 띄지 않도록 납작 엎드려 지내야만 한다. 잡아먹히지 않아야만 생존할 수 있기 때문이다. 힘 있는 사람이 힘없는 사람을 잡아먹는 등식은 불변의 명제처럼 여겨졌다.

세상이 빠르게 변화하며 불변의 진리 같던 정글에서의 생존 패러다임에 다시 금이 가기 시작했고 게임의 법칙 또한 달라지고 있다. 사냥감처럼 납작 엎드려 지내던 사람들이 어느 날 갑자기 전리품을 손에 쥔 사냥꾼으로 화려하게 등장하는 일들이 속속 생겨나기 시작한 것이다. 자신이 보유한 지식, 자신이 개발한 콘텐츠, 자신이 가진 아이디어를 이용해 사업을 일구고 부를 축적해나갔다. 젊은 부자들이라는 의미의 '영 앤 리치Young & Rich'라는 단어가 새로운 키워드로 떠오를 만큼 재력을 갖춘 2~30대들이 빠르게 늘고 있다. 백화점 등 유통업계에서는 커지는 이들의 영향력에 맞춰 VIP로 대우하고, 이들을 상대로 한 기업의 마케팅 비중도 증가하고 있다. 한국부동산원 자료에 따르면 2020년 서울 아파트의 매입 연령 중 30대가 차지하는 비중은 38.5퍼센트로 전체 연령층 중 가장 높다. 이 수치는 2019년의 31.2퍼센트에 비해 크게 증가했다. 과거에는 직장생활을 하며 한푼 두푼 모은 돈으로 4~50대는 돼야 집 한 채 마련할 수 있던 것이 갈수록 어린 연령대로 바뀌고 있는 것이다. 물론 이들 중에는 부모로부터 재산을 물려받은 소위 '다이아몬드 수저'나 '금수저'가 다수 포함되어 있겠지만 하지만 주식이나 부동산, 비트코인 등의 재무적 투자활동, 유튜브나 인스타그램 등의 SNS를 이용한 콘텐츠 크리에이션 혹은 인플루언서 활동, 스타트업과 같은 유무형의 생산 활동을 통해 부를 창출하는 사람들도 꽤 많다. 과거의 '그 나이라면' 결코 생각할 수 없는 부와 성공을 일궈낸 젊은 세대들이 크게 늘어나고 있는 것이다.

　　SNS를 기반으로 활동하는 사람들 중에는 자신이 생산해낸 콘텐츠를 통해 매월 수천만 원에서 수억대의 고수익을 올리는 사람들도 있다. 특히 '먹방' 전문 유튜버 중에는 한 해에만 수십억 원의 수익을 창출하는 사람도 있을 정도다. 게임을 주제로 연 20억 원 가량의 수익을 올리는 유튜버부터 7,000만 원의 종잣돈으로 고시원에 투자해 5년 만에 10억 원의 수입을 올린 경험을 공유하는 주부, 치킨집 배달부 출신으로 60만 명의 구독자를 보유한 엔터 크리에이터, 국사 선생님을 준비하던 임용 고시생에서 먹방계의 스타로 떠오른 사람도 있다.
　　이것은 젊은 사람들에게만 해당되는 것은 아니다. 평범한 시골 할머니였던 박막례 씨는 손녀의 도움으로 유튜브에 영상을 올리기 시작한 이후 구독자 130만 명을 거느린 콘텐츠 크리에이터가 되었을 뿐 아니라 유튜브와 구글의 CEO를 만나는 등 일반인으로서는 상상할 수 없는 삶의 변화를 겪고 있다. 박막례 할머니의 콘텐츠는 연령대에 상관없이 사랑받고 있는데 요리 레시피는 2021년 초 현재 조회수만 무려 3,000만 회가 넘을 정도이며 한 업체에서는 인공지능 기술을 이용해 이 레시피를 오디오북으로 펴내기도 했다. 이러한 성공에 힘입어

'집밥 할머니'나 '영원씨', '나할매일기장' 등 할머니 유튜버들의 활동도 눈에 띄게 증가했다. '영원씨'를 제외한 다른 유튜버들의 구독자 수는 아직 적은 편이지만 꾸준한 활동을 통해 구독자를 늘려 나가며 부수입까지 올리고 있다.

물론 젊은 부자들 모두가 유튜브 같은 소셜 미디어로만 수입을 올리는 것은 아니다. 일찌감치 미국 주식에 투자해 적지 않은 배당금 수입을 올리거나 아마존 등을 통한 전자상거래로 매월 수백만 원부터 수천만 원씩 부수입을 올리는 사람들도 있다. 1990년생인 김주윤 씨는 2015년에 '닷dot'이라는 기업을 설립한 후 시각장애인을 위해 스마트폰으로 전달된 메시지를 점자로 바꿔주는 점자 스마트워치 '닷워치'를 개발했다. '닷워치'는 출시와 동시에 세계적인 호평을 받았고 2020년 12월에는 1,000억 원대의 계약 체결에 성공했다. 전문대 졸업 후 중소기업에서 사무직으로 일하던 김소영 씨는 20대의 나이에 모은 1억 원의 종잣돈으로 창업했다. 그녀는 대기업에서 제품을 만들고 남은 자투리 원단으로 옷을 제작해 창업 2년 만에 160억 원의 매출을 올렸다. 이 외에도 독창적인 아이디어 하나로 사업을 시작해 수백억 원대의 매출을 올리는 젊은 사업가들도 셀 수 없이 많아졌다.

이들의 성공 이야기를 듣다보면 부러운 마음도 들지만 그들도 처음부터 수월하게 지금의 자리에 오른 것은 아니다. 그들은 적게는 수백만 원의 자본금으로 시작해 스스로의 아이디어와 노력만으로 부와 성공의 자리에 올랐다. 그 얘기를 뒤집으면 누구든 그들처럼 부와 성공을 누릴 수 있는 세상이 되고 있다는 것이다. 세상이 변하는 만큼 돈을 벌 수 있는 환경도 변화하고 있기 때문이다. 과거처럼 제조업 위주의 세상에서는 돈을 가진 사람들만이 돈을 벌 수 있었다. 반드시 그런 것은 아니지만 대체로 그랬다. '돈이 돈을 번다'는 말처럼 돈 없이 돈을 벌기란 거의 불가능한 일이었다. 돈 없는 사람들이 할 수 있는 일은 돈을 가진 사람 밑에 들어가 노동력을 제공하고 그 대가를 받는 것이었다. 따라서 젊은 나이에 부자가 되기란 그리 쉬운 일이 아니었다. 물론 과거에도 스스로 기업을 일구고 자신의 콘텐츠를 이용해 돈벌이를 하는 사람들이 있었지만 분야나 규모는 제한적일 수밖에 없었다.

하지만 세상이 바뀌어 돈이 없어도 돈을 벌 기회가 많아지고 있다. IT 기술의 발달과 페이스북, 유튜브, 인스타그램 등 소셜 미디어 플랫폼의 증가, 스마트폰을 중심으로 한 라이프스타일의 변화, 일부 전문가들에게만 허용되던 지식의 보편화, 클라우드 펀드나 벤처 캐피털 등 유용할 수 있는 자금의 확대 등 환경의 변화로 인해 좋은 아이디어 하나만 있으면 누구나 돈 버는 일에 도전할 수 있다. 사람들의 라이프스타일이 바뀌고 대기업이 채우지 못하는 니즈의 틈바구니가 생겨나면서 바로 이 지점에서 금을 캐내는 사람들이 많아지는 것이다. 이러한 추세는 앞으로도 더욱 확산될 것이다. 자금, 기술력, 커뮤니케이션 플랫폼 측면에서 환경은 더욱 좋아질 것이며 아이디어 하나로 부와 성공을 거머쥐는 사람들 또한 크게 늘어날 것이다.

우리가 사는 세상을 사냥꾼과 사냥감이 공존하는 정글이라고 비유한다면 스스로의 노력을 통해 성공을 거머쥐고 부를 축적한 사람들은 '성공한 사냥꾼'이라고 할 수 있을 것이다. 급격하게 기회의 문이 넓어지는 세상에서는 누구나 자신의 지식, 자신의 콘텐츠, 자신의 아이디어로 부와 성공의 자리에 오를 수 있다. 사냥감이라는 패자의 자리에서 사냥꾼이라는 승자의 자리에 오를 수 있게 된 것이다. 이런 세상에서 정글의 주인인 사냥꾼이 될 것인지, 여전히 사냥감으로 남아 숨죽이며 살 것인지는 전적으로 각자의 선택에 달려 있다. 여러분은 사냥꾼이 되고 싶은가, 아니면 사냥꾼에게 잡아먹히는 사냥감이 되고 싶은가? 그 누구도 사냥감으로 남아있고 싶은 사람은 없을 것이다. 그렇다면 사냥꾼이 되기 위해 가장 중요한 것은 무엇일까? 지금부터 바로 그 이야기를 시작해보려고 한다.

CONTENTS

PROLOGUE_ 사냥꾼이 될 것인가 사냥감이 될 것인가? 6

01 사냥꾼의 눈으로 세상 바라보기

21세기는 가치창출의 시대 18 | 변화하는 세상, 새롭게 등장하는 가치들 21 | 아이디어 사냥꾼의 힘 29 | 누구나 성공을 꿈꾸는 기획자의 시대 33 | 기획의 시작은 기회의 발견 38

02 관찰은 어떻게 무기가 되는가

관찰이 만들어낸 인간세상 46 | 사냥꾼들의 성공적인 재테크 50 | 관찰이 창의력을 높여줄 수 있을까? 58 | 관찰과 상상력의 방정식 66 | 산모들의 생명을 구한 관찰 73 | 모든 혁신의 출발점 76 | 진짜 사냥꾼은 가치를 쫓는다 81 | 구글의 실패가 말해주는 것 84

03 무엇을 관찰할 것인가?

해소되지 않는 불편함 _Inconvenience 94 | 채워지지 않는 부족함 _Deprivation 105 | 획일화 속에 숨겨진 다름 _Difference 111 | 제거하고 싶은 불안 _Anxiety 118 | 세상을 움직이는 변화 _Trend 125 | 겉으로 드러나지 않는 이면 _The Other Side 138 | 일상에 숨어있는 패턴과 스타일 _Pattern & Style 146 | 사물의 본질 _Essence 157 | 웃음을 만들어내는 즐거움 _Fun 163

04 기회를 놓치지 않는 관찰의 기술

뇌 속에 관찰회로를 만들어라 176 | 관심의 끈을 놓지 마라 180 | 달라진 지점을 캐치하라 184 | 당연한 것, 사소한 것을 놓치지 마라 190 | 남들과 다르게 보라 196 | 중립적이고 객관적으로 보라 211

05 사냥꾼은 오직 성과로 말한다

의문을 갖고 분석하라 221 | 새로운 것을 유추하라 228 | 모방하고 또 모방하라 234 | 우연한 발견도 반복적으로 관찰하라 240 | 영감이나 직감을 떠올려라 245 | 관찰을 기반으로 문제를 해결하라 248

06 관찰력을 키워주는 일상의 훈련

그림이나 사진을 보며 묘사하기 264 | 그림으로 기록하기 275 | 본 것을 떠올리며 메모하기 278 | 메타인지로 관찰 수준 파악하기 280 | 전체를, 세밀하게, 집중해서 283 | 천천히, 조금 더 느리게 285 | 전자기기 내려놓기 288

EPILOGUE 관찰이 바꿔놓을 삶을 준비하라 293

참고문헌 296

PART 1
사냥꾼의 눈으로
세상 바라보기

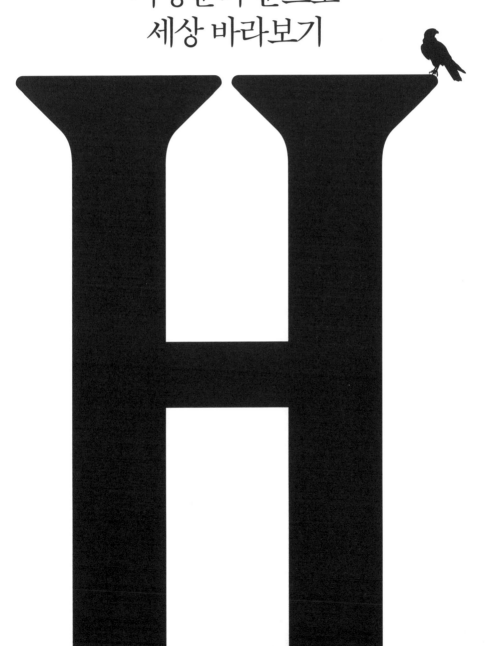

HAWK EYES

필자가 대학을 다닐 때까지만 해도 세상은 참으로 안정되어 있었다. 안정되어 있었다는 말은 세상의 변화가 그다지 빠르지 않았다는 것을 의미한다. 사람들은 아날로그식 사고와 프로세스에 익숙해져 있었고, 모든 제품이나 서비스도 아날로그 기반으로 만들어졌으며 모든 활동은 당연히 오프라인에서 이뤄졌다. 물론 그때도 소니SONY에서 개발한 워크맨이나 비디오카메라 같은 혁신적인 제품들이 등장하면서 세상을 깜짝 놀라게 한 시도들이 있었지만 새롭고 혁신적인 제품보다 기존에 존재하던 제품을 대량생산 체제에 의해 값싸고 품질 좋게 만들어내는 기업이 시장에서의 우위를 점하는 시대였다. 마이클 포터 Michael Porter 교수가 말하는 경쟁우위 요소인 차별화와 저비용 중 저비용에 보다 방점이 찍혀 있었던 것이다. 치약을 예로 들어보면, 하얀색 튜브에 하얀색 치약 일색이던 시장에 어느 순간부터 새로운 제품들이 쏟아져 나오기 시작했다. 줄무늬 치약이 등장하고 맛이나 향, 모양, 기능과 같은 차별화 요소들이 개입되며 기존과는 색다른 제품들을 내놓기 시작했다. 그렇게 시작된 차별화는 어느새 기업의 생존과 성장을 이끌어가는 핵심요소로 자리잡았다. 그것이 불과 수십 년 전이다.

제품과 서비스를 생산만 하면 되던 시대도 있었다. 그때는 굳이 힘들게 제품개발에 공을 들이지 않아도 되었고, 색다른 아이디어를 떠올리는 것보다 더 많은 자금을 확보하는 것이 중요했다. 하지만 그런 시대는 이미 막을 내린 지 오래다. 제품이나 서비스를 제공하는 기업의 수가 늘어나 공급이 수요를 초과하는 시대로 전환되며 시장의 주도권은 공급자가 아닌 수요자가 쥐게 되었다. 이제 전 세계 모든 기업에게 '차별화'는 생존을 위한 필수요소가 되어버렸다. 아니, 차별화를 넘어 누구도 제공하지 않는 독자적인 제품이나 서비스가 생존의 조건으로 언급되기도 한다. 여전히 저비용이 기업의 경쟁우위 요소 중 하나이기는 하지만 소비자들의 눈높이 자체가 달라져 더 비싸더라도 자신이 원하는 가치를 충족시켜줄 수 있는 제품이나 서비스라면 기꺼이 비용을 지불하려는 가치소비가 늘어나고 있다. 이러한 추세는 앞으로도 지속될 것이다.

여기에서 더 나아가 수요가 공급을 창출하는 시대가 올 것으로 전망된다. 이미 10대들의 라이프스타일에 맞춰 위치정보를 바탕으로 커뮤니케이션 툴을 제공하는 '젠리Zenry'나 젊은 사람들의 채팅 방식을 차용한 소셜 창작 앱 '채티Chatie' 같은 서비스가 성행 중이다. 이처럼 수요가 시장을 창출하는 상황에서 중요한 것은 소비자의 니즈이다. 디지털 기기를 신체의 일부분처럼 여기는 '디지털 네이티브digital native'가 늘어날수록 지금보다 더욱 편리한 것, 그동안 생각하지 못했던 것, 지금껏 세상에 존재하지 않았던 것, 지금보다 더욱 심리적 만족감을 줄 수 있는 것, 지금보다 훨씬 즐겁게 소비할 수 있는 것 등을 찾는 소비자들이 증가할 것이다. 이렇게 소비자들이 요구하는 무언가를 다른 말로 '가치'라고 할 수 있는데 앞으로는 이런 소비자의 가치를 만족시킬 수 있는 기업만이 살아남을 수 있다. 이 말은 무척 중요한 의미를 갖는데, 누구든 소비자가 요구하는 가치를 먼저 찾아내 충족시킬 수 있다면 스스로 사업가가 될 수 있다는 말이기도 하다. 정글에서는 먼저 사냥감을 찾아내는 사냥꾼이 승리할 수 있는 것처럼 누구나 스타트업 창

실시간 위치정보를 바탕으로 한 커뮤니케이션 툴 젠리
(출처_젠리 홈페이지)

업자로 기회를 잡을 수 있다는 것이다.

여기에서 사람들이 추구하는 가치라는 것은 고정된 것이 아니라는 데 주목해야 한다. 시대의 변화에 맞춰 소비자들의 인식도 개념도 달라지고, 생활패턴이나 라이프스타일이 달라지면서 그들이 추구하는 가치 또한 끊임없이 바뀔 수밖에 없다. 지금 사람들이 중시하는 가치는 시간이 지나면 더 이상 존재하지 않기도 하고, 과거에는 찾아볼 수 없었던 새로운 가치를 추구하는 경향이 나타날 수도 있다. 예를 들어, 과거에는 편의점에서 도시락을 사 먹는 사람들이 거의 없었다. 집에서 가족과 함께 밥을 먹거나 직장에서 동료들과 함께 식사하는 사람들이 대부분이었기 때문이다. 하지만 1인 가구가 늘어나고, 사회문화적 변화와 인간관계에 대한 개념이 달라지면서 혼자서 밥이나 술을 먹는 혼밥, 혼술이 일상화되었으며 사람들의 요구도 자연스럽게 이러한 변화를 따라가게 되었다. 더불어 코로나로 인해 '언택트untact', '온택트ontact'가 일상화되고 '뉴노멀new normal'이 '노멀normal'이 되는 세상에서 이런 추이는 롤러코스터를 탄 것처럼 더욱 빠르게 진행될 것이다.

이러한 세상에서 경쟁의 우위를 점하고 승리하기 위해서는 소비자가 원하는 가치를 누구보다 먼저 파악하고 선제적으로 대응하거나 소비자 자신도 모르고 있던 가치를 찾아내 먼저 제시함으로써 그들을 리드해 나가야 한다. 이러한 행위를 '가치창출'이라고 할 수 있는데 이는 '소비자를 관찰하고 연구해 그들의 드러난 욕구 혹은 빙산처럼 물속에 잠겨 있는 숨겨진 욕구를 찾아내 만족시키는 행위'라 할 수 있다. 예리한 눈으로 사냥감을 발견하고 사로잡는 것이 바로 가치창출인 셈이다.

변화하는 세상, 새롭게 등장하는 가치들

'공유경제(sharing economy)'라는 말은 하버드대학교의 로런스 레시그Lawrence Lessig 교수가 2008년에 처음 제안한 용어로 '생산된 제품이나 서비스를 여러 사람이 공동으로 사용하는 협력소비를 기반으로 한 경제방식'을 말한다. 처음에는 그 개념조차 낯설게 여겨졌지만 지금은 우리 주위에서 흔히 볼 수 있는 비즈니스 형태의 하나로 자리잡고 있다.

이미 그 전에도 방향이 같은 사람끼리 차를 나누어 타는 '카풀' 같은 나눔 서비스는 있었지만 그 차의 소유주가 명확히 존재했던 것과 달리 공유경제는 제품이나 서비스를 특정인이 소유하는 개념 자체가 사라진 것이라고 볼 수 있다. 즉, 특정 개인이나 단체가 제품이나 서비스에 대한 소유권을 가지는 것이 아니라 누구든 필요한 사람이 일정 비용만 지불하면 해당 제품이나 서비스를 이용할 수 있게 한 것이 공유경제의 기본 개념이다. 바쁘게 살아가는 세상에서 풀타임으로 사용할 일이 없는 물건을 1년 365일 내내 소유하기보다는 필요할 때 필요한 만큼만 빌려 쓰자는 합리적인 소비의식이 만들어낸 결과이다.

　본격적으로 공유경제 시대의 출범을 알린 기업은 아마도 미국의 집카Zipcar가 아닐까 싶다. 1999년에 설립된 집카는 자동차를 소유하는 대신 필요할 때에만 빌려 사용할 수 있도록 했다. 창업자인 로빈 체이스Robin Chase는 집카에 대해 'ATM처럼 24시간 내내 자동차를 쉽고 편리하게 빌릴 수 있는 서비스'라고 설명한다. 이전까지만 해도 사람들은 자동차를 당연히 개인 소유라 여겼던 만큼 초기에는 고객 불신 등 다양한 어려움을 겪기도 했지만 이후 입소문을 타고 빠른 성장을 이뤄 2013년 렌터카 기업 에이비스Avis에 5억 달러(약 6,000억 원)에 인수됐다.

　2008년에 설립된 에어비앤비Airbnb도 공유경제의 성공 사례이다. 조 게비아Joe Gebbia와 브라이언 체스키Brian Chesky, 네이선 블러차직Nathan Blecharczyk, 샌프란시스코의 한 아파트에 살고 있던 이 세 사람은 그 지역에서 대규모 디자인 콘퍼런스가 열리는 동안 사람들이 숙박 장소를 찾는 데 어려움을 겪는다는 사실을 알게 되었다. 물리적인 시설을 갖춰야 하는 호텔의 특성상 대규모 행사가 있다고 객실을 늘릴 수도 없어 콘퍼런스 기간 내내 모든 호텔은 몰려든 손님들로 인해 만원을 이루었다. 미처 예약을 하지 못한 상당수의 사람들은 방을 구하

공유경제를 처음 제안한 경제학자 로런스 레시그 교수

(출처 _apbspeakers.com)

지 못해 애를 태웠다. 이를 지켜 본 세 사람은 조의 아파트에 에어 매트리스 세 개를 구입해 놓고 외지인들을 대상으로 잠자리와 아침을 제공하며 샌프란시스코의 카페, 식당을 비롯한 지역정보를 소개해 주는 서비스를 떠올렸다. 에어비앤비라는 이름은 바로 '에어 베드air bed'와 '브랙퍼스트breakfast'에서 유래한 것이다. 그렇게 시작한 사업은 소비자들로부터 예상외로 좋은 반응을 얻기 시작했고 입소문을 타고 알려져 대규모 투자 유치와 함께 무섭게 성장했다. 2020년에는 코로나 사태로 인해 심각한 수익 악화에 시달리기도 했지만 12월에 진행된 IPO에서 상장 첫날 공모가의 2배 가까운 870억 달러(약 95조 5,000억 원) 규모의 시장가치를 인정받으며 나스닥에 안착했다.

집카와 에어비앤비 등의 성공은 모든 산업분야에서 다양한 형태의 공유경제 붐으로 이어졌다. 일반인이 운전하는 승용차를 이용해 승객을 목적지까지 수송할 수 있는 플랫폼 우버Uber나 그의 대항마로 등장한 리프트Lyft, 내실 문제로 홍역을 앓고 있기는 하지만 크게 성장해온 공유 오피스 위워크WeWork, 누구나 자신이 알고 있는 내용을 편집함으로써 지식을 공유하는 위키피디아Wikipedia 등 유형자산은 물론 무형자산을 포함해 다양한 분야에서 공유경제를 실현하려는 시도가 늘고 있다. 국내에서도 차량을 공유하는 '소카'나 '그린카', '카카오 카풀', 여러 명이 한 집을 나누어 사용하는 '셰어하우스', 자전거를 공유하는 '따릉이' 등 공공과 민간분야 모두에서 다양한 시도가 이뤄지고 있다. 공유경제의 규모가 확대됨에 따라 법적 분쟁 등 다양한 문제도 발생하고 있지만 이는 기존에 동일한 서비스를 제공하던 기득권 세력이 새로운 가치의 서비스를 제공하는 기업들에 저항하는 과정에서 발생되는 필연적인 문제라 할 수 있다.

최근에는 '구독경제'라는 말도 핫 이슈이다. 구독경제란 '정기적으로 일정액을 지불하면 사용자가 원하는 상품이나 서비스를 공급자가 주기적으로 제공해주는 유통 서비스'를 말한다. 구독경제의 대표주자로 '넷플릭스Netflix'를 들 수 있다. 매월 7.99달러(스탠더드 서비스 기준)만 내면 모바일이나 TV를 통해 원하는 영상을 무제한으로 스트리밍 서비스로 제공함으로써 오프라인 시장을 장악했던 비디오 대여업체를 제치고 해당 분야 선두를 고수하고 있다. 구독경제 서비스는 옷이나 화장품, 생활용품부터 의료나 건강, 지식 등의 분야로까지 확대되고 있다. '후치Hooch'라는 스타트업은 매월 9.99달러만 내면 뉴욕 맨해튼에 위치한 수백 개의 술집에서 매일 칵테일 한 잔 씩을 마실 수 있는 서비스를 제공하고 있으며 란제리 회사 '아도르미Adore me'는 개인 맞춤형 속옷을 배송하는 서비스를 제공하고 있다.

구독경제의 대상에는 제한이 없어 똘똘한 아이디어 하나만 있으면 누구나 사업을 시작할 수 있다. 2015년에 미국에서 설립된 '스낵네이션SnackNation'이라는 스타트업은 기업들을 대상으로 다양한 과자를 정기 배송해주는 서비스를 제공한다. 이 서비스는 직원들의 간식 공급이나 원활한 회의 진행을 위한 매개체로 인기가 높다. 많은 기업들이 간식이 떨어질 때마다 소규모로 구입을 하다 보니 대량구매의 혜택을 누릴 수 없고 그 종류도 한정적일 수밖에 없었다. 스낵네이션은 그 틈을 비집고 들어가 5,000여 가지 종류의 과자를 시중보다 40퍼센트 저렴하게 공급함으로써 뜨거운 반응을 얻고 있다. 창립 2년만인 2017년에는 마이크로소프트Microsoft, 우버, 디즈니Disney, 휴렛팩커드Hewlett Packard 등과 계약해 무려 9,000퍼센트라는 경이적인 매출 성장을 보였고, 다양한 벤처캐피탈로부터 약 2,250만 달러(약 250억 원)의 투자를 유치했다. 2019년에는 공유오피스 서비스를 제공하는 위워크의 유통사업 부문인 '위마켓WeMRKT'의 파트너로 선정되기도 했다. 창업자인 숀 켈리Sean Kelly는 포브스Forbes 선정 미국에서 가장 유망한 35세 미만 CEO로 꼽히기도 했다.

국내에서도 이와 유사한 구독경제 모델이 등장하고 있다. 스타트업 '스낵트립snacktrip'은 정부로부터 공식 수입허가를 받은 세계 여러 나라의 과자를 정기적으로 배송해주는 서비스를 시행 중이다. 정기구독을 신청하면 1월에는 일본, 2월에는 인도네시아, 3월은 독일 등 매월

공유경제를 주도하는 위워크, 에어비앤비, 집카
(출처_공식 홈페이지)

다양한 나라의 과자를 받아볼 수 있다. 가격도 시중가 대비 20~30퍼센트가량 저렴해 아이를 둔 가정은 물론 직원들 간식거리를 제공하는 기업체나 다문화 수업을 하는 학교에서 수요가 많다. 스낵트립의 임두성 대표는 창업을 결심하고 아이디어를 찾던 중 여러 나라의 다양한 간식을 사람들에게 맛볼 수 있게 하자는 아이디어가 떠올라 사업을 시작하게 되었다고 한다. 롯데제과도 업계에서는 처음으로 '월간과자'라는 구독서비스를 시행 중이다. 월 9,900원의 비용을 내면 매월 다른 종류의 과자를 편하게 집에서 받아볼 수 있다 외국인을 대상으로 우리나라 과자를 정기적으로 보내주는 서비스도 있다.

제주 삼다수는 생수를 정기적으로 배송하는 서비스를 제공 중이다. 쥬비스는 다이어트 식품을 제공하고 동원F&B는 반찬을, 꽃 배송 업체인 쿠카는 2주에 한 번씩 꽃을 배송해주는 서비스를 제공한다. 이러한 변화는 문화예술계도 예외가 아니다. 이슬아 작가는 2018년부터 〈일간 이슬아〉를 운영해오고 있다. 일반적으로 작가가 쓰는 글은 책의 형태로 독자들을 만나게 마련이지만 이슬아 씨는 그러한 틀을 벗어나 구독료를 받고 월요일부터 금요일까지 매일 한 편의 글을 독자들에게 이메일로 보내고 있다. 현재는 불규칙한 주기로 운영되고 있지만 구독경제의 형태를 취한 것이라 할 수 있다. '밀리의 서재'는 매월 일정 금액을 내면 원하는 만큼 책을 읽을 수 있는 서비스를 제공하고 있다. 이처럼 구독경제는 전 산업에 걸쳐 확대되고 있는데 글로벌 투자은행 크레디트 스위스Credit Suisse에 따르면 세계 구독경제의 규모가 2020년에는 약 5,300억 달러(약 583조 원)에 이르고 그 규모는 앞으로 더욱 가파르게 상승할 것으로 예측했다.

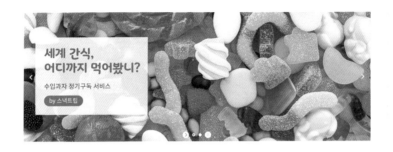

세계의 간식을 정기적으로 배달해주는 서비스 스낵트립
(출처 _스낵트립 홈페이지)

    잠깐! 그래서 어쨌다는 것인가? 잠시 한 번 생각해보자. 소비자들의 사고와 행동을 주의 깊게 살펴보고, 그들이 원하는 것을 차별화된 방식으로 제공하거나 눈앞에 펼쳐진 이러한 변화를 놓치지 않고 뛰어든 사람들은 적지 않은 성공을 거두고 있다. 그런데 이러한 사례가 꼭 여기 언급된 사람들에게만 국한될 수 있는 일일까?

    우리 주변을 돌아보면 여전히 누군가와 공유하거나 정기적으로 구독 서비스를 제공할 수 있는 제품이나 서비스는 부지기수다. 이러한 변화는 여전히 진행 중이고 앞으로 더욱 많은 분야에서 더 다양한 서비스가 제공될 것이며 나아가 새로운 형태로의 변화가 일어날 것이다. 고무적인 것은 관심을 갖고 주의 깊게 세상의 변화를 지켜보면 누구나 성공 사례의 주인공이 될 수 있다는 것이다. 공유경제나 구독경제 외에 4차 산업혁명, 디지털 트렌스포메이션 등 기존 비즈니스의 판을 바꾸는 개념들은 끊이지 않고 등장하고 있다. 과거처럼 오프라인 기반으로 하나의 제품이나 서비스를 질 좋고 값싸게 만들어 파는 시대는 저물어가고 예전에는 생각지 못했던 패러다임을 앞세워 시장의 강자로 떠오르는 기업이나 개인들이 늘어나고 있다.

아이디어 사냥꾼의 힘

다수의 가치가 비지니스를 창출하는 것이 일반적이지만 한 개인의 가치가 변화를 만들어내기도 한다.

개인이 만들어낸 가치가 죽어가던 마을 경제를 기적적으로 되살려낸 사례도 여럿 있다. 미국의 미주리 주에 있는 해밀턴은 인구가 고작 1,800명밖에 안 되는 작은 도시에 불과했지만 현재는 매년 8,000명 이상의 관광객이 몰려드는 관광도시로 변모했다. 이 도시에는 '미주리 스타 퀼트Missouri Star Quilt'라는 회사가 있는데 이 회사가 바로 해밀턴을 관광도시로 탈바꿈시킨 주역이다.

캘리포니아에 살던 평범한 가정주부 제니 돈Jenny Doan은 남편의 월급만으로 7명이나 되는 자녀를 부양하기에는 하루하루가 벅찼다. 고민 끝에 그녀는 미국에서 가장 물가가 싼 곳을 찾아 1995년 해밀턴으로 이주한다. 하지만 연고도 없는 낯선 지역에서 혼자 생활하다 보니 견딜 수 없는 외로움이 밀려왔고, 이를 달래기 위해 퀼트를 시작하게 되었다. 차고 한편에서 딸이 마련해준 재봉틀을 이용해 퀼트 제품을 만들면서 점차 실력이 향상되기 시작했고 이불처럼 커다란 제품을 만들 수 있는 수준에까지 이르렀다. 제니의 아들은 이렇게 만든 퀼트 제품들을 인터넷을 통해 홍보하기 시작했다. 여기에 소비자들이 쉽게 따라할 수 있도록 미리 재단해놓은 천 조각과 패턴 도안 세트를 판매하고 유튜브를 통해 교습을 하는 아이디어까지 더해졌다. 이 영상이 입소문을 타고 사람들에게 알려지면서 제니는 25만 명의 구독자를 가진 인기 유튜버가 되었고 '퀼트의 오프라 윈프리'로 불리며 사업은 승승장구했다. 사업이 점점 커지자 가족은 물론 주변 지인들까지 그녀의 사업에 합류하기 시작했다.

유튜버로써의 영향력이 커지자 또 다른 변화가 생기기 시작했는데, 2013년부터 구독자들이 제니를 직접 보기 위해 마을을 찾아오기 시작한 것이다. 시간이 지날수록 마을을 찾는 사람들의 수는 늘었고 몰려드는 관광객들로 마을이 활성화되기 시작했다. 그러자 제니는 마을에 퀼트 패키지를 더욱 쉽게 포장할 수 있는 컨베이어 시스템을 구축하고 주문처리 소프트웨어를 개발하는 등 보다 많은 투자를 했다. 또 마을의 상점들을 사들여 퀼트 제품을 판매하는 매장을 늘리고 지역 주민들을 고용했다. 그러자 관광객의 숫자는 물론 이로부터 파생된 식당이나 빵집 등의 상점들도 늘어났다. 퀼트를 배우기 위해 찾아온 여성들이 머물 수 있는 퀼트 휴양소와 부인들을 따라온 남편들을 위해 당구장이 있는 휴게소가 만들어지는 등 해밀턴은 이전과 다르게 활기찬 도시로 탈바꿈하게 되었다. 미주리 스타 퀼트는 연간 매출이 4,000만

소도시 해밀턴을 관광도시로 탈바꿈시킨 미주리 스타 퀼트
(출처 _ 미주리 스타 퀼트 홈페이지)

달러(약 440억 원)를 넘으며 2015년에는 미국 정부로부터 '올해의 중소기업'으로 선정되기도 했다. 개인의 노력이 가치를 만들어내고 그 가치가 더욱 큰 가치를 연이어 창출해냄으로써 나비효과처럼 쓰러져 가던 시골마을을 관광지로 변모시키고 지역경제를 활성화시킨 것이다.

일본의 오사카에서 그리 멀지 않은 도쿠시마 현에 위치한 가미가츠 읍上勝町은 인구의 절반 가까이가 65세 이상의 노인으로 급격히 고령화가 진행되고 있는 자그마한 시골 마을이었다. 목재와 감귤이 지역 특산물이었으나 값싼 수입 목재로 인해 목재 판매가 줄어들고, 갑자기 들이닥친 한파로 귤나무가 모두 얼어 죽으면서 지역 주민들의 생계가 막막해졌다. 주민들은 실의에 빠졌다. 암담한 현실을 해결하기 위해 주민들은 영농 지도원이었던 요코이 씨를 중심으로 먹고 살 수 있는 일을 찾기 위해 애를 썼다.

마을을 살릴 수 있는 방법을 찾아 오랜 기간 전국을 돌아다니던 요코이 씨는 한 음식점에서 젊은 여성이 곱게 물든 단풍으로 접시를 장식하는 모습을 보며 아이디어를 떠올렸다. 바로 음식을 장식하는 데 쓰이는 나뭇잎을 채취해 판매하는 것이었다. 초기에는 나뭇잎이 어떻게 상품이 될 수 있겠냐며 부정적이었던 마을 주민들도 시간이 지나면서 점차 사업에 확신을 가지기 시작했고, 지금은 나뭇잎을 채취해 판매하는 사업을 통해 개인당 연간 800만 엔(약 8,500만 원) 이상의 소득을 올리고 있다. 작은 아이디어 하나가 마을 주민들을 먹여 살릴 수 있는 커다란 가치를 창출해낸 것이다.

누구나 손쉽게 할 수 있는 퀼트 하나로 마을 전체를 살린 사례나 주위에 흔하게 널려 있는 나뭇잎을 상품화해 수입을 창출하는 일은 뛰어난 첨단 기술을 필요로 하거나 막대한 자본을 요하는 것이 아니다. 그저 주위를 둘러보고 자신이 활용할 수 있는 것들을 찾아내 새로운 비즈니스 모델을 만들어낸 것뿐이지만 그로부터 파생된 가치는 이루 말할 수 없이 크다. 이런 기회는 누구에게나 찾아올 수 있다. 성공이라는 자리에 오르고, 부를 거머쥐고 싶다는 욕구는 누구나 가슴 한 구석에 담은 채 살아가겠지만 그 문을 여는 열쇠는 그리 거창한 것이 아니다. 그저 관심을 갖고 쉽게 지나치지 않으며, 세상을 둘러보고, 일상을 관찰하는 것만으로도 충분하다. 다만 기존의 사업모델에 얽매이지 않고 새로운 아이디어를 떠올리는 약간의 조미료만 첨가된다면 말이다.

누구나 성공을 꿈꾸는 기획자의 시대

'안정'과 '변화' 중 사람들은 어떤 것을 선호할까? 일반적으로 가진 것이 많은 기득권에 속할수록 안정적인 세상을 원하지만 그렇지 못한 사람들은 변화하는 세상을 더욱 선호할 것이다. 안정된 세상에서는 운명의 여신 포르투나Fortune가 손에 쥔 수레바퀴가 멈춰 있지만 변화하는 세상에서는 그 수레바퀴가 계속 돌아가기 때문이다. 수레바퀴가 돌아가는 한 바닥에 있는 사람도 꼭대기에 올라설 가능성은 항상 존재한다. 아날로그가 디지털로 바뀌면서 우리가 사는 세상의 안정은 깨지고 '상시 변화'의 시대에 접어들었다. 미처 예상하지 못한 변화들이 몰려오는 세상에 살게 된 것이다.

사람들은 누구나 성공하고 큰돈을 벌기를 원한다. 부자는 부자대로, 가난한 사람은 가난한 사람대로 현재보다 더 나은 미래를 꿈꾼다. 기업은 기업대로, 개인은 개인대로 내일이 오늘보다 낫기를 기대한다. 다행스럽게도 세상의 안정성이 깨지고 급격한 변화의 물결이 몰려오면서 성공과 부의 지도도 바뀌고 있다. 비록 자본을 가지지 못한 사람이라도 좋은 아이디어 하나만 있으면 성공의 자리에 오르고 부의 피라미드 정상에 오를 수 있게 되었다. 매출액 기준으로 매년 미국 최대 기업을 선정하는 〈포춘 500〉의 리스트에는 기존의 전통산업을 물리치고 끊임없이 새로운 기업들이 등장하고 있으며 경제지 〈포브스〉에서 발표하는 기업이나 재력가의 순위도 매년 달라지고 있다. 그들 중 상당수는 맨바닥에서 시작했다. 변화하는 환경이 누군가에게는 위협이 되지만 누군가에게는 절호의 기회가 되고 있는 셈이다.

그 기준은 앞서 말한 것처럼 소비자들을 만족시킬 수 있는 가치를 제공하느냐 그렇지 못하느냐이다. 다른 기업이, 다른 개인이, 다른 경쟁자가 만들어내지 못하는 가치를 만들어낸다면 하루아침에 성공을 거머쥐겠지만 기존의 가치에 머물러 있는 기업이나 개인은 피를 흘리며 치열하게 싸워야만 한다. 따라서 우리가 사는 현재를 '가치창출의 시대'라고 정의하는 것도 무리는 없을 듯 하다

그렇다면 성공과 부를 쟁취하기 위해 해야 할 일은 명확하다. 스스로 가치를 만들어내는 것, 사람들이 원하는 가치를 다른 기업과 차별화된 방식으로 제공하는 것이다. 그걸 우리는 '기획'이라고 한다. 주식이나 부동산, 비트코인 같은 가상화폐 등에 투자하는 재테크가 부자에 이를 수 있는 하나의 수단이 될 수도 있지만 이러한 재테크는 미래의

리스크를 최소화하기 위한 헤징(hedging, 가격 변동으로 인한 손실을 막기 위해 실시하는 금융 거래행위)에 불과하다. 만족할만한 열매를 맺기까지 요구되는 시간도 길어질 수밖에 없다. 이러한 소극적인 투자에서 벗어나 사냥감을 찾듯 스스로 기회를 발견하고, 세상과 사람에 대한 통찰력을 바탕으로 변화를 이끌어 가치를 창출해내는 사람들이 누리게 될 성공의 열매가 바로 기획의 힘이다.

가치를 창출한다는 것은 다른 말로 하면 기획을 하는 것이다. 마치 리모델링 이후 빌딩의 모습이 달라지는 것처럼 기획은 전후의 가치가 긍정적인 방향으로 변해야만 한다. 기획이 성공하려면 두 가지 조건을 만족해야 한다. 첫 번째로 접근방식이 기존과 달라야 하고, 두 번째로는 가치가 올라가야 한다. 접근방식이 기존과 다르지 않거나 가치가 올라가지 않는다면 기획이라고 할 수 없다. 두 가지 조건에서 성공한 기획은 기업이나 개인의 운명을 송두리째 뒤바꿔 놓을 수 있다.

온라인 신발 쇼핑몰 자포스의 창업자 故토니 셰이Tony Hsieh는 자기 집 거실에서 설립한 인터넷 홍보회사 '링크익스체인지LinkExchange'를 26세 나이에 무려 2억 6,000만 달러(약 2,860억 원)를 받고 마이크로소프트에 매각했다. 우리나라에서 O2O(online to offline) 비즈니스의 효시라 할 수 있는 '배달의 민족'을 만들어낸 '우아한 형제들'은 오프라인 중심으로 이뤄지던 음식주문과 배달을 온라인으로 전환시킴으로써 기업의 성장은 물론 김봉진이라는 개인의 사회적 위상을 순식간에 끌어올렸다. 온라인 리테일 플랫폼online retail platform을 기반으로 한 '아마존amazon'은 책을 거래하던 온라인 서점에서 세계 최대의 전자상거래 업체가 되었으며 평범한 직장인이던 제프 베조스를 일약 세계 1위의 부자로 만들어 놓았다. 이처럼 제대로 된 기획 하나로 성공을 일궈 낸 기업과 개인의 사례는 넘쳐나고 있다. 뒤집어 얘기하면, 더 나은 삶을 살기 위해서는 기획이 필요하다는 말이기도 하다. 남들과 차별화된 접근방식, 남들과 다른 가치를 만들어내는 기획자들의 시대가 열리는 중이다.

안타깝게도 대부분의 사람들은 기획이라고 하면 겁부터 낸다. '내가 무슨 기획을…'하며 자신 없어 한다. 직장에서 기획업무를 하다가 상사에게 깨져본 아픈 기억 때문인지 손사래부터 친다. 기획이라는 단어가 가진 정형화되고 딱딱한 이미지도 거부감을 느끼게 만드는 요인일지 모른다. 하지만 알고 보면 우리는 모두 기획자다. 직장에서나 일상에서나 말이다. 직장인 중에 기획을 하지 않는 사람이 없고, 기획 없이 일상생활을 하는 사람도 없다. 직장에는 전략, 상품개발, 신사업, 마케팅, 홍보, 영업, 생산, 총무, 인사, 재무 등 다양한 일들이 있다. 그렇다면 이 일들에 '기획'이란 단어를 붙여보자. 전략기획, 필자가 밥 먹듯이 했던 일이다. 상품기획, 신사업기획, 마케팅기획, 홍보기획, 영업기획, 생산기획, 총무기획, 인사기획, 재무기획… 전혀 어색하지 않다. 어색하지 않다는 얘기는 귀에 익숙하다는 얘기고, 귀에 익숙하다는 얘기는 그 용어가 자주 쓰인다는 얘기다. 이는 다시 그런 업무가 존재한다는 것을 의미한다. 즉, 직장에서 이루어지는 모든 일에는 기획이 필요하다는 말이다.

일상생활에서도 마찬가지다. 돈을 벌기 위해 재테크를 하려면 종잣돈은 어떻게 마련할 것인지, 주식에 투자할 것인지 아니면 부동산에

온라인 신발 쇼핑몰 자포스의 창업자 故 토니 셰이

투자할 것인지, 또는 다른 수단에 투자할 것인지, 투자방식은 어떻게 할 것인지, 기간을 어떻게 가져갈 것인지, 진입 시기와 철수 시기는 어떻게 할 것인지 등을 정해야 한다. 자신만의 접근방법을 찾아내 가치를 높이려는 측면에서 이 모든 과정도 결국 기획이다. 애인과의 100일 기념 이벤트, 부부 간의 결혼기념일 이벤트도 마찬가지다. 사람들은 이벤트로 상대방을 기쁘게 해주기 위해 뭔가 색다른 시도를 하려고 노력한다. 누구나 예상할 수 있는 뻔한 방식이 아니라, 상대방이 미처 예상하지 못했음직한 방법을 통해 상대방에게 감동을 주고 기쁘게 만들려고 한다. 그렇게 함으로써 서로에 대한 애정과 신뢰를 돈독히 하고 관계를 굳건히 한다면 관계에 대한 가치가 높아지는 것이다. 따라서 그건 분명 기획이다.

　이처럼 우리는 일터에서나 일상생활에서 늘 기획을 하면서 산다. 그래서 우리 모두는 기획자이기도 하다. 그럼에도 여전히 많은 사람들이 기획을 막연히 두려워한다. 우선 기획에 대한 두려움을 벗어 던질 방법부터 찾아보자. 기획은 천지창조처럼 뚝딱하고 무에서 유를 만들어내는 것으로 여기지만 사실 그렇지 않다. 세상에 없는 것을 만들어내는 것이 아니라 '감춰져 있는 것을 찾아내는 것'뿐이다. 빙산처럼 수면 아래 잠겨 있어 드러나지 않은 것, 너무 사소해 미처 알아채지 못하고 지나친 것, 일상적이어서 쉽게 무시해버리는 것, 너무 흔해서 관심을 두지 않은 것, 지극히 당연하다고 여겨 의심을 품지 않은 것 등을 찾아내 가치를 더하는 것이다. 그것에 약간의 아이디어를 더하면 누구든 기획자가 될 수 있고 사업가가 될 수 있다.

기획의 시작은 기회의 발견

　사냥꾼이 사냥을 위해 제일 먼저 해야 할 일은 사냥감을 찾는 일이다. 날카롭게 주변을 둘러보며 목표물을 찾아내야만 한다. 기업에서 새로운 사업 아이템을 발굴하는 일, 개인적으로 창업 아이템을 찾는 일, 사람들이 환호할 만한 가치를 만들어 내기 위해 가장 먼저 해야 할 일은 기회를 발견하는 일이다. 사냥꾼처럼 말이다. 모름지기 기획은 기회의 발견으로부터 시작된다. 그리고 기획을 잘 하기 위해서는 일상

속에서 새로움을 찾아내는 힘이 필요한데 그것이 바로 '관찰'이다.

세상은 채워지지 않은 욕구로 가득하고 사람들은 저마다의 욕구를 안고 산다. 그것이 눈에 보이는 것일 수 있고 눈에 보이지 않는 것일 수도 있다. 설거지를 하며 싱크대 수챗 구멍에 쌓이는 음식물 쓰레기를 치울 때마다 인상을 찌푸리며 '조금 더 편리하게 처리할 수 있는 방법은 없나?' 하고 고민하는 것은 눈에 보이는 욕구이다. 스티브 잡스가 스마트폰을 만들어내기 전까지는 막연히 조금 더 편리한 제품이 있으면 좋겠다는 생각만 있었지 그것이 무엇인지는 구체적으로 알 수 없었다. 그러다 스마트폰이 등장하자 비로소 많은 사람들이 환호했다. 눈에 보이지 않던 욕구가 채워졌기 때문이다. 이렇듯 사람들의 마음속 욕구를 채워줄 수 있는 제품이나 서비스가 있다면 그건 그 사람에게 가치를 제공하는 일이라 할 수 있다.

개개인이 가진 욕구의 합이 크면 클수록, 즉 동일한 욕구를 가진 사람들의 집단이 커지면 커질수록, 그리고 그 욕구가 간절하면 간절할수록 그것을 채워줌으로써 얻을 수 있는 가치는 커진다. 욕구의 합이 크다는 것은 그 수요 또한 많다는 것을 나타내기 때문이다. 한 발 더 나아가 눈에 보이는 욕구를 채우는 것으로부터 눈에 보이지 않는 욕구를 채우는 것으로 나아갈수록 가치를 차별화할 가능성은 커진다. 간단한 예를 들어보자. 비가 오면 몸이 젖지 않게 만들어줄 수단이 필요하다. 그렇게 눈에 드러난 욕구를 채우기 위해 만들어진 것이 우산이나 비옷 같은 것이다. 하지만 우산을 쓴다고 해서 불편이 다 사라지는 것은 아니다. 우산을 쓰고 다니다 보면 바람의 영향이나 우산을 쓰는 습관에 따라 한쪽 팔이 흠뻑 젖는 경우도 있다. 이럴 때는 다른 쪽 팔이 젖지 않았으면 좋겠다는 생각이 들기도 하는데 이런 욕구를 채워주기 위해 만들어진 우산이 비대칭 우산이다. 가운데 자리 잡은 우산대를 중심으로 모든 면의 길이가 동일한 기존의 우산과 달리 한쪽 방향으로 길게 늘어진 면이 있어 반대편까지 젖지 않고 쓸 수 있게 만든 우산이다. 우산을 푹 눌러쓰고 다니는 어린아이들은 앞이 잘 안 보여 사람들과의 충돌이나 교통사고의 우려가 높아 이를 해결하기 위해 우산의 한 면을 투명으로 만든 제품도 있다.

우산을 쓰고 다니다가 버스나 전철 등에 오르거나 건물 안으로 들어갈 때면 불편한 점도 많다. 물이 줄줄 흐르는 우산을 들고 있노라면 불쾌한 느낌이 들고 잘못하면 다른 사람에게 피해를 줄 수도 있다. 이러한 불편을 해소하기 위해 일본의 한 업체는 기존 원단보다 몇 배 높은 밀도를 가진 원단을 이용한 우산을 개발했다. 원단의 밀도가 높아 빗방울이 천 사이로 스며들지 않아 높은 발수효과를 갖고, 우산을 한 번 흔들기만 하면 물기 없이 뽀송뽀송한 상태로 돌아간다. 마치 연잎이 비에 젖지 않는 것처럼 말이다. 인터넷에서 판매되는 이 우산의 가격은 무려 59,000원에 이른다. 우산 치고는 제법 비싼 편인데 이것이 바로 '차별화의 가치'라고 할 수 있다.

영국의 한 업체가 개발한 우산도 사람들이 불편해하면서도 겉으로 드러내지 않는 욕구로부터 비롯된 것이다. 비가 많이 오는 날, 우산을 쓰고 가다 차에 오를 때면 우산을 접어야 하는데 그 잠깐 사이에도 비에 젖을 수 있고 불쾌감을 느낄 수 있다. 폭우라도 내리는 날이면 차를 타고 내리는 동안 흠뻑 젖는 일이 자주 발생한다. 이 문제를 해결하

기 위해 카즈KAZ라는 회사는 우산이 펴졌다
접히는 방향을 기존 우산과 다르게 만들었
다. 다음 그림처럼 우산의 방향이 반대인
것이다. 좁은 틈으로도 우산을 접거나 펴는
동안 상대적으로 비에 덜 젖도록 만든 것이
다.

이처럼 우산 하나에도 채워지지 않는 수많은 욕구가
숨겨 있고 차별화된 가치를 만들어낼 수 있는 기회들이 숨어 있는 만
큼 스마트폰이 일상의 중심으로 파고든 포노 사피엔스의 시대에는 더
욱 많은 기회들과 맞닥뜨릴 것이다. 이러한 세상에서 잘 드러나지 않
거나 숨어 있는 욕구를 찾아내 그것을 충족시키면 그 가치는 커지고
경쟁도 줄어든다. 기획을 성공적인 결과로 이끌어내기 위해서는 이렇
게 숨어 있거나 드러나지 않는 가치를 찾아내고 그것을 차별화된 방법
으로 충족시키는 것이 필요하다. 그 출발점이 바로 '관찰'이며 관찰을
통해서만 채워줘야 할 욕구를 간파할 수 있기 때문이다.

레그넷의 거꾸로 우산
(출처_레그넷 홈페이지)

PART 2

관찰은 어떻게
무기가 되는가

HAWK EYES

인류가 사는 세상은 문명사회로 접어들며 꾸준히 발전해왔다. 때로는 점진적으로, 때로는 급격하게 변화되어 왔는데 그 변화의 바퀴를 돌린 가장 근원적인 힘은 '관찰'이었다. 질소화합물의 발견으로 작물을 대량 생산할 수 있는 농업혁명이 촉발돼 비로소 굶주림에서 벗어날 수 있게 되었으며, 증기기관의 발명으로 대량생산 체제의 서문을 연 산업혁명이 시작되었다. 농업혁명이나 산업혁명처럼 대규모의 변화가 아니더라도 세상은 끊임없이 변화되어 왔는데 그 가장 밑바탕에는 바로 '관찰의 힘'이 숨겨져 있다.

관찰이 만들어낸 인간세상

세상을 혁신적으로 뒤바꾸어 놓은 모든 의미 있는 과학적 발견들은 예외 없이 관찰을 통해 이루어졌다. 만유인력이라는 개념을 탄생시킨 뉴턴의 발견이나 지구가 둥글다는 파격적인 주장을 한 코페르니쿠스의 발견도 모두 관찰로부터 비롯되었다. 영국의 화학자였던 프리스틀리가 공기 중에 산소가 있다는 것을 발견하기 전까지 그 사실을 아는 사람은 없었다. 멘델은 완두콩을 이용한 형질변화를 관찰함으로써 현대 유전학의 기초를 마련했다. 수학, 물리학, 화학 등 자연과학에서 발견돼 우리 삶에 영향을 미친 모든 이론들은 관찰을 통해 만들어진 것이다.

순수과학뿐 아니라 응용과학이나 사회과학 역시 관찰을 기반으로 하고 있다. 많은 사람들이 궁금해 하고 관심을 갖는 심리학은 사람의 행동을 관찰하고 통계적으로 분류해 의미를 체계적으로 부여한 것이다. 경제를 움직이는 소비자들의 심리를 분석하는 행동경제학 역시 그 출발점을 관찰에 두고 있다. 관찰 없이 소비자의 심리를 파악한다는 것은 있을 수 없는 일이다. 교육학이나 정치학, 철학처럼 관찰과 큰 관련이 없어 보이는 학문들도 관찰 없이는 완성될 수 없다. 이처럼 우리가 사는 세상의 모든 학문들은 그 영역을 불문하고 관찰을 바탕으로 하고 있다.

인간의 삶을 편리하게 만든 모든 혁신적인 발명들도 대개는 관찰을 기반으로 탄생된 것들이다. 창의적인 발명품은 인간의 삶을 보다 편리하고 즐겁게 만들어주지만 발명이라는 것은 앞에서도 언급한 것처럼 창조적인 활동이기보다 숨어 있는 것을 '발견'하는 것에 가깝다.

주의를 기울여 주변을 살피고 관찰해 의문점을 찾아내는 것이다. 정보 통신 기술을 발전시킴으로써 사람들의 삶의 방식을 혁신적으로 변화시킨 반도체도 발견의 과정을 통해 만들어진 것이고 다이너마이트 또한 발견으로부터 비롯된 것이다. 어느 날 갑자기 하늘에서 떨어진 발명이란 없다. 이처럼 발견은 창의적인 발명의 기반이 되는데 발견에서 정교한 관찰력보다 중요한 것은 없다.

과학적인 발견이나 발명에서만 적합한 행위로 인식되기 쉽지만 관찰은 인간들이 살아가는 모든 삶의 영역에 깊숙이 녹아들어 있다. 헤밍웨이가 쓴《노인과 바다》는 세계 문학사에 있어 최고의 걸작 중 하나로 평가받지만 그 내용은 단순하기 짝이 없다. 나이든 노인 혼자 나룻배를 타고 청새치를 잡아 돌아오는 길에 상어를 만나 청새치는 살점이 다 떨어져 나가고 뼈만 앙상하게 남는다는 이야기다. 이렇듯 단순한 줄거리를 한 권의 책으로 펴내기 위해서는 노인이 처한 상황과 시시각각 변하는 심리상태에 대한 세밀한 묘사가 따르지 않고서는 불가능하다. 이렇게 세밀한 묘사를 할 수 있는 힘은 주변 환경과 사람에 대한 심도 있는 관찰에서 온다. 헤밍웨이는 이 책을 쓰기 위해 무려 24년을 기다리며 준비했다고 한다. 그동안 자신이 구상한 아이디어를 글로 풀어내기 위해 사람들의 마음을 들여다보는 데 심혈을 기울인 것이다.《카라마조프의 형제들》을 쓴 도스토예프스키의 작품은 등장인물들에 대한 뛰어난 심리묘사로 정평이 나 있는데 누군가의 심리가 공감되도록 묘사하기 위해서는 관찰이나 경험이 뒷받침되지 않으면 안 된다. 그의 또 다른 작품《도박꾼》은 실제로 자신이 10년간 도박중독자로 살면서 보고, 듣고, 느낀 경험들을 바탕으로 쓴 것이다.

헤밍웨이나 도스토예프스키뿐만 아니라 대중들로부터 인정받는 작가들의 글은 모두 사람에 대한 관찰을 통해 공감할 수 있는 내용을 글로 풀어놓은 것이다. 길상호 시인은 시를 쓸 때는 흠뻑 젖는다는 생각이 들 정도로 쓰고자 하는 대상을 깊이 있게 관찰하라고 조언한다. 황인원 시인은 시인이라는 존재에 대해 '관찰하고, 질문하고, 귀담아 듣고, 그 결과 통찰력을 갖게 되어 다른 사람에게 놀라움을 주는 사람'이라고 한다. 결국 사람 그리고 사람들이 사는 세상에 대해 깊이 들여다보게 되면 그들의 심리나 행동에 대한 깊이 있는 통찰을 얻게 되고, 그제야 비로소 사람들이 공감할 수 있는 좋은 작품을 남길 수 있다는 것이다.

미술에서 관찰의 중요성은 새삼 강조하지 않아도 될 듯하다. 관찰 없이는 그리는 행위 자체가 불가능할 테니 말이다. 관찰 하면 떠오르는 거장이 레오나르도 다빈치이다. 그는 예술가인 동시에 과학자이자 철학자이기도 했으며 의학에도 조예가 깊었다. 인류 역사상 그처럼 다재다능한 사람이 또 있을까 할 정도인 그의 모든 업적 역시 관찰이 바탕이 된 것이다. 그는 '벽돌의 금 하나까지도 놓치지 말아야 한다'며 세밀한 관찰을 강조했는데 그가 그린 인체의 해부도는 현대인들조차 감탄할 정도다. 그는 평생에 걸쳐 사람과 동물의 해부도를 그렸는데 의학 분야에 종사하던 전문가들의 그림보다 뛰어난 수준이었다. 그는 화가가 해부학에 무지해서는 안 된다는 생각으로 30구가 넘는 시체를 해부했다고 한다. 한 구당 일주일이 넘는 시간을 꼬박 매달리며 시체 썩는 냄새도 아랑곳하지 않은 채 장기와 혈관의 모습까지 세밀하게 관찰해 그림으로 남겼다. 그의 업적은 결코 머릿속에서만 나온 것은 아니다.

인류학자 제인 구달Jane Goodall은 탄자니아의 곰베 마을에서 10년 간 침팬지 무리와 함께 생활하며 그들의 행동을 밀착 관찰했다. 마치 자신이 침팬지가 된 것처럼 무리에 섞여 행동하고 그들의 모습을 살펴봄으로써 침팬지의 대모라 불릴 만큼 세계 최고의 대가가 되었다. 동물이나 자연 풍경을 담는 사진작가들이 좋은 작품을 만드는 최고의 비결로 꼽은 것도 관찰이다. 감동을 불러일으키는 사진을 찍기 위해서는 대상이 되는 동물들의 행동 습성을 파악하는 것이 중요하고, 그러한 습성을 사진으로 담았을 때 좋은 작품이 될 수 있다는 것인데 그러기 위해서는 관찰하지 않을 수 없다.

운동경기에서도 관찰이 힘을 발휘할 수 있을까? 미국의 수영선수 아돌프 키에퍼Adolph Kiefer는 올림픽에 출전할 만큼 실력을 인정받았지만 아무리 노력해도 더 이상 기록을 단축할 수 없었다. 변화가 필요하다는 것을 깨달은 그는 새로운 방법이 없을까 고민하던 중 다른 선수들이 수영하는 모습을 관찰하기 시작했다. 그리고 선수들이 반환점에서 턴을 하는 모습을 보면서 '왜 꼭 손으로 벽을 터치해야만 할까?'라는 의문을 품게 된다. 관찰과 고민을 거듭한 결과 그는 손으로 벽을 터치하지 않고 물속에서 한 바퀴 빙글 돌아 발로 벽을 터치하는 플립턴flip turn이라는 신기술을 개발하게 되었다. 이를 통해 그는 기록을 1초 이상 단축하며 세계 신기록을 달성하게 된다. 지금은 모든 높이뛰기 선수들이 사용하는 배면뛰기 기술 역시 1968년 멕시코 올림픽에서 미국의 딕 포스베리Dick Fosbury가 처음 선을 보였다. 그 역시 당시 선수들을 관찰하며 '가위뛰기'나 배가 바bar를 넘어가는 밸리롤오버belly roll over 기술에는 한계가 있다는 것을 알게 되었고 이를 뛰어넘기 위해 배가 아닌 등 쪽으로 바를 뛰어 넘는 포스베리 플롭Fosbury Flop이라는 방식을 고안해내게 된 것이다.

관찰은 사람 사이의 관계, 사람에 대한 이해의 수단으로도 활용된다. 커뮤니케이션을 할 때 가장 중요한 것 중 하나는 상대에 대한 공감이다. 상대의 말에 공감하고 내 말에 상대 역시 공감하도록 해야 커뮤니케이션의 질이 올라갈 수 있기 때문이다. 이때 대화가 자연스럽게 이어지려면 당연히 상대에 대한 관찰이 필요하다. UCLA 심리학과 교수였던 앨버트 메라비언Albert Mehrabian은 대화를 나누는 사람들을 관찰하며 상대방에게 호감을 느끼는 순간을 포착해냈다. 그리고 누군가와 첫 대면 시 그 사람에 대한 인상을 결정짓는 요소가 무엇인지 찾아내려고 했다. 그 결과 상대방의 인상을 결정짓는 요소는 말이 아니라 그 사람이 보내는 이미지라는 것을 알게 되었다. 대화 상대에 대한 인상이나 호감을 결정짓는 요소로는 표정 35퍼센트, 태도 20퍼센트 등 비언어적인 요소가 가장 많은 비중을 차지하며 그 다음으로 목소리가 38퍼센트, 대화의 내용은 불과 7퍼센트에 그친다는 것이다. 사람에 대한 관찰만으로도 꽤 많은 정보를 얻을 수 있다는 것인데 실제로 FBI에서는 사람의 몸짓과 표정을 관찰함으로써 그의 마음을 간파하는 기술을 훈련시키고 있다.

사냥꾼들의 성공적인 재테크

코로나로 인해 경제적 타격을 입은 전 세계 사람들의 관심이 재테크로 쏠리고 있다. 덕분에 주식이나 부동산, 가상화폐 등 투자시장도 기록적인 호황을 맞고 있으며 사회 분위기 또한 재테크를 하지 않으면 바보 취급을 받을 만큼 변했다. 젊은 나이에 경제적 자립, 조기 은퇴를 하려는 파이어족(Financial Independence Retire Early, FIRE)이라는 용어가 등장할 정도로 재테크에 대한 관심이 높아졌고 한두 가지 재테크 수단을 가지고 있지 않은 사람은 없을 것이다. 주식시장에서는 '동학개미'라는 신조어가 만들어질 정도로 많은 사람들이 쏠쏠한 재미를 봤다. 2021년에도 동학개미의 열풍이 이어질 것이라는 전망이 줄을 잇고, 증권사는 신규고객 확보에 열을 올리고 있다.

'영끌'이라는 단어도 심심찮게 눈에 띈다. '영혼까지 끌어 모은다'는 뜻의 이 말은 기본급에다가 상여금이나 성과급, 식대, 유류비 등 각종 수당을 다 합쳐 실제 연소득이 어느 정도 되는지를 계산할 때 쓰이던 용어다. 그러다 부동산이 불패의 투자수단으로 각광받으면서 집을 사기 위해 필사적으로 모든 방법을 동원해 자금을 마련하는 것을 의미하는 것으로 바뀌게 되었다. 그것이 더욱 범위를 확장하여 주식이나 가상화폐 등에 투자할 때도 '영끌'이라는 단어를 사용하게 된 것이다.

아무튼 사람들의 관심이 그 어느 때보다도 재테크에 쏠려 있고 이 추세는 당분간 이어질 것으로 보이지만 투자에서도 관찰은 성공의 키를 쥘 수 있게 만들어준다. 2020년 11월에 방영된 tvN의 〈유 퀴즈 온 더 블럭〉 '어떻게 살 것인가' 편에는 에셋플러스 자산운용의 강방천 회장이 출연해 그가 재산을 불린 과정에 대한 이야기를 들려주었다. 1997년 외환위기가 닥치기 직전, 그의 수중에는 퇴직금으로 받은 수천만 원의 자금이 있었다. 그는 그 자금을 투자할 적절한 아이템을 찾기 위해 고

민 중이었다. 당시 한국의 GNI(Gross National Income, 국민총소득)는 10,000달러를 조금 넘는 수준으로 30,000달러를 넘어선 미국의 3분의 1 수준이었지만 아파트 가격은 8~9억 원에 달하는 것에 주목했다. 당시 달러당 환율은 약 800원 수준이었는데 그렇다면 국내 아파트 가격을 달러로 환산하면 100만 달러 이상이 되어 손쉽게 백만장자가 될 수 있었다. 결국 국내자산에 거품이 많다고 판단한 강방천 회장은 달러에 투자하기로 결정했다. 그렇게 투자한 달러 환율은 외환위기를 앞두고 800원에서 1,400원까지 치솟았고, 초기에 투자한 3,400만 원의 종잣돈은 8개월 만에 6,000만원으로 불어났다.

이후 외환위기가 터지자 강방천 회장은 자본주의가 존재하는 한 증권업은 존재할 것이라 여기고 증권회사 주식을 매입하기 시작했다. 주당 1,200원이던 주식은 주식시장의 붕괴와 함께 한때 600원까지 떨어졌지만 자신의 판단에 확신을 가진 그는 더 많은 주식을 사들이기 시작했다. 외환위기는 예상보다 빨리 극복되었고 600원이던 주당 가격은 6개월 만에 12,000원까지 치솟아 수익률 2,000퍼센트를 기록하게 되었다. 하루아침에 67억 원이라는 거액을 손에 넣게 된 강 회장이 다음으로 주목한 것은 택배회사였다. 홈쇼핑 채널이 증가하고 인터넷 쇼핑까지 등장하자 향후에는 물류가 떠오르는 산업이 될 것이라고 생각했던 것이다. 그는 한 택배회사의 주식을 무려 42억 원어치나 사들였고 이것이 적중하며 150억 원 넘게 자산을 불려나갔다. 대한민국을 고통의 수렁으로 몰아넣었던 외환위기가 그에게는 오히려 큰 재산을 마련하는 계기가 된 것이다.

그의 성공은 일정 부분 운이 따랐다고 할 수도 있다. 하지만 그가 아파트 대신 달러에 투자하고, 증권주를 매입하고, 물류업체의 주식을 사들이는 일은 현재를 바탕으로 미래를 내다보는 안목 없이는 불가능한 것이었다. 안목을 미래의 변화를 내다보는 통찰력이라고 볼 수 있지만 그러한 통찰력은 주변을 관찰하지 않으면 생겨날 수 없다. 관찰하지 않고서는 부동산 가격에 거품이 끼어 있다는 것을 알 수 없을 것이며 관찰하지 않고서는 증권업이 유망할 것이라는 전망을 가질 수 없었을 것이며 관찰하지 않고서는 물류산업이 발전할 것이라는 기대를 가질 수 없었기 때문이다. 그는 자신에 대해 소비를 즐기는 사람이라고 하며 자신의 지갑을 열게 만드는 기업은 무엇 때문에 그렇게 할 수 있는지, 다른 사람들의 지갑을 열게 만드는 기업은 그 비결이 무엇인지 살펴보는 것이 투자의 출발점이라고 했다. 그에 따르면 투자의 출발점은 주위 사람들의 관심사와 소비유형을 관찰하는 것이며 그것이 미래에 성장할 수 있는 종목을 찾아내는 가장 좋은 방법이라는 것이다.

강방천 회장의 말은 '한국의 워런 버핏'이라고도 불리는 카이스트 화학과 김봉수 교수의 말과도 일치한다. 김 교수는 4억 원의 종잣돈으로 500억 원을 벌어들였다고 알려져 화제가 되었는데 그가 큰돈을 벌게 된 결정적인 계기는 부산방직 주식을 사들인 것이었다. 성공한 친구에게 자극받아 외제차를 사기 위해 주식을 처음 시작했다는 그는 2005년 경 부산방직이 부방테크론과 합병한다는 기사를 보고 기업정보를 상세히 찾아봤다고 한다. 그 자료를 통해 부산방직은 순자산이 400억 원이 넘으면서도 시가총액이 50억 원에 불과하다는 걸 알게 되었고, 지나치게 저평가되어 있다는 생각에 그 주식을 매입했다. 부산방직과 합병한 부방테크론은 '리홈'이라는 이름으로 사명을 바꾼 후

2009년에 웅진으로부터 생활가전 사업부를 인수해 밥솥사업에 뛰어들었다. 김봉수 교수는 백화점에 갈 때마다 가전매장을 둘러보며 진열된 밥솥을 살펴보기 시작했다. 하지만 쿠첸 밥솥은 안 보이고 경쟁사의 제품만 눈에 띄었다. 그러던 중 쿠첸 밥솥이 진열대 맨 앞에 나타나기 시작했고 이는 소비자들의 평가가 좋아지고 있다는 것으로 확신할 수 있는 계기가 되었다. 결국 그는 시가총액은 낮지만 리홈쿠첸의 지분을 보유하고 있는 부산방직의 주식을 추가적으로 대량 매입해 부산방직의 대주주가 되었으며 그것을 통해 큰돈을 벌어들이게 된 것이다. 두 사람이 성공을 위한 날카로운 분석력과 혜안을 갖추고 있었던 것은 틀림없지만 그 이면에는 생활 주변을 둘러보는 관찰이 밑바탕 되지 않았으면 불가능했을 것이라는 걸 알 수 있다.

꽤 오래 전에 주식투자로 돈을 번 A씨의 이야기를 듣게 되었다. 지금은 중국의 경제성장률이 6퍼센트 이하로 떨어졌지만 '세계의 공장'이라 불리며 브레이크 없는 성장을 거듭할 시기에는 모든 사람들이 중국시장을 주목했다. 자본을 가진 투자자들 역시 마찬가지였다. 그들은 중국으로 몰려드는 기업들을 보면서 그 기업들에 투자하기 시작했다. 하지만 A씨는 중국에 진출한 기업에 직접 투자한 것이 아니라 조금 색다른 관점에서 접근했다. 중국이 세계의 공장이 되면 원재료를 공급하고 완제품을 실어 나르기 위해 선박에 대한 수요가 증가할 것이므로 선사에 투자하면 큰돈을 벌 수 있을 거라 예측한 것이다. 또한 그렇게 되면 배가 녹슬지 않게 유지보수하기 위한 선박용 페인트의 수요도 증가할 것이고, 배를 통한 운송이 늘어날수록 항만이 증가해 항만 관리에 대한 니즈도 증가할 것이라 내다봤다. 결국 그는 다른 사람들과 달리 이러한 종목에 집중 투자함으로써 소위 말하는 '대박'을 일궈냈다.

주식이나 부동산, 가상화폐 등을 통해 큰돈을 벌고 싶어 하는 사람들 중 상당수가 구체적인 노력 없이 누군가의 말만 듣고 투자하는 경우가 많다. 투자하려는 기업에 대한 정보도 제대로 살펴보지 않은 채소위 말하는 '~카더라' 통신에 의존한다는 것이다. 하지만 성공한 투자자들은 공통적으로 직접 관찰하고, 분석하고, 평가하지 않으면 결코투자에서 성공하기 어렵다고 입을 모은다. 재테크에 대한 관심은 앞으로도 계속 이어질 것이다. 하지만 관찰하지 않으면 어느 순간 큰 피해를 입을 수도 있다는 사실을 놓치면 안 된다.

재테크를 하는 사람이라면 누구나 조셉 케네디Joseph Kennedy의 이야기를 잘 알고 있을 것이다. 존 F. 케네디 대통령의 아버지였던 그는 1929년에 대공황이 오기 직전, 구두닦이 소년으로부터 주식에 투자하면 큰돈을 벌 수 있을 것이라는 이야기를 듣고 주식시장이 정점에 이르렀음을 알았다. 사무실로 돌아온 그는 보유하고 있던 모든 주식을 팔아 현금화했고, 덕분에 대공황의 시기를 무사히 건널 수 있었다. 그는 변화를 관찰했기에 소중한 재산을 지킬 수 있었지만 그러한 변화를 보지 못했던 구두닦이 소년은 힘든 노동을 통해 벌어들인 소중한 재산을 모두 주식투자로 잃고 더욱 힘든 구렁텅이로 떨어졌을 것이다. 중국에는 소림사 스님들이 주식을 사면 팔아야 한다는 일명 '소림사 신호'가 있고, 일본에는 산지기들이 산에서 내려오면 주식을 팔아야 한다는 '산지기 신호'가 있다.

'영끌', '동학개미'라는 말들이 등장하고 모든 사람들의 관심이 주식이나 가상화폐, 부동산에 쏠려 있는 지금의 분위기가 어쩌면 구두

닦이 소년까지 주식투자에 뛰어든, 조셉 케네디가 내다보았던 '투자의 정점'일 수도 있다. 물론 이건 깊이 있는 분석을 전제로 한 것이 아니라 개연성을 염두에 둔 화두를 던지고 있을 뿐이다. 불안감을 조성할 목적도 없다. 개인적으로도 그렇지 않기를 바란다. 이런 상황에서 투자를 계속 할 것인지 잠시 관망할 것인지는 전적으로 개인의 선택에 달려 있다. 그 결정의 뒷받침은 감이 아니라 당연히 관찰이 되어야 한다. 경제의 흐름을 살피고, 주변을 둘러보며 나름대로 날카로운 분석력과 안목을 바탕으로 결정하는 것이 성공의 필수요건이 될 것이다. 만일 그렇지 못하면 '파이어족'은커녕 말 그대로 '파이어fire'가 되어 타버린 재만 남을 수도 있다.

관찰이 창의력을 높여줄 수 있을까?

앞서 살펴본 것처럼 관찰은 인간이 살아가는 모든 분야에서 폭넓게 활용되며 큰 가치를 만들어내고 있다. 세상을 바꾸고 사람들을 이롭게 만드는 창의적인 아이디어에 대해 많은 사람들이 '타고난 재능'이라고 여기지만 세상에 그런 아이디어는 흔치 않다. 좋은 아이디어의 대부분은 일상과 사람을 관찰하는 과정에서 떠오른다. 관찰은 아이디어의 출발점이자 이해의 시작인 만큼 창의적인 아이디어를 떠올리기 위해서는 관찰을 잘해야 한다.

대한민국에서 가장 창의적인 사람을 꼽으라고 하면 필자는 주저 없이 카이스트 산업디자인학과의 배상민 교수를 추천할 것이다. 그는 동양인 최초이자 최연소의 나이에 파슨스 디자인 스쿨의 교수가 된 디자이너다. 독일의 레드 닷 어워드Red Dot Award, 이프 디자인 어워드iF Design Award, 미국의 아이디어 디자인 어워드IDEA Design Award, 일본의 굿 디자인 어워드Good Design Award까지 세계 4대 디자인 대회를 석권했으며 권위 있는 글로벌 디자인상을 수십 차례나 수상한 인물이다. 그가 디자인한 제품 중에 화분이 있다. 롤리 폴리 팟Roly-Poly Pot이라는 독특한 이름을 가진 이 화분은 일반 화분과는 달리 스스로 물이 필요한 때를 알려주는 똑똑한 화분이다. 식물을 키워본 사람이라면 잘 알겠지만 식물을 죽이는 방법은 두 가지가 있다. 물을 너무 많이 주거나, 물을 안 주거나. 물을 너무 많이 주면 뿌리가 썩어 죽게 되고, 물을 안 주면 말라 죽을 수 있다. 식물을 죽이지 않고 싱싱하게 잘 키우기 위해서는

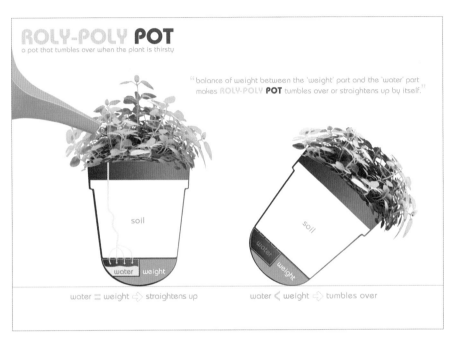

배상민 교수가 제작한 롤리폴리 화분의 원리
(출처_idim.kaist.ac.kr)

적당한 때에 알맞게 물을 주는 게 중요하다.

하지만 안타깝게도 화분의 흙속에 물기가 충분한지 아닌지 겉으로 보아서는 확인이 쉽지 않다. 그래서 식물을 키우는 사람들 사이에서는 그 때를 알기 위해 젓가락 같은 것을 꽂아 물기가 묻어 나오는지 살펴보거나 손가락을 한 마디 정도 찔러보기도 한다. 하지만 이런 방법은 번거롭기도 하지만 바쁜 일상에 쫓겨 화분을 살펴보는 일 자체를 깜빡 잊기도 한다. 때를 놓쳐 식물을 죽이기 십상인 것이다. 배상민 교수가 디자인한 화분은 일반 화분과 달리 밑바닥이 평평하지 않고 공처럼 불룩하게 만들어져 있다. 물이 부족한 상태가 되면 화분이 저절로 기울어지고 물을 채워주면 다시 일어선다. 일일이 흙을 만져보거나 젓가락을 꽂아보지 않고 화분이 기울어지는 것을 보는 것만으로도 물이 필요하다는 것을 알 수 있게 만든 것이다. 식물을 키우는 사람들 입장에서는 혁신적인 제품이 아닐 수 없다.

이런 창의적인 아이디어는 어디에서 나오는 것일까? 배상민 교수는 그 아이디어를 오뚝이에서 얻었다고 한다. 자신이 기르던 화초들, 특히 '엠마'라고 불렀던 가장 아끼던 식물이 죽은 후 때를 놓쳐 식물을 죽이는 잘못을 바로잡을 수 있는 방법을 고민하던 중 오뚝이를 보게 되었다. 오뚝이는 바닥 가운데 묵직한 무게중심이 있어 넘어져도 다시 중심을 잡고 바로 설 수 있다는 사실을 깨닫고 이 원리를 응용한 것이다. 화분에 물이 적정한 수준이면 오뚝이의 무게중심 역할을 해 화분이 똑바로 서고 물이 줄어들면 무게중심이 사라져 기울도록 만든 것이다. 배상민 교수의 이런 창의적인 아이디어의 원천은 다름 아닌 '관찰'이었다. 화초에 대한 관찰 그리고 오뚝이에 대한 관찰이 비범한 아이디어를 떠올린 단초가 된 것이다.

기획의 결과물은 창의적이어야 한다. 기존과 다른 색다른 접근 그리고 그것을 통해 가치를 만들어내려면 창의적 사고가 바탕이 돼야만 하기 때문이다. 물론 모든 기획이 다 창의적인 것은 아니다. 하지만 창의적이지 않은 기획은 기존 제품이나 서비스를 답습하거나 모방함으로써 평범한 성과를 가져오거나 자칫 실패에 이를 수도 있다. 가치를 만들어내지 못하는 것은 엄밀히 말해 기획이라 할 수 없다. 기존과 차별화될 수 있는, 창의적이거나 혁신적인 내용일수록 기획의 성공 가능성은 높아진다. 사람들이 기획을 어렵게 생각하는 이유도 바로 여기에 있다. 창의력이 필요하기 때문이다. 우리나라 사람들이 가장 자신 없어 하는 것 중 하나가 창의력이다. 그도 그럴 것이 초등학교부터 대학에 이르기까지 줄곧 학교에서 알려주는 대로 주입식 교육만 받고 자라니 창의력에 자신이 생길 리 없다.

다행인 것은 창의력은 얼마든지 길러질 수 있다는 점이다. 창의력을 높이기 위한 방법은 수 없이 많다. 수평적 사고나 확산적 사고, 트리즈(TRIZ, 창의적 문제 해결을 위한 체계적 방법론) 등 다양한 기법들이 있고 브레인스토밍이나 브레인라이팅, 강제결부법, 속성 열거법, 스캠퍼 SCAMPER 등 수많은 툴들이 있다. 그러나 이러한 기법이나 툴들은 보편적으로 적용하기가 쉽지 않다. 상황에 따라, 해결해야 할 문제에 따라 적용할 수 있는 것도 있고, 적용하기 힘든 것도 있다. 하지만 상황이나 주어진 문제의 성격 여부를 떠나 창의력을 높이기 위해 보편적으로 적용할 수 있는 방법이 있는데 그것이 바로 관찰이다. 관찰을 통해 창의력은 얼마든지 성장시킬 수 있다.

네덜란드 암스테르담대학교의 심리과학자인 매티지 바스Matthijs Baas가 이끄는 연구진은 다양한 해결책을 제시할 수 있는 사고의 풍부성(frequency of ideas), 사고의 혁신, 융통성 등 창의력을 나타내는 요인들과 관찰 스킬, 완전한 자기인식을 통한 집중(attention with full awareness), 서술력(power of description) 등 마음 챙김(mindfulness)의 여러 가지 측면 간의 상관관계를 4가지 경우로 나누어 조사했다.

첫 번째로 바스 교수는 완전한 자기인식을 통해 집중하는 것이 창의적인 아이디어를 도출하는 데 영향을 미치는지 조사했다. 연구팀은 표준적인 심리학 테스트를 이용해 실험에 자원한 학생들의 일반적인 지능과 성격, 집중력을 사전에 조사했다. 그리고 그들에게 4분의 시간을 준 후 벽돌을 활용할 수 있는 창의적인 아이디어를 최대한 많이 떠올리도록 했다. 학생들이 제안한 아이디어는 그 독창성 정도에 따라 점수가 매겨졌는데, 그 결과 집중(attention)이나 자기인식(awareness)의 점수가 높은 학생들은 아이디어의 수가 상대적으로 적었으며 독창성 측면에서도 낮은 점수를 받았다.

두 번째 실험에서 연구진은 관찰 스킬이나 서술력, 판단 없이 수용하는 역량(accepting without judgment)과 창의력의 상관관계를 살펴보았다. 첫 번째 실험과 유사하게 학생들에게 깡통과 로프를 이용할 수 있는 창의적인 아이디어를 가급적 많이 떠올리도록 했다. 그 결과 뛰어난 관찰 스킬을 가진 학생들이 더욱 뛰어난 창의력과 독창성, 사고의 유연성을 가지고 있다는 것을 밝혀냈다. 서술력이나 판단 없이 수용하는 역량은 독창적인 사고나 창의적인 성과를 도출하는 데 별로 영향을 미치지 않는 것으로 나타났다. 다른 두 가지 실험에서는 선천적 혹은 심화훈련을 통해 아주 뛰어난 관찰 스킬을 가진 학생들이 그렇지 않은 다른 참가자들과 비교해 뛰어난 창의력 수준을 보여주는지 살펴보았다. 그 결과 관찰력과 창의력 간에 강한 상관관계가 나타났다.

실험을 이끈 바스 박사는 실험 결과에 대해 창의력을 높이기 위해서는 관찰력을 높이는 것이 바람직하다고 조언하고 있다. 유사한 연구 결과가 그리 많지 않기 때문에 이 결과만으로 관찰력과 창의력의 상관관계에 대해 단정적으로 말할 수는 없다. 향후 더 많은 연구가 필요한 단계이지만 관찰력이 창의력에 영향을 미친다는 것만은 부인할 수 없는 사실인 듯하다. 소비자 헬스케어 연구회사인 해머처 리소스 그룹Hamacher Resource Group의 부사장 데이브 웬드랜드Dave Wendland는 마케팅 분야에서 30년간 잔뼈가 굵은 사람이다. 그는 혁신적인 아이디어가 종종 코앞에 놓여 있는 것을 볼 때마다 놀라지 않을 수 없다고 말한다. 그는 관찰에 시간을 더 많이 소비할수록 더욱 큰 혁신에 이를 수 있다고 조언하는데 창의적인 사고라는 것이 세상과 사람을 잘 관찰하기만 해도 어렵지 않게 얻어질 수 있다는 말이다. 메이저리그에서 20년 가까이 선수생활을 하고 '끝날 때까지 끝난 게 아니다'라는 명언을 남긴 요기 베라Yogi Berra는 '단지 관찰만 해도 꽤 많은 것을 볼 수 있다(You can see a lot by observing)'는 말을 남기기도 했다.

관찰이 창의력을 높일 수 있다는 사실은 과학적 근거를 가지고 있다. 인간의 뇌는 절대 무에서 유를 창조해낼 수 없다. 두뇌의 특성 자체가 그렇다. 백지상태에서는 뇌에 주어지는 자극이 부족해 좋은 생각을 떠올리기가 어렵다. 하지만 무언가 기존에 존재하는 것이 있다면 '사물의 행동유도성(object affordance)'에 의해 좋은 아이디어를 떠올릴 가능성이 높아진다. 행동유도성이란 다른 사람이 하는 말을 듣거나 행동하는 것을 보게 되면 그것으로부터 자극을 받아 뇌에서 그와 연관된 사고가 떠오르고 새로운 아이디어를 떠올릴 수 있게 되는 것을 말한다. 행동유도성이 나타나면 뇌 안에 있는 거울뉴런이 외부에서 받아들인 정보를 두뇌의 CEO라고 하는 전전두엽으로 보내고 그 정보들을 이용해 더 나은 아이디어를 도출하게 된다. 무언가 비빌 언덕이 있을수록 더 좋은 아이디어를 떠올릴 가능성이 높아진다는 것인데 기존에 존재하는 것을 잘 관찰하고 그것을 발전시켜나가는 재능이 뛰어날수록 창의적이라는 말을 들을 수 있다는 것이다. 예를 들어 처음부터 물이 묻지 않는 우산을 만드는 것보다는 연꽃이 젖지 않는 것을 본 후 그 특성을 이용해 물이 묻지 않는 우산을 만드는 것이 보다 훨씬 수월한 것처럼 말이다.

또한 창의적 사고를 위해서는 몰입이 필요하다. '성과를 위한 생각법'이라는 주제로 진행한 강연에서 '탁월한 아이디어를 떠올리기 위한 가장 좋은 사고법'을 묻는 질문에 필자가 한 대답은 '몰입'이었다. 일반적으로 사고의 질은 고민의 깊이와 비례하는데 얼마나 시간을 투입하고, 깊이 있게 고민하느냐에 따라 아이디어의 질이 달라질 수 있다는 것이다. 생각하고, 생각하고 또 생각하고, 고민하고, 고민하고 또 고민하는 것이 가장 좋은 방법인데 무언가에 몰입하는 과정에도 관찰은 도움을 줄 수 있다. 《집중하는 힘》의 저자 마르코 폰 뮌히하우젠Marco Von Munchhausen은 평가를 배제한 관찰이 망상을 멈추는 방법이 될 수 있다고 한다. 즉, 쓸데없는 생각, 잡념을 멈추는 방법 중 하나가 관찰이라는 것이다. 무언가를 뚫어져라 관찰하다 보면 그것에 흠뻑 빠져들게 되는 순간이 오는데 그것이 몰입을 경험하는 것이며 바로 그 순간 좋은 아이디어가 떠오를 수 있다고 했다.

그렇다면 지능지수, 즉 IQ는 어떨까? 우리는 직감적으로 지능지수가 높을수록 더 창의적일 것이라 여긴다. 아인슈타인을 비롯해 멘사에 가입되어 있는 천재들의 경우 높은 IQ를 가지고 있고 창의력 또한 뛰어난 것으로 알려져 있다. 그들은 평범한 사람들과 다른 관점을 가지고 사물을 보는 경우가 많으며 다른 사람이 생각하지 못한 아이디어를 떠올림으로써 세상을 놀라게 만드는 경우가 많다. 바로 우리가 말하는 창의력의 정의에 딱 들어맞는 행동을 하는 경우가 많은데 이런 사람들의 관찰력은 어떨까?

　2013년에 뉴욕 로체스터대학교의 마이클 멜닉Michael D. Melnick 교수 팀에 의해 수행된 한 연구에서 높은 지능지수를 가진 사람들과 낮은 지능지수를 가진 사람들 간에 낮은 수준의 감각처리 매커니즘(low-level mechanism for sensory processing)에 차이가 있다는 것이 밝혀졌다. 선천적으로 시각적 지각(visual perception) 능력에서의 작은 수준의 편차가 지능을 높이는 비계로 작용하고 일생에 걸쳐 주의를 집중하는 데 큰 영향을 미친다는 것이다. 쉽게 이야기해 시각을 이용한 관찰 능력이 뛰어난 사람들의 지능지수가 그렇지 않은 사람들에 비해 높다는 것이다.

　스위스 신경과학자들의 연구에 따르면 천재들의 경우 일반 사람들에 비해 뇌의 핵심기관 중 하나인 '시상(視床, thalamus)'의 효율이 다소 떨어진다고 한다. 시상은 후각을 제외한 시각, 청각, 촉각, 미각 등 신체의 모든 감각기관에서 받아들이는 정보를 추려내 뇌로 전달하는 기관이다. 이 두뇌기관의 기능이 약하다는 것은 뇌로 전달되는 정보를 제대로 걸러내지 못하고 불필요하게 많이 전달한다는 것을 의미한다. 정보가 많아지면 뇌는 외부의 자극에 민감해질 수밖에 없는데 이를 바탕으로 일반 사람들이 느낄 수 없는 감정세계를 느끼며 놀라운 수준의 창의력을 발휘하거나 보통 사람으로서는 생각하기 어려운 세계관을 가지게 되는 것이다. 실제로 반 고흐Vincent van Gogh가 그린 작품 중 가장 위대한 작품들은 대부분 정신병원에 수용되어 있는 동안 그려졌다. 뭉크Munch 역시 마찬가지다. 그는 자신의 성격이 신경질적이지 않았다면 '절규' 같은 대작은 존재하지 않았을 거라고 고백하기도 했다.

관찰력이 뛰어나다는 것은 그만큼 시각이라는 감각기관을 통해 외부로부터 많은 정보를 받아들이고 그것을 뇌로 전달한다는 것을 의미한다. 이렇게 전달되는 감각들은 뇌를 자극하는 수단이 될 수 있는데 지능지수가 높은 천재들의 경우 이러한 관계가 자연스럽게 이루어진다는 것을 의미한다. 결국 관찰력이 뛰어난 사람일수록 지능지수가 높아질 수 있고, 새로운 아이디어를 떠올릴 수 있는 창의력도 높아진다는 것이다. 관찰만 잘해도 머리가 좋아질 수 있다니 혹할만한 이야기 아닌가?

관찰력과 상상력의 방정식

창의적인 생각을 많이 떠올린다는 것은 한편으로 보면 그만큼 상상력이 뛰어나다는 것일 수 있다. 상상력이 뛰어난 사람일수록 엉뚱해 보이는 아이디어를 떠올릴 가능성이 크고, 그런 아이디어 속에서 세상을 바꾸는 혁신적인 제품이나 서비스가 등장하는 법이니 말이다. 그렇다면 상상력은 어디에서 오는 것일까? 런던대학교의 발달신경인지 연구소 카밀로프 스미스Karmiloff-smith 교수는 아이들에게 세상에서 단한 번도 본 적 없고, 들은 적도 없는 생명체를 최대한 상상력을 발휘해그려보라는 과제를 내주었다. 그러자 아이들은 신나게 그림을 그리기 시작했지만 대부분은 우리가 이미 알고 있는 생명체의 속성을 그대로담고 있었다. 예를 들어 좌우가 대칭인 구조를 가지고 있거나 위쪽은머리, 아래는 발의 형태를 가지고 있거나, 뿔이나 더듬이처럼 잘 알려진 감각기관이 머리 위에 달린 식이었다. 비대칭적인 그림이나 위아래가 뒤집힌 그림, 감각기관이 발이나 손에 달린 그림 등은 거의 찾아볼수 없었다. 이 얘기는 우리가 무언가를 상상한다고 할 때 기존에 존재하는 것으로부터 절대 자유로울 수 없으며 우리가 알고 있는 것이 상상력에 영향을 미친다는 것이다.

지금까지 만들어진 영화 중 외계인이 등장하는 영화를 한 번 떠올려보자. 〈ET〉나 〈에이리언Alien〉을 비롯해 수많은 공상과학 영화에 나오는 외계인들의 모습은 충분히 예상 가능한 모습이다. ET는 단지 생김새가 우스꽝스럽게 생겼을 뿐 눈 두 개에 코 하나, 입 하나, 머리는위, 다리는 아래, 손과 발을 쓰는 것 등 사람과 다를 바 없다. 기껏 다른점은 손가락 개수의 차이 정도다. 또 다른 영화의 외계인들은 파충류를 닮았거나 곤충이나 벌레를 현미경으로 확대한 모습과 흡사하다. 잠자리의 입을 확대하면 마치 에이리언처럼 보인다. 제임스 캐머런 감독의 〈아바타Avatar〉는 뛰어난 상상력으로 전 세계적인 호평을 받은 작품이지만 등장인물들의 피부색이나 뾰족하게 튀어나온 귀, 코의 형태와 꼬리 등을 제외하면 역시 인간과 거의 흡사하다. 이렇듯 상상력이라는 것은 우리가 알고 있는 것을 바탕으로 이루어진다. 우리가 보유한 지식이나 직간접적으로 겪은 경험 등이 상상의 토대를 제공하기 때문이다.

이를 뒤집어 말하면 상상력이라는 것은 우리가 알고 있는 것에 의해 제약을 받는다는 것을 의미한다. 즉, 알고 있는 것이 많을수록 풍부한 상상력을 발휘할 수 있고 반대로 적을수록 상상력 또한 줄어들 수밖에 없다는 것이다. 스웨덴의 한적한 외곽에 자리 잡고 있는 그립스홀름Gripsholm 성에는 매년 수많은 관광객들이 찾아온다. 이곳 별궁에 보존되어 있는 박제된 사자 상을 보기 위해서다. 흔히 볼 수 있는 사자, 그것도 살아있는 것도 아닌 죽은 사자를 보기 위해 사람들이 먼 거리를 찾아온다는 게 선뜻 이해되지 않지만 여기에는 재미난 사연이 얽혀있다.

1731년 스웨덴 국왕인 프레데릭 1세는 아프리카 알제리에서 사자 한 마리를 선물 받는다. 스웨덴에서는 볼 수 없던 귀한 사자를 애지중지하던 프레데릭 1세는 사자가 죽고 난 후 정성껏 장례를 치르고 사체를 땅에 묻었다. 그리고 얼마 후 사자를 박제로 만들기로 하고 스웨덴에서 제일 실력이 뛰어난 박제사를 불러 죽은 사자를 박제하도록 명령을 내렸다. 국왕의 명을 따르기 위해 사자의 무덤을 팠으나 이미 형체를 알아볼 수 없을 만큼 부패한 데다 불행하게도 박제사는 사자를 한 번도 본 적이 없었다. 박제사는 딜레마에 빠지고 말았다. 하는 수 없이 교회의 문에 조각되어 있던 사자상을 보고 죽은 사자를 박제로 만들었는데 실제 모습과는 너무 달랐다. 살아있을 때와 너무나 다른 사자의 모습에 화가 난 왕은 박제사를 감옥에 가두어버렸는데 그건 그의 잘못이 아니었다. 단 한 번도 사자를 본 적이 없었으니 그가 상상력을 발휘하는 데는 한계가 있을 수밖에 없었기 때문이다.

그립스홀름 성의 사자 박제상
(출처_kungligaslotten.se)

이 이야기가 들려주는 교훈은 아주 간단하다. 많이 볼수록 뛰어난 상상력을 발휘할 수 있다는 것이다. 다양한 대상, 다양한 사물을 본 경험이 많은 사람일수록 자신이 본 것을 바탕으로 무엇인가 새로운 대상이나 사물을 떠올리는 능력을 발휘할 수 있다. 당연히 관찰력이 뛰어난 사람일수록 상상력이 뛰어날 것임은 두말할 필요가 없다. 관찰력이 뛰어났던 레오나르도 다빈치는 그 시절에 무려 헬리콥터나 탱크 같은 장비를 생각해내고 직접 설계까지 할 정도였다. 그가 천재성을 타고난 것도 크겠지만 어느 정도는 관찰력에 의해 길러진 것으로 봐야 한다. 하버드 신학대학의 강사이자 작가인 바버라 베이그Barbara Baig는 자신의 책《하버드 글쓰기 강의》에서 '강력한 상상력은 잘 단련된 관찰 기능에 달려 있다'고 했다. 관찰이 부족하면 간혹 방향이 어긋난 상상을 하기도 하는데 다음 페이지의 그림은 고대 사람들이 누군가의 말만

듣고 그린 그림이다. 과연 이 동물은 무엇을 그린 것일까? 다음 꼭지 글에서 그 답을 알려주겠다.

상상력은 또한 기억과도 밀접한 관계를 가지고 있다. 우리는 흔히 기억에 대해 과거를 회상하는 수단 정도로만 알고 있지만 기억이 미래를 예견하고, 준비하며, 계획하는 데도 바탕이 된다는 사실은 잘 깨닫지 못한다. 일반적으로 사람들은 미래를 예상할 때 과거의 기억을 바탕으로 한다. 예를 들어 아침 러시아워에 늑장을 부리다 회사에 지각한 경험이 있다면 그것을 바탕으로 미래에는 조금 더 일찍 서둘러 집을 나와야 한다고 생각한다. 아마도 특정 길로 사냥을 나섰다가 호랑이를 만나 죽을 뻔한 경험이 있었다면 다음에는 그 길을 포기하고 다른 길로 돌아가거나 호랑이를 만나면 맞서 싸울 수 있는 대비를 할 것이다. 이러한 생존본능이 장착된 두뇌가 미래를 예견하는 데 과거의 기억을 활용하는 것이라 할 수 있다. 그러기에 기억 기능에 이상이 생기면 미래를 상상하는 데도 제약이 온다.

2007년 런던의 한 연구팀이 기억장애를 앓고 있는 다섯 명의 환자와 건강한 사람 열 명을 대상으로 특별한 연구를 수행했다. 실험에 참가한 대상자들이 해야 할 일이라곤 연구진이 들려주는 짤막한 시나리오를 듣고 이에 맞춰 새로운 상상을 하는 것뿐이었다. 예컨대, '햇살이 눈부시게 비치는 어느 날, 아름다운 열대 바닷가의 백사장에 누워 있다고 상상하라'거나 '다양한 물건들이 전시되어 있는 박물관의 전시실에 서있다고 상상하라'는 문장을 듣고 그 다음 어떤 일들이 벌어질지 묘사를 하는 것이었다.

이 과제를 수행하는 데 전혀 어려움이 없었던 건강한 참가자들은 백사장이나 박물관 전시실에서 일어날 법한 이야기들을 상상력을 발휘해 아주 자세히 연구진에게 들려주었다. 하지만 안타깝게도 기억장애 환자들은 새로운 경험을 상상하는 데 큰 어려움을 겪었다. 가상의 경험은 만들어내지 못하고 단편적이며 일관성 없는 감흥만 생각해낼 뿐이었다. 예를 들면 '나는 갈매기와 바다 소리를 들을 수 있다. 손가락 사이에서 모래알의 감촉을 느낄 수 있고, 한 척의 배에서 울리는 뱃고동 소리도 들린다. 눈에 보이는 것이라고는 정말 파란 하늘과 흰색 모래뿐이다. 둥둥 떠 있는 듯한 기분이다'라고 말하는 식이었다. 이 실험을 통해 기억장애를 앓는 환자들은 미래에 예상되는 경험을 잘 설명할 수 없다는 것을 알 수 있다.

이렇듯 과거의 기억이 미래를 예견하는 데 도움된다면, 과거에 대해 풍부한 기억을 가진 사람이 미래에 대한 상상력을 뛰어나게 발휘할 수 있을 것이라고 유추할 수 있다. 창의력을 나타내는 요소 중 하나는 상상을 통해 많은 아이디어를 도출해낼 수 있는 '유창성(fluency)'이다.

아이디어의 질을 떠나 개수를 많이 떠올릴수록 그 안에서 좋은 아이디어가 많이 나올 수 있다는 것이다. 모차르트가 작곡한 음악들은 감히 평하기 어려울 만큼 훌륭한 작품이 많지만 그러한 명곡이 탄생하기까지 모차르트는 수없이 많은 곡을 썼다고 한다. 피카소 역시 다작을 통해 훌륭한 작품들을 탄생시켰다. 아이디어를 많이 떠올리는 유창성이 창의력을 발휘하는 데 중요한 역할을 한다는 걸 인식해야 한다. 이 유창성이라는 것은 자신이 알고 있는 지식과 경험에 기반을 둔다. 자신이 알지도 못하는 것을 기반으로 아이디어를 생각해낸다는 것은 넌센스다. 그러므로 관찰력이 뛰어난 사람들이 상상력이 뛰어날 것임은 의심의 여지가 없다.

어린 시절 부모와 다양한 활동을 한 아이들은 성인이 돼서도 상상력을 발휘하고 창의적인 생각을 떠올리기가 쉬워진다. 경험을 통해 관찰하고 기억에 저장한 것이 많기 때문이다. 관찰이란 단순히 무의식적인 행동이 아니라 무언가를 의도적으로 의식의 세계 속으로 밀어 넣는 것인 만큼 기억 속에 남아있는 요소들도 많을 수밖에 없고 이는 풍부한 상상력을 나타내는 재료가 될 수 있다.

'G마켓에서 하드캐리', '바나나, 안 반하나?', 버거킹의 '새우, 새우라니까' 라는 기억에 남는 광고카피를 만들어낸 제일기획의 크리에이티브 디텍터 이채훈씨는 창의적인 아이디어를 떠올리기 위해서는 관찰이 중요하다고 강조한다. 그는 크레파스에 있는 '살색'이라는 색상이 누구에게는 하얀색, 누구에게는 검은색, 누구에게는 황토색이 될 수 있음을 알고 세 가지의 크레파스를 모아 '모두가 살색입니다'라는 카피를 만들어냈다. 색깔 속에 담긴 인종차별적인 위험요소를 경계한 것인데, 그의 말에 따르면 천재성보다는 꾸준한 지구력이 습관으로 이어질 때 비범함이 탄생한다고 한다. 갑자기 좋은 아이디어가 떠오르기보다 축적되어 있던 영화나 신문에서 본 내용들이 어느 순간 머릿속에서 발아된다는 것이다. 그래서 그는 창의적인 사고를 떠올리는 데 있어 가장 중요한 요소로 관찰을 꼽는다.

산모들의 생명을 구한 관찰

앞에서 제시했던 그림의 답은 '코끼리'이다. 우리가 알고 있는 코끼리와는 너무 다르지만 중세 사람들은 코끼리의 모습을 앞에서 본 것처럼 생각했다고 한다. 2020년은 인류가 새로운 전환점을 맞이한 한 해가 아닐까 싶다. 2019년 말 시작된 코로나로 인해 전 세계가 고통과 두려움에 시달렸고 사람들의 행동에도 많은 제약이 따랐다. 의식하지 못하고 지내던 일상, 즉 사람들을 만나 커피숍에서 이야기를 나누고 함께 밥을 먹는 등의 소소한 활동들이 얼마나 소중한 것인지 새삼 깨달은 한 해였다.

코로나의 확산과 그로 인한 규제, 감염에 대한 우려가 늘어나면서 사람들의 행동방식도 달라지기 시작했다. 가장 큰 변화 중 하나는 '대면 활동'이 줄어들고 '비대면 활동'이 늘어난 것이다. 물건을 구매할 때도 오프라인 매장을 찾던 사람들이 온라인으로 필요한 물품을 구매하는 일이 늘어나고 강의, 공연, 전시 등 오프라인에서 이루어지던 많은 활동들이 온라인으로 바뀌거나 행위 자체가 사라지고 말았다. 운동을 하기 위해 체육관을 찾던 일도 '홈 트레이닝'으로 바뀌었고, 영화를 보기 위해 극장을 찾는 일도 집에서 스트리밍 서비스를 받는 일로 바뀌었다. 상당수의 기업들이 전염과 감염의 위험을 예방하기 위해 재택근무를 실시했으며, 무인 키오스크나 온라인 화상회의 시스템의 매출이 폭발적으로 증가하는 등 사회 곳곳에서 크고 작은 변화들이 이루어졌다. 전문가들 중 상당수는 코로나가 종식된 이후에도 이러한 트렌드는 그대로 남아 과거로 회기하지 않는 '뉴노멀new normal'의 시대가 도래할 것이라 전망하기도 했다.

지금은 이렇게 전염병이나 바이러스에 대해 민감한 반응을 보이며 대처하지만 불과 170여 년 전까지만 해도 그러한 개념이 사람들 머릿속에 박혀 있지 않았다. 사람들은 세균이나 감염, 전염병 등에 대해 전혀 지식이 없었으며 전염병이 창궐하는 시기에도 손조차 제대로 씻지 않았다. 당시 유럽에서 출산한 산모들은 산욕열로 인해 높은 사망률을 기록하고 있었다. 산욕열이란 분만 과정에서 생긴 성기의 상처를 통해 침입한 세균이 감염을 일으킴으로써 고열을 내는 질환을 일컫는다. 오스트리아 빈의 종합병원에서 근무하고 있던 헝가리 의사 이그나즈 필리프 제멜바이스Ignaz Philipp Semmelweis는 많은 산모들이 산욕열로 죽어가는 상황을 의아하게 생각했다. 당시 병원에는 두 곳의 분만실이 있었는데 한 곳은 부유한 계급을 위한 곳으로 전문의와 의대생들이 배치되어 있었다. 다른 한 곳은 가난한 노동자 계급을 위해 마련된 분만실로 전문의 대신 산파들이 배치되어 있었다. 그런데 아이러니하게도 산모들의 사망률은 전문의와 의대생이 근무하고 있는 분만실에서 훨씬 높게 나타났다.

제멜바이스가 원인을 밝혀내기 위해 양쪽 분만실을 주의 깊게 관찰한 결과, 분만실과 시체실을 오가며 일하는 전문의와 의대생들 중 누구도 제대로 손을 씻지 않는다는 것을 알게 되었다. 시체를 해부하던 손으로 아기를 받고, 아기를 받던 손으로 다시 시체를 해부하면서도 손을 씻어야 한다는 생각을 하지 않았던 것이다. 그 결과 부패한 시체로부터 옮겨진 세균이 산모들을 감염시키고 결국 산욕열을 일으켜 죽음에 이르게 한 것이다. 원인을 알아낸 제멜바이스는 의사들에게 아이를 받기 전에 충분히 손을 씻을 것을 제안했다. 하지만 당시만 해도 세균이나 감염에 무지했던 사람들은 그의 말을 코웃음 치며 무시하고 말았다. 결국 그가 죽고 한참 후에야 비로소 박테리아의 존재가 드러나자 손을 씻기 시작했다. 물론 그 사이에도 수많은 산모들이 알 수 없는 이유로 죽어갔음은 두말 할 필요가 없다.

만일 제멜바이스가 주장한대로 의사들이 아이를 받기 전 손을 깨끗하게 씻었다면 어떻게 되었을까? 아마도 산모들의 사망률은 혁신적으로 줄어들었을 것이다. 비록 그가 사망한 이후에야 그의 주장이 받아들여졌지만 제멜바이스는 관찰을 통해 생명을 구할 수 있는 혁신적인 발견을 하게 된 것이다. 이처럼 세상을 바꿔놓을 수 있는 위대한 발견들은 모두 관찰을 통해 이루어졌다. 그리고 그것들은 세상이 앞으로 한 발 더 나아가는 데 혁혁한 공을 세웠다. 비록 그러한 발견들이 우연한 것이었다고 할지라도 관찰이 배제된 발견은 있을 수 없다. 그러한 측면에서 관찰은 세상을 바꿀 수 있는 위대하면서도 강한 힘이라고 할 수 있다.

모든 혁신의 출발점

현대사회는 루이스 캐럴의 소설《거울나라의 앨리스》에 등장하는 '붉은 여왕Red Queen'의 나라와 같다. 그 책에는 이런 대사가 나온다.

"The Red Queen has to run faster and faster in order to keep still where she is. That is exactly what you all are doing."

'붉은 여왕은 자기가 서 있는 자리를 지키기 위해서는 더욱 더 빠르게 뛰지 않으면 안 되는데 이건 여러분 모두가 하는 일과 정확히 일치한다'는 내용이다. 붉은 여왕이 사는 곳에서는 모두가 자신이 움직이는 속도로 움직이기 때문에 같은 곳에 있으려면 쉬지 않고 달려야 한다. 만일 어딘가 다른 데로 가고 싶다면 적어도 그보다 두 배는 빨리 달려야만 있던 자리를 벗어날 수 있다. 정신없이 살아가는 현대인들의 삶과 조금도 다를 바 없다.

세상이 급격히 변하면서 기업도 개인도 현실에 안주할 수 있는 시대는 지났다. 천천히 변화하는 환경에서는 현실에 조금 안주한다고 해도 큰 지장이 없었다. 경쟁자도 나처럼 느릿느릿 움직였으니 말이다. 조금 뒤처지더라도 다시 정신 차리고 열심히 뛰면 따라잡을 수 있었다. 하지만 지금은 붉은 여왕이 다스리는 나라처럼 모두가 뛰고 있다. 그냥 뛰는 것이 아니라 정신없이 뛰고 있다. 잠시라도 멈추면 뒤처질 수밖에 없다. 그래서 기업도 개인도 끊임없이 자신의 가치를 새롭게 업데이트하지 않으면 안 되는데 이를 다른 말로 하면 '혁신'이라고 할 수 있다. 우리는 혁신이 일상적으로 삶에 내재화된 시대에 살고 있는 것이다.

《거울나라의 앨리스》 일러스트 ⓒJohn Tenniel

혁신이라고 하면 모두들 어렵게 생각한다. '가죽을 벗겨내는 고통'
이라며 겁을 주지만 사실 알고 보면 혁신이라는 것을 그리 대단하게
생각할 필요는 없다. 만일 제멜바이스의 말을 듣고 산부인과 의사들이
아이를 받기 전에 깨끗이 손을 소독했다면 산모들의 사망률은 현저하
게 줄어들었을 것이다. 그렇다면 이는 혁신일까 아닐까? 비록 취할 수
있는 행동은 손을 씻는 것처럼 간단한 것에 불과하지만 그것으로 인해
수많은 생명을 구할 수 있다면 그 행위 자체는 분명 혁신이라 할 수 있
다. 2018년에 〈Innovation Leader and KPMG〉가 발간한 보고서에
따르면, 글로벌 기업의 혁신 활동 중 49퍼센트가 점진적 혁신, 즉 기존
제품이나 서비스를 개선하는 데 초점이 맞춰져 있다고 한다. 28퍼센트
는 기존 제품을 확장하거나 새로운 시장으로 진출하는 인접혁신, 나머
지 23퍼센트가 완전히 새로운 제품이나 서비스, 비즈니스 모델을 제시
하는 변혁적 혁신이라는 것이다. 혁신 활동의 무려 77퍼센트가 기존의
것을 변형하는 것이라는 얘기는 기존에 있는 것을 지나치지 않고 잘
관찰하기만 해도 그 안에서 뛰어난 성과를 얻을 수 있는 변화를 일궈
낼 수 있음을 나타낸다.

아마존의 창립자인 제프 베조스는 최근 테슬라의 CEO인 일론 머
스크에게 자리를 내주기는 했지만 꽤 오랜 기간 동안 전 세계 부자 순
위 1위 자리를 지켜왔다. 물론 그것이 절대적인 의미를 갖는 것은 아니
지만 허름한 창고 한 편에서 손으로 쓴 '아마존 닷컴amazon.com' 현수
막을 걸고 시작한 기업이 명실 공히 세계 최고의 유통회사로 우뚝 선
지 오래다. 하지만 아마존은 더 이상 유통회사가 아니다. 아마존을 유
통회사라고 하는 사람은 시대의 변화를 잘 따라가지 못하는 사람이다.
익히 알려진 대로 아마존의 출발은 온라인 서점이었다. 이후 책 이외

혁신으로 비즈니스 계의 공룡으로 거듭난 아마존 설립자 제프 베조스

에 여러 생활용품들을 추가하면서 멀리 나가지 않고도 필요한 물건을 주문할 수 있는 마켓플레이스marketplace로 발전했다. 아마존의 규모가 커지면서 사람들이 너도 나도 몰려와 물건을 팔기 시작했고, 다른 곳에서는 찾기 힘든 물건들이 아마존에서는 손쉽게 구입할 수 있게 되면서 사람들 사이에는 바로 소문이 퍼지기 시작했다. 그렇게 만족스러운 경험들이 축적되고 판매자들도 다른 곳에서는 팔기 어려웠던 물건들을 쉽게 팔 수 있게 되자 더 많은 판매자와 구매자가 몰려드는 '플라이휠 효과flywheel effect'가 나타났다. 이로 인해 아마존은 전통적인 오프라인 유통업체인 월마트를 누르고 세계 최대의 유통업체가 될 수 있었다.

하지만 아마존의 변신은 여기에서 멈추지 않았다. 구매자와 판매자들이 원활하게 전자상거래를 할 수 있도록 표준화된 서버와 플랫폼을 제공했으며, 이를 바탕으로 아마존 웹 서비스AWS라는 클라우딩 서비스까지 제공하기 시작한 것이다. 유통업체에서 IT 업체로의 변신이 이뤄진 셈이다. 더 나아가 전자책 구매자에게 킨들을 제공하는 제조업체가 되었다. 이러한 전략을 통해 사람들이 지속적으로 전자책을 구매하도록 유도했으며, 킨들 활용을 높이기 위해 비디오 스트리밍 서비스까지 시작했다. 심지어는 아마존 프라임 서비스에 가입한 고객들의 이탈을 막고 만족도 높은 서비스를 제공하기 위해 자체 스튜디오를 만들고 영화를 제작하는 일까지 진행 중이다. 클라우드 서비스와 내부에서 보유한 핵심역량을 기반으로 사업을 다양한 영역으로 확대해 나가고 있는 것이다. 휴대폰 제조는 실패했지만 이를 바탕으로 인공지능 스피커이자 비서인 '알렉사Alexa'를 만들었다. 게다가 고객들이 무엇을 비교하고 무엇을 구입했는지를 알려주는 빅데이터는 아마존을 구글과 경쟁하는 검색엔진으로 만들어줬고 구글 이상의 광고 플랫폼이 되도록 했다. 아마존이 구글의 경쟁자가 될 것이라고 생각한 사람은 아무도 없었겠지만 이미 현실이 돼버렸다. 이제 아마존은 유통기업인지 클라우드 컴퓨팅 기업인지, 콘텐츠 제작 서비스 업체인지, 제조업체인지 명확히 정의하기 어렵게 되었다.

가전제품 제조업체인 중국의 하이얼Haier 역시 새로운 회사로의 변화를 시도하고 있다. 하이얼은 냉장고 내부에 고객이 주로 사용하는 식자재가 떨어지면 이를 인식해 자동으로 주문하고 배달까지 완료하는 서비스를 제공한다. 가전회사에서 식자재 관리회사로까지 사업영역을 확대하고 있는 것이다. 아마존이나 하이얼 등이 만들어낸 혁신적인 변화는 세상의 흐름을 관찰하는 것으로부터 시작되었다. 흔히 말하는 환경 분석 혹은 트렌드 분석에 의해 시작되었다는 것이다. 4차 산업혁명을 거쳐 촉발된 디지털 기술들이 기업의 외부 환경은 물론 내부 환경까지 변화시키고 그에 대응하지 않으면 살아남기 어렵겠다는 위기감이 그들의 사업을 변모하도록 만든 것이다. 결국 혁신의 출발점도 관찰이 될 수밖에 없다.

진짜 사냥꾼은 가치를 쫓는다

세상은 무언가 새로운 가치를 만들어내는 데만 관심을 가지지만 이미 존재하는 것을 잃지 않거나 현재 상태로 유지하는 것 또한 중요하다. 예를 들어 도난이나 화재, 사고, 보이스 피싱 등으로 인해 애써 모은 재산이나 고귀한 생명을 잃지 않는 것이 어쩌면 새 가치를 만들어내는 것보다 중요할 수 있다. 모처럼 낭만적인 분위기 연출을 위해 피워놓은 초로 인해 집을 모두 태우거나 몇 년을 힘겹게 허리띠 졸라매고 모은 돈을 보이스 피싱으로 날렸다면 내가 지닌 금전적 가치는 모두 사라지고 만 셈이다. 그러니 그런 일을 막는 것이 한편으로는 중요할 수 있다.

2020년 11월의 어느 날 이런 뉴스가 전해졌다. 한 젊은 20대 남성이 한국금거래소 대리점 문을 열고 들어오더니 직원에게 금괴 1킬로그램을 사고 싶다며 봉투를 건넸다. 당시 금괴 1킬로그램의 가격은 약 2억 5,000만 원 정도였다. 그런데 1억 원짜리 수표 다섯 장이 들어있는 봉투를 건넨 남성은 금에는 관심이 없는 듯 휴대폰만 들여다보고 있었다. 대리점 직원은 바로 수상한 생각이 들었다. 결국 그 직원은 남성 몰래 신고를 했고 출동한 경찰에 의해 남성은 체포되었다. 알고 보니 보이스 피싱으로 가로챈 돈을 세탁하기 위해 금을 매입하려던 것인데 남성은 수고료를 받고 대신 심부름을 하던 중이었다. 이 경우, 젊은 남성의 의심쩍은 행동들이 눈에 두드러지게 드러났기에 사고를 예방할 수 있었지만 만일 의심스러운 행동을 관찰하지 못했다면 범죄를 밝히는 일은 불가능했을 것이다.

그래도 이 정도면 다행이다. 만일 잃어버리지 말아야 할 것이 사람들의 안전과 관련된 것이라면 현재 상태에서 악화되지 않는 것이 더 큰 가치를 만들어내는 것일 수도 있다.

미국의 대형 보험사에서 피해사정관으로 근무한 하인리히가 보험 사고를 조사한 결과 큰 사고 뒤에는 평균 29가지의 경미한 사고들이 있고, 다시 그 뒤에는 300여 가지의 징후들이 도사리고 있다고 한다. 작은 징후들이 모여 하나의 큰 사고에 이르게 된다는 것인데 그렇다면 작은 징후들을 놓치지 않고 잘 관찰하는 것만으로도 대형 사고를 예방할 수 있고, 그건 새로운 가치를 만들어내는 것 못지않게 중요한 일이 될 것이다.

비행기 안에는 여러 개의 비상구가 마련되어 있다. 승무원들은 비상시를 대비해 비상구 앞에 앉은 사람들에게 유사시 도와달라는 협조를 요청한다. 우리나라에서는 비상구 앞에 앉은 승객에게 미리 도움을 요청하지만 외국에서는 승무원들이 탑승하는 승객들을 관찰하면서 비상시에 도움을 요청할 사람을 미리 정해두곤 한다. 이를 '신체 건강한 승객(Able-Bodied Passenger, ABP)'이라고 하는데 이 사람들은 비상상황이 발생하면 승무원들을 도와 다른 승객들의 탈출을 돕는 역할을 하게 되지만 정작 자신들은 그런 대상으로 선정되었는지도 모른다고 한다. 우선 이들의 조건은 15세 이상이어야 하고, 두 팔과 두 손, 두 다리를 모두 자유롭게 쓸 수 있어야 하며, 기동력이 좋고, 영어를 읽고 이해하는 능력이 뛰어나야 한다. 위급상황에서 승무원의 지시를 못 알아들으면 소용없으니 말이다. 이들은 또한 일행 없이 혼자 탑승한 사람이어야 하는데 그 이유는 가족이나 지인 등 일행이 있으면 그 사람을 먼저 도우려 할 수 있기 때문이다. 게다가 비상상황에서 당황하지 않고 침착하게 지시를 따를 수 있도록 멘탈이 강한 사람이기도 해야 하는데 이런 사람을 찾아낸다는 것은 결코 쉬운 일이 아니다. 하지만 비행기 승무원들은 꾸준한 훈련을 통해 이러한 사람들을 찾아내는 데 익숙해지도록 하고 있다. 그 방법은 오로지 관찰밖에 없다. 만일 승무원들이 승객들을 제대로 관찰하지 못해 적절한 ABP를 찾아내지 못한다면 실제 비상상황이 발생했을 때 큰 곤란을 겪을 수도 있다.

사례를 통해 살펴본 것처럼 관찰의 힘은 기회의 발견이기도 하지만 그것이 발전적인 측면의 기회가 아니라 무언가가 더 나빠지는 것을 막는 기회가 될 수도 있다. 삼풍백화점과 성수대교 붕괴, 항공기 추락, 강원도 산불 등 우리나라에서 일어난 대형 사고들, 그리고 2001년에 미국에서 발생한 9.11 테러 같은 사고들은 미리 징후를 발견하고 막을 수 있었다면 그 어떤 혁신적인 사건들보다 더 큰 가치를 지녔을 것이다. 존재하지 않던 새로운 가치를 만들어내는 것이 중요한 것처럼 가진 것을 최상의 상태에서 지켜낼 수 있도록 늘 주위를 둘러보는 관찰이 필요하지 않을까.

구글의 실패가 말해주는 것

이미 언급한 것처럼 사람들을 관찰하면 그 안에서 많은 시사점을 찾을 수 있다. 그렇다면 이런 의문이 들 수 있다. 사람들에게 직접 물어보면 안 될까? 설문이나 인터뷰를 통하면 관찰하지 않고서도 그들이 원하는 것이 무엇인지 알 수 있을 거라 여길 수 있다. 그래서 많은 기업들이 신상품이나 새로운 서비스를 개발하는 기획단계에서 소비자들을 대상으로 설문이나 인터뷰, 혹은 FGI(Focus Group Interview; 집단 심층 면접)나 집단토론 같은 방식을 활용하곤 하지만 설문이나 인터뷰와 관찰은 다르다. 설문이나 인터뷰는 그 한계가 있기 때문이다.

주로 기업에서 많이 활용되고 있기는 하지만 일반적으로 소비자들이 원하는 가치를 만들어내기 위한 기획단계에서 많이 활용되는 기법은 다음과 같은 것들이 있다. 설문이나 인터뷰, FGI 그리고 블라인드 테스트 등은 주로 겉으로 드러난 니즈를 조사하는 데 적합하다. 하지만 이는 수면 아래 있는 니즈를 알아내기는 어렵다. 사람들 스스로도 그것을 잘 인지하지 못하는 경우가 많기 때문이다. 게다가 이러한 조사는 언어적 표현의 한계로 인해 질문이나 답변이 왜곡되는 경우가 있으며 자기 마음을 속마음과 다르게 드러내는 경우도 많다. 다시 말해 결과가 왜곡될 가능성이 높은 것이다.

미국의 제과업체인 프리토레이Frito-Lay는 짙은 주황색 색소를 입힌 새로운 과자 출시에 앞서 광고에 관한 설문조사를 실시했다. 광고의 내용은 이렇다. 울타리가 나란히 붙어있는 두 가정이 있는데 불행

고객의 니즈	• 수면 위로 드러난 영역	• 수면 아래 잠겨 있는 영역
표현방식	• 말이나 글 등의 언어	• 태도나 행동 (소비자 스스로 인지하지 못함)
조사방법	• 설문이나 인터뷰 • FGI 블라인드 테스트 등	• 에스노그라피*(Ethnography) 심리분석기법 • 아이 트래킹(Eye tracking) • 뇌 영상촬영(fMRI/PET 등) • 뇌파검사(EEG) 등
한계	• 언어적 표현의 한계 • 속마음과 다른 표현 • 자기행동의 합리화	• 비싼 비용 • 표본 수의 한계 • 해석의 한계

● 에스노그라피: 사회와 문화의 여러 가지 현상을 정량적이고 정성적인
조사 기법을 이용한 현장 조사를 통해 연구하는 학문 분야

히도 주부들 사이가 그리 원만하지 못하다. 그래서 한 가정의 주부가
빨래한 것을 본 옆집 주부가 새하얀 세탁물에 주황색 색소가 첨가된
프리토레이의 과자를 몰래 넣어 놓음으로써 골탕을 먹인다는 것이었
다. 이 광고를 소비자들에게 보여주자 대부분은 눈살을 찌푸리며 부정
적 반응을 나타냈다. 이유는 너무 심술궂고 고약하다는 것이었다. 하
지만 업체에서 소비자들을 초빙해 영상을 보여주며 뇌의 반응을
fMRI(기능성 자기공명영상) 장비로 촬영하자 영상을 본 사람들의 뇌에
서 보상중추가 활성화되었다. 이 말은 영상을 재미있어하거나 통쾌해
한다는 것을 나타낸다. 설문조사 때는 거부감을 나타냈던 사람들도
fMRI 장비를 통해서는 거부감 대신 호의적인 반응을 나타낸다는 것을
알게 된 것이다. 업체는 이 광고를 그대로 방송을 통해 내보냈고 소비
자들로부터 뜨거운 호응을 이끌어냈다.

이 사례에서 보는 것처럼 설문이나 인터뷰에서의 소비자 반응과 관찰을 통해 얻을 수 있는 소비자의 반응은 분명 다르다. 이런 현상이 나타나는 가장 큰 이유는 소비자들은 설문이나 인터뷰 시에 상대를 의식해 자신의 속마음을 그대로 다 드러내지 않기 때문이다. 앞선 프리토레이의 사례에서 '그것 참 재미있겠네요'나 '속이 후련할 것 같아요'라고 말을 하면 조사원이 자신을 속 좁은 사람으로 인식할까 우려하는 마음이 작용했을 수 있다. 만일 이렇게 속마음과 다르게 말하는 사람들의 말을 믿고 제품이나 서비스를 개발하거나 홍보영상을 만든다면 실패할 가능성이 높을 수밖에 없다.

구글이 자사의 모든 커뮤니케이션 수단을 브라우저 기반의 단일 애플리케이션으로 모으기 위해 출시한 '웨이브'는 사람들에게 제대로 알려지기도 전에 실패 판정을 받았다. 웨이브의 원래 목적은 이메일이나 인스턴트 메시징, 블로그, 멀티미디어, 문서공유 등 온라인에서 핵심적으로 이용되고 있는 기능을 통합함으로써 협업과 커뮤니케이션을 돕기 위한 것이었다. 웨이브를 출시하기에 앞서 구글은 타깃 이용자들을 대상으로 다양한 조사를 했고 그 결과는 긍정적이었다. 경쟁사인 페이스북도 웨이브가 페이스북을 대체할 것이라며 긴장하는 모습을 보이며 웨이브를 따라잡아야 한다고 강조하기도 했다. 하지만 막상 서비스가 론칭되고 나자 마치 신호등이 고장난 사거리처럼 피드와 커뮤니케이션이 꼬이게 되면서 사용자들은 등을 돌리게 되었다. 아무리 관심을 보인 것이라 해도 자신들이 추구하는 편리와 다를 경우 소비자들은 쉽게 등을 돌릴 수 있는 것이다.

때로는 소비자 스스로도 자기 마음을 모를 때가 있는데 이를 '언매트니즈unmet needs'라고 한다. 사람의 마음은 마치 빙산과 같아 수면 위로 드러난 부분이 있는가 하면 드러나지 않은 부분도 있다. 수면 위로 드러난 마음은 쉽게 드러내거나 표현할 수 있다. 하지만 물속에 잠겨 있는 부분은 잠재되어 있는 만큼 스스로도 잘 들여다보지 못하는 경우가 많다. 고등학생 시절, 정말 혁신적인 제품이 세상을 강타했다. 바로 소니에서 만든 '워크맨'이라는 제품이었다. 그 전까지만 해도 음악을 재생하는 수단은 턴테이블이나 큰 카세트 플레이어처럼 덩치가 큰 게 당연했다. 그런 상식을 깨고 손바닥만한, 카세트테이프 하나 들어 갈만한 크기의 재생기기가 등장하자 사람들은 환호의 비명을 내질렀다. 당시에는 가히 혁신을 넘어 혁명에 가까운 일이었다.

그런데 소니가 이 제품을 개발하기 전에 소비자들에게 설문이나 인터뷰를 했다면 이런 제품이 나올 수 있었을까? 당시만 해도 음악은 집 혹은 다방 같은 실내에서나 듣는 것이라 생각했다. 누구도 길거리에서 음악을 들을 생각을 하지 않았다. 물론 친구들과 소풍을 갈 때면 커다란 카세트 플레이어를 들고 다니기도 했지만 대체로 길거리에서 음악을 듣는 사람들은 소위 '날라리' 취급을 받았다. 그렇기에 사람들은 손바닥만한 카세트 플레이어로 밖에서 음악을 들을 생각도 못하고 그러한 욕구조차 느끼지 못했다. 하지만 막상 그 제품이 세상에 등장하자 사람들의 생각이 달라지기 시작했다. '어떻게 길을 다니면서 음악을 듣지?'라고 생각하던 사람들도 너도나도 앞 다투어 이 혁신적인 기계를 찾기 시작했다.

지금은 스마트폰 없이 살아가는 것은 상상할 수 없는 세상이 되어 버렸다. 전 세계 인구의 절반이 스마트폰을 가지고 있고 하루 4시간 이상 사용한다고 한다. 사람들의 삶은 스마트폰 이전과 스마트폰 이후로 나눌 수 있다고 할 정도로 스마트폰은 사람들의 사고와 생활방식을 크게 바꾸어 놓았다. 하지만 과거에는 누구도 그런 제품을 상상하지 못했다. 그 당시 사람들에게 컴퓨터를 들고 다니며 하루 종일 언제 어디서나 인터넷에 접속할 수 있는 기계를 만들겠다고 하면 '그게 왜 필요하지?'라며 회의적인 반응을 보였을지도 모른다.

고객은 현재의 기준에서 생각하는 경향이 있다. 즉, 지금 가지고 있는 제품의 문제점에 초점이 맞춰져 있어 혁신을 생각할 때도 기존 제품이 갖고 있는 통념에서 벗어나기 어렵다. 과거에는 컴퓨터는 집이나 사무실처럼 고정된 장소에서 사용하는 기기라는 인식 때문에 고객의 니즈로는 휴대용 컴퓨터를 생각해낼 수 없었다. 스티브 잡스가 '마케팅 리서치는 무의미하다'고 강조한 것도 바로 이러한 요인 때문이다. 그는 대신 직접 고객을 관찰해 그들의 입장에서 잠재된 욕구를 탐색함으로써 아이팟이나 아이폰 같은 혁신적인 제품을 만들어냈다. 이렇게 잠재되어 있는 욕구를 끌어내 충족시킬수록 성공 가능성은 더욱 커질 수 있다. 경험을 통해 그 제품이 제공하는 가치를 충분히 누리게 되면 후행적으로 그에 대한 니즈가 자리 잡기 때문이다. 한 번 니즈가 형성되면 하나의 트렌드로 이어질 수 있다. 언제 어디서나 문자를 주고받고 이메일을 확인하고, 게임을 하거나 음악을 들으며, 사진을 찍고 동영상을 보고 싶다는 내재적 욕구가 어떻게 트렌드가 되었고 어떤 성공을 일궈냈는지는 설명할 필요가 없을 것이다.

이런 잠재된 욕구를 알아차리는 가장 좋은 방법은 관찰이다. 늘 새로운 아이디어가 필요한 디자이너나 마케터, 기획자들이 관찰을 중요시하는 이유가 바로 이 때문이다. 현대인이라면 일상생활 속에서 문서 작성 프로그램을 쓸 일이 자주 있지만 그 중에서 유용하게 사용할 수 있는 기능 중 하나가 문서를 카피하고 복제하는 기능, 즉 'Ctrl+C, Ctrl+V'기능이다. 만일 이 기능이 없다면, 한 페이지짜리 원고를 재활용하려면 다시 타이핑을 할 수밖에 없다. 컴퓨터 공학자였던 래리 테슬러Larry Tesler는 미리 작성된 예문을 사람들에게 나누어 준 후 수정해달라는 요청을 했다. 그러자 모든 사람들이 예문을 처음부터 다시 입력해야 했고 그 과정을 불편하게 여겼다. 사람들의 행동을 보면서 래리 테슬러는 자르기(cut), 복사(copy), 붙이기(paste) 기능이 들어가면 보다 편리한 문서작성 프로그램이 될 수 있음을 알게 되었고 그러한 기능을 '집시Gypsy'라는 프로그램에 구현했다. 불편함을 찾아내 개선한 래리 테슬러의 사냥꾼의 눈이 아니었다면 지금도 우리는 '복사, 붙여넣기'가 없는 불편한 세상에서 살고 있을지도 모른다. 이후에도 그는 '마우스를 클릭하여 문서 열기', '마우스 커서를 이용한 드래그', '최초의 휴대용 개인단말기(PDA) 애플 뉴턴' 등을 개발했는데 비록 그 자신은 크게 성공하지 못했지만 이러한 모든 기능은 매킨토시와 아이폰 개발의 기반이 되었다. 이 모든 것들이 고객의 니즈 분석을 통해 얻은 것이 아니라 그들의 행동을 관찰한 것으로부터 비롯된 것이다. 물론 관찰에도 다양한 한계는 존재하겠지만 고객을 이해하고 공감하기 위해 채우는 첫 단추는 관찰이어야 한다. 그들의 행동을 자세히 들여다보면 그 안에서 중요한 단서를 발견할 수 있기 때문이다.

PART 3

무엇을
관찰할 것인가?

HAWK EYES

우거진 정글 속에서 사냥꾼들은 사냥감을 찾기 위해 날카로운 시선으로 작은 움직임 하나조차 놓치지 않는다. 마찬가지로 조직 내에서 가치 있는 결과물을 만들어내기 위해 혹은 개인적으로 사업가나 창업의 꿈을 이루기 위해서는 세상과 사람을 예리하게 바라보고 그 안에서 인사이트 또는 가치를 만들어낼 새로운 포인트를 찾아내야 한다. 하지만 막상 관찰의 중요성을 깨닫는다고 해도 무엇을 관찰해야 할지 막막해질 수 있다. 관찰은 무엇인가를 발견하기 위한 목적지향적인 행위지만 그 대상이 명확하게 정의되지 않을 경우 '목적'의 애매모호함으로 인해 더 막연하게 느껴질 수 있다. 그러므로 의미 있는 발견, 그리고 그것을 바탕으로 가치를 만들어내기 위해서는 관찰의 대상을 명확히 정하는 것이 우선시된다. 그렇다면 우리는 무엇을 관찰할 것인가?

해소되지 않는 불편함 _Inconvinience

피클은 햄버거나 피자, 스파게티 등 서양음식을 먹을 때 없어서는 안 될 사이드 음식이다. 새콤하면서도 달콤 짭짜름한 피클의 풍미는 감칠맛을 높여주고, 입안을 담백하게 해주며, 침을 고이게 해 메인 음식의 느끼함을 덜어주는 역할을 한다. 그런데 피클에는 쉽게 알아채지 못할 작은 비밀이 하나 숨겨져 있다. 단면이 칼로 자른 듯 매끄럽지 않고 울퉁불퉁하게 골이 파여 있다는 것이다. 그 이유가 무엇일까? 자칫 모양을 내기 위해서라고 생각할 수 있지만 심미적인 요인 때문은 아니다. 피클이 처음부터 지금처럼 골이 파인 형태로 만들어졌던 것은 아니다. 초기에는 매끄러운 단면을 가지고 있었다. 그런데 햄버거에 피클을 넣기 시작하면서 문제가 생기기 시작했다. 표면이 미끄럽다 보니 햄버거를 먹기 위해 입을 벌려 씹는 순간 속에 있던 피클이 밖으로 삐져나오기 일쑤였던 것이다. 이로 인해 바닥에 피클을 흘리거나 소스가 딸려 나와 손을 더럽히는 등 불편한 일들이 발생하자 고객들도 불평을 늘어놓기 시작했다.

피클을 생산하는 블라식Vlasic이라는 회사에서는 이 문제를 해결하기 위해 고민하기 시작했다. 그러던 중 자동차 타이어의 표면이 울퉁불퉁하게 골이 파여서 잘 미끄러지지 않는다는 사실을 떠올렸다. 이에 착안해 피클의 단면에도 골을 만들어 매끄럽지 않게 만들면 쉽게 밖으로 빠져나오지 않으리라는 아이디어가 나왔고, 지금처럼 골이 파인 제품을 만들게 된 것이다. 별것 아닌 것처럼 보이지만 특허까지 가지고 있는 귀한 몸으로 사용자 입장에서의 불편함을 해소하기 위해 고

안된 아이디어인 것이다.

관찰을 할 때 무엇보다 가장 먼저 살펴보아야 할 것이 바로 이 '불편함'이다. 사람들은 물리적으로나 심리적으로 불편함을 느낄 때 그것을 해소하고 싶은 욕구가 생긴다. '필요는 발명의 어머니'라는 말이 있지만 무언가를 필요로 한다는 것은 뒤집어 얘기하면 그것이 없음으로 인해 불편함을 느낀다는 것이기도 하다. 종이, 볼펜, 지우개, 전등, 달력, 컴퓨터 등 지금 내 책상 위에서 볼 수 있는 물건들은 모두 그것이 없으면 나타나는 불편을 해소하기 위해 만들어진 것들이다. 자동차는 먼 거리를 걷거나 마차를 타고 이동할 때 시간이 오래 걸리는 불편함을 해소하기 위해 만들어진 것이고, 밥솥은 불의 세기나 시간을 조절하지 못해 밥을 태우거나 설익는 불편함을 해소하기 위해 발명된 것이다. 음식주문 앱은 맛에 대해 확신할 수 없는 음식점의 전화번호를 찾아 일일이 전화를 해야 하는 불편을 해소하기 위해 등장한 것이다. 문자서비스나 카카오톡, 스냅챗 같은 각종 채팅 수단은 통화의 껄끄러움을 피하면서도 간단히 자신의 의견을 전달하기 위한 목적으로 만들어졌다. 이처럼 우리 주위에는 늘 불편한 요소들이 있게 마련이다. 사람들이 느끼는 이러한 불편을 찾아내 제거하면 사용자 입장에서는 편안함을 느끼게 될 것이고 그것은 그들에게 가치를 제공하는 일이라 할 수 있다.

벤처사업가이면서 스타트업 기업에 자금이나 기술지원을 해주는 엑셀러레이터로 일하고 있는 권도균 씨는 자신의 저서에서 사람들이 가진 불편함의 정도가 높아지면 높아질수록 사업적으로 성공할 가능성이 높다고 말한다. 그는 자신의 이론을 피라미드 형태의 그림으로 제시하는데 가장 밑바닥에 있는 것은 '재미'와 '흥미'이다. 영화나 음악, 게임, 소설과 같은 것들이 이에 해당하는데 먹고 사는 것과는 아무런 관련도 없는 이러한 산업이 흥행하는 이유도 사람들에게 재미나 흥미를 주기 때문이다. 언뜻 보면 불편함과는 상관없어 보이지만 다른 각도에서 볼 때 이러한 재미나 흥미 요소가 없다면 갑작스럽게 닥친 시간적 공백을 메울 수단이 없어 지루함을 느끼거나 스트레스를 해소하는 등 심리적으로 위안을 얻을 수 있는 요소가 없어 삶이 답답하게 여겨질 수도 있다. 그런 측면에서는 재미나 흥미도 어느 정도 불편을 해소해주는 수단이 된다고 볼 수 있다. 이에 대해서는 뒤에서 조금 더 자세히 살펴보도록 하자.

이보다 윗단계에 있는 것은 '있으면 좋은 것'이다. 없어도 상관은 없지만 있으면 편리해질 수 있는 것이 이에 해당하는데 '비데'를 예로 들 수 있다. 비데는 사실 없어도 상관이 없다. 휴지를 사용하면 되기 때문이다. 하지만 비데가 있으면 굳이 휴지를 쓰지 않아도 되니 편리함은 높아질 수 있다. 예상치 못한 일로 손을 다쳤을 경우에도 불편함을 느끼지 않을 수 있다. 구강청결제 같은 제품도 마찬가지다. 있으면 언제 어디서나 간편하게 입 안을 세정할 수 있지만 없다고 해서 크게 문제될 것은 없다. 껌을 씹거나 어쩔 수 없는 경우 물로 가글을 해도 어느 정도는 효과를 얻을 수 있으니 말이다. 이처럼 반드시 필요하지는 않지만 있으면 없을 때에 비해 편해질 수 있는 것은 사업적으로 성공할 가능성이 있다고 한다.

이런 '있으면 좋은 것'보다 성공 가능성이 높은 것이 '필요한 것'이다. 밥을 먹기 위해서는 밥그릇과 숟가락, 젓가락과 같은 도구들이 필요하다. 이것들이 없으면 밥을 접시에 덜어 먹거나 손가락으로 집어먹는 등 다른 수단을 찾아야 한다. 빨래를 하기 위해서는 세제가 필요하고, 양치를 하기 위해서는 칫솔과 치약이 필요하다. 요즘은 작가들도 문서작성 프로그램을 이용해 글을 쓰므로 책을 쓰기 위해서는 컴퓨터가 필요하다. 만일 컴퓨터가 없다면 예전처럼 손으로 글을 쓰거나 타자기를 이용할 수 있지만 그러자면 무척 불편할 것이다. 세제, 칫솔과 치약, 컴퓨터 같은 것들은 우리가 일상생활을 불편함 없이 영위하기 위해 필요한 것들이다.

그보다 상위에 있는 것은 '없으면 안 되는 것'이다. 과거처럼 느릿느릿 변화하는 세상이 아니라 요즘처럼 급변하는 세상에서 자동차는 없으면 안 되는 필수품이 되고 있다. 이미 자동차 시장이 포화상태에 이르렀음에도 자동차는 여전히 잘 팔리고 있다. 한 집에 여러 대의 차를 보유하고 있는 집도 늘어나고 있는데 이는 없으면 생활이 크게 불편하기 때문이다. 스마트폰도 요즘에는 없으면 안 되는 필수품이 되고 있다. 스마트폰이 단순히 사람들과 대화를 나누기 위한 통신의 수단으로만 사용되는 것이 아니고 메일이나 문자, 사진촬영, 인터넷, 동영상, 게임 등 다양한 부가적 기능을 수행하다 보니 일상생활에서 스마트폰 없이 생활하는 것은 상상도 할 수 없게 됐다. 이렇게 없으면 불편의 강도가 커지는 것들일수록 그것을 찾는 사람들의 수요는 늘어날 수 있다.

마지막으로 사업적으로 가장 성공 가능성이 높은 것은 '없으면 고통스러운 것'이다. 눈이 나쁜 사람은 안경이 없으면 일상생활이 불가능하다. 사람을 만날 때도 알아보지 못해 어려움이 많고, 대중교통을 이용할 때도 번호가 보이지 않아 힘들다. 잔뜩 인상을 쓰며 눈을 찌푸려야만 흐릿하게 윤곽이 보일 정도이니 몇 시간 정도만 안경 없이 생활해도 온몸의 진이 빠지는 듯 고통스럽다. 한여름 기온이 섭씨 40도에 육박하는 기후에 에어컨 없이 지내려면 어떨까? 불쾌지수는 하늘 높은 줄 모르고 치솟고 자신도 모르게 짜증을 내는 경우가 늘어날 것이다. 따라서 에어컨은 시간이 지날수록 반드시 필요한 물건이라는 인식이 강해지고 있다. 코로나로 인해 사람들은 말할 수 없는 고통을 겪었다. 만일 치료제나 백신이 있었다면 그 고통은 훨씬 덜 했을 것이다. 글로벌 기업들이 앞 다퉈 백신을 개발하고 전 세계 모든 나라들이 그 백신 확보에 열을 올리는 이유도 그것이 없음으로 인해 감당해야 할 고통이 너무 크기 때문이다.

물론 불편이 꼭 이런 등급을 따르는 것은 아니지만 불편의 강도가 커지면 커질수록 그것을 해소하고자 하는 욕구 역시 비례해 커질 것은 분명하다. 한편 해소욕구가 커진다는 것은 그것을 제거할 수 있는 수단을 제공했을 때 그로 인해 얻을 수 있는 만족감이 커진다는 것을 의미한다. 작은 불편의 제거는 작은 만족감을 주지만 큰 불편의 제거는 큰 만족감을 줄 수 있다. 인간의 문명이 발달하면서 불편함은 사라질 것처럼 생각되지만 우리 주위의 불편함은 절대 사라지지 않는다. 하나의 문제를 해결하면 반드시 그로 인한 또 다른 문제가 발생하듯이, 편리에 대한 인간의 기준이 높아질수록 그를 만족시키지 못하는 불편은 끊임없이 등장하기 때문이다.

IT 기술이 발달하지 않았을 때는 해킹의 우려가 크지 않았기에 공인인증서나 액티브X 같은 보안 프로그램이 필요하지 않았지만 기술이 발달함에 따라 이러한 것들의 필요성이 커졌다. 하지만 이로 인해 짜증이나 번잡함을 느끼는 일도 많아졌다. 이처럼 세상이 발달되면 발달될수록 그로 인한 파생적 문제점으로 불편함을 느끼는 일은 사라지지 않고 새로운 욕구로 대두될 것이다. 불편의 강도가 낮았던 것들도 편리함에 익숙해지다 보면 그것이 없을 때 느끼는 불편의 강도는 더욱 강해질 수 있다. 비데, 에어컨, 스마트폰, 승용차 등은 불과 수십 년 전만 해도 우리 주위에서 쉽게 찾아볼 수 없거나 존재 자체가 없던 것들이지만 사람들의 사용이 늘어나고 편리함에 익숙해질수록 존재하지 않음에 대한 불편은 커지고 있다. 문명의 발달로 인한 생활수준의 향상이 사람들의 눈높이를 끌어 올리고 그로 인해 채워지지 않는 새로운 불편이 생겨나는 것이다. 그러므로 이런 것들을 놓치지 않고 관찰해야 한다.

불편을 관찰해야 하는 또 다른 이유는 사람들은 불편한 것이 있어도 그것을 잘 드러내지 않기 때문이다. 한 조사에 의하면 소비자들의 96퍼센트가 자신의 불편을 잘 말하지 않는다고 한다. 어떤 제품이나 서비스를 이용하다가 불편함이 생겨도 굳이 그것을 말하지 않은 채 참고 넘기며 불과 4퍼센트만이 불편함을 호소한다는 것이다. 이는 '좋은 게 좋은 거'라는 식의 사고 때문일 수 있고, 불편함에 익숙해졌거나 학습됐기 때문일 수도 있다. 익숙해진 불편함이란 예를 들어 분리수거를 할 때 페트병을 재활용하기 위해서는 뚜껑과 라벨을 제거하고 뚜껑에서 분리된 자투리를 잘라내야 하는데 이것이 익숙해지다 보면 으레

'그러려니' 하고 느끼는 것을 말한다. 불편함에 길들여지는 셈이다. 어느 쪽이 되었건 사람들은 자신의 불편함을 입 밖으로 잘 꺼내지 않는다는 것인데 말하지 않는 96퍼센트가 겪는 불편 속에 삶의 질을 바꿀 수 있는 기회가 있을 수도 있다.

'닛픽Nitpick'은 생활 속에서 사람들이 겪는 불편함을 공유하는 앱을 개발하고 운영하는 업체이다. 소비자들이 자신의 소비활동 중 겪은 불편을 '판매'하면 포인트가 적립되고 이를 이용하여 기프티콘을 살 수 있다. 창업자인 김준영 씨는 노량진에서 고시공부를 하면서 맛이 없는 식당이 많은데 포털에서는 맛집만 검색되는 것에 불편함을 느꼈고, 친구들끼리 온라인 커뮤니티를 만들어 맛없는 식당과 메뉴 정보를 공유했다고 한다. 그러자 불만의 대상이었던 식당의 음식 맛과 서비스가 달라지기 시작했는데 이렇게 불편함이 드러나는 순간 개선될 수 있

불편함을 개선하기 위한 사업모델을 내세운 닛픽
(출처_닛픽 홈페이지)

다는 것을 알고 더 많은 사람들이 참여할 수 있도록 정식 애플리케이션을 개발하게 되었다고 한다. 그는 불편을 통해 더 편한 세상을 만들어나간다는 모토로 더 많은 불편함을 찾아 세상을 바꾸어 나가겠다고 한다.

우리의 삶은 불편함과 공존한다. 불편함 없는 세상은 그야말로 유토피아일 것이다. 그러므로 관찰의 대상으로 가장 쉽게 살펴볼 수 있는 것이 불편함이다. 불편함을 관찰하는 한 가지 요령은 사용자의 활동을 처음부터 끝까지 추적하며 세밀하게 단계를 나누어 분석해 보는 것이다. 예를 들어 빨래를 한다고 해보자. 빨래를 한 번 하려면 물도 전기도 많이 들어가므로 이를 절약하기 위해서는 빨래를 몰아서 하는 수밖에 없다. 일단 빨래가 모이면 그것을 세탁기에 넣고 작동시킨다. 세제나 섬유유연제를 넣고 일정 시간 동안 기다린다. 세탁이 끝나면 바로 빨래를 꺼내 건조대에 넌다. 빨래가 끝난 세탁물을 세탁기 안에 방치하면 구김이 심해질 수 있기 때문이다. 빨래를 널고 나면 일정 시간 동안 마르기를 기다려 빨래를 걷고 접어서 보관하거나 다림질을 하면 끝이다. 정리하면, (1)세탁물을 모으고, (2)세탁기에 넣어 돌리고, (3)빨래가 끝나길 기다렸다가 젖은 옷을 꺼내 건조대에 널어 말리고, (4)마른 옷을 걷어 개거나 다리는 과정으로 이루어져 있다.

이렇게 단계별로 나누어 행동을 추적해보면 각각의 단계마다 불편한 요소들을 꽤 많이 찾아낼 수 있다. (1)번 단계에서, 양말이나 속옷은 자주 빨아야 하는데 세탁물이 모이기까지 기다리자면 불편할 수 있다. 물도 많이 들고 전기소모도 많은 세탁기를 양말 한두 켤레 빨기 위해 돌릴 수는 없기 때문이다. 1인 가정이 늘어나지만 바로바로 필요한 만큼만 빨래를 할 수 있는 소형 세탁기가 많지 않으므로 사람들은 불편함을 느낄 것이다. 특히 영하 10도를 오르내리는 겨울철 추운 날씨에는 세탁기를 쓰기가 어렵다. 추위로 저층 세대의 배수관이 막혀 물이 역류할 수도 있기 때문이다. 그러니 이것도 불편함 중 하나다.

(2)번 단계에서 생각할 수 있는 불편함은 무엇이 있을까? 빨래를 할 때 부드러운 천으로 만들어진 속옷과 뻣뻣한 겉옷은 같이 빨 수가 없다. 청바지처럼 물이 빠지는 옷도 별도로 세탁을 해야 한다. 수건처럼 먼지가 많이 발생하거나 짙은 색 계열의 옷도 별도로 빨아야 한다. 와이셔츠의 목에 낀 때가 잘 빠지지 않는 것도 불만사항이다. 그래서 세탁기에 넣기 전에 목에 낀 때를 뺄 수 있게 해주는 전용 세제가 등장할 정도다. 하루 종일 신은 양말의 때가 잘 빠지지 않는 것도 불만스럽다. 그래서 꼼꼼하게 빨래를 하고 싶은 주부들은 화장실에서 애벌빨래를 한 후 세탁기로 들고 가 돌리기도 한다. 양복 같은 옷은 세탁기로 빨수 없는 불편함도 있다. 세탁물에서 떨어진 먼지가 역류해 빨래에 들러붙는 것도 불편하다.

2015년에 출시된 삼성전자의 '액티브 워시' 세탁기는 출시 당시 6개월도 지나지 않아 10만 대 가까이 판매되었는데 그 비결은 세탁기 안에 애벌빨래를 할 수 있도록 곡선형 빨래판을 빌트인 해놓은 것이다. 쭈그리고 앉아 손으로 빨래를 하다 보면 힘들기도 하려니와 불편하기도 하니 세탁물을 넣기 전에 세탁기 앞에 서서 손쉽게 애벌빨래를 하라는 배려이다. 물론 편하자고 사용하는 세탁기를 이용하기 위해 손으로 빨래를 한다는 것 자체가 난센스처럼 여겨지기도 하지만 불편을 다소 덜어주는 발상이 성공한 경우라 할 수 있다.

(3)번 단계에서는 세탁이 끝난 빨래를 세탁기 안에 방치해둘 수 없으니 빨래가 끝나기 전까지는 외출을 할 수 없다. 세탁조 안에서 엉켜

버린 빨래를 끄집어내려면 힘이 여간 드는 게 아니다. 세탁조 바닥에 남아있는 양말이나 속옷 같은 작은 의류를 집어 올리는 것은 키 작은 사람에게는 고통이다. 빨래가 마르기까지 걸리는 시간이 긴 것도 불편 요소이다. 특히나 57일 연속으로 비가 내렸다는 2020년 여름처럼 오랜 기간 비가 내리거나 해가 뜨지 않는 날이면 기껏 빨아 놓은 옷에서 냄새가 나 빨래를 다시 해야 하는 불편이 더해지기도 한다. (4)번 단계에서도 나타나는 문제들이 있을 것이다. 모 업체에서 빨랫감을 자동으로 개주는 기계를 개발 중이라는 소문도 있지만 사실 여부는 알 수 없다.

이렇게 세탁기와 관련된 기술은 하루하루 좋아지고 있지만 여전히 불편한 요소들은 남아있다. 그 중에는 1인용 소형 세탁기나 건조기, 스타일러와 같이 해결책을 찾은 것들도 있지만 아직 해결되지 않은 불편들도 많이 남아있다. 이런 것들을 찾아내 해결하면 소비자 입장에서는 피부로 느끼는 가치가 높아질 수 있다. 이것을 표로 그려보면 다음 페이지와 같다.

우리가 관찰해야 할 불편이 반드시 거창한 것일 필요는 없다. 사소한 것도 충분히 관찰 가치가 있는데, 직장인들의 스트레스를 달래주는 일등공신 중 하나인 믹스커피에도 불편함은 깨알처럼 숨어 있다. 컵과 뜨거운 물이 있어야 하며 커피가 잘 녹도록 젓는 도구도 필요하다. 그 중 하나만 해결할 수 있어도 큰 호응을 얻을 수 있을 것이다. 그 시장이 무려 1조 원 가까이 되니 말이다. 음식주문 앱이 등장함으로써 예전에 비해 훨씬 편리해졌지만 여전히 불편한 점도 있을 것이다. 특정 앱을 이용해 주문하는 과정을 단계별로 나누어 살펴보다 보면 주문 단계에서 최소 주문금액이라는 것이 있다. 주문 금액이 일정 수준 이상이 되

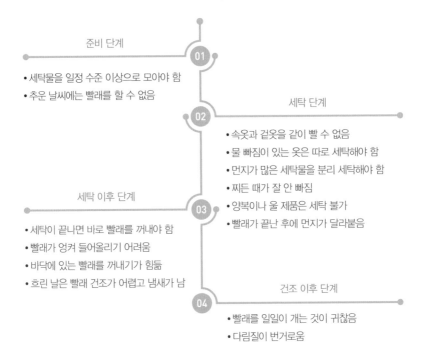

준비 단계

01

- 세탁물을 일정 수준 이상으로 모아야 함
- 추운 날씨에는 빨래를 할 수 없음

세탁 단계

02

- 속옷과 겉옷을 같이 빨 수 없음
- 물 빠짐이 있는 옷은 따로 세탁해야 함
- 먼지가 많은 세탁물을 분리 세탁해야 함
- 찌든 때가 잘 안 빠짐
- 양복이나 울 제품은 세탁 불가
- 빨래가 끝난 후에 먼지가 달라붙음

세탁 이후 단계

03

- 세탁이 끝나면 바로 빨래를 꺼내야 함
- 빨래가 엉켜 들어올리기 어려움
- 바닥에 있는 빨래를 꺼내기가 힘듦
- 흐린 날은 빨래 건조가 어렵고 냄새가 남

건조 이후 단계

04

- 빨래를 일일이 개는 것이 귀찮음
- 다림질이 번거로움

어야만 배달이 가능해지는 것인데 이 조건을 맞추려다 보면 필요한 양 이상으로 음식을 주문하는 경우가 많다. 불필요하게 주문하는 금액에 배달료까지 합치면 생각보다 많은 돈을 쓰게 되는 것도 불편사항 중 하나다. 이렇게 불편사항을 특정하고 나면 해결책을 찾기가 보다 쉬워 진다. 최소 주문금액의 불편함은 어떻게 해결하면 좋을까? 만일 주문 자와 인근 거리에 있는 사람이 주문을 한다고 하면 그 사람과 합산하 여 정산하도록 하면 어떨까? 물론 아이디어일 뿐이지만 불편함을 먼 저 바라보면 해결방안도 떠오르게 마련이다.

채워지지 않는 부족함 _Deprivation

두 번째 관찰해야 할 것은 '부족함' 혹은 '결핍'이다. 우리는 물질만 능주의 시대에서 부족함 없이 사는 것 같지만 우리 주위에서는 환경변화로 인해 부족해지는 것들이 늘어나고 있다. 혹시 점심시간에 밥을 먹고 자리에 돌아와 쿠션을 껴안고 잠들어본 적이 있는가? 아니면 인근 수면카페에 가서 짧은 시간이나마 잠을 청해본 경험이 있는가? 꽤 오래 전부터 '슬리포노믹스sleeponomics'라는 용어가 생겨나고 관련 시장의 규모도 2019년에 무려 3조 원에 달했을 만큼 성장 중이다. 슬리포노믹스란 '잠(sleep)'과 '경제(economics)'를 결합시킨 용어인데 잠을 깊게 못 자는 사람들이 늘어남에 따라 숙면을 취하고 싶은 욕구를 가진 사람들을 만족시켜 줄 수 있는 수면산업이라는 의미이다.

한국갤럽이 2017년에 조사한 바에 따르면 우리나라 사람들의 평균 수면시간은 2013년에 6시간 53분에서 2017년에는 6시간 24분으로 30분가량 짧아졌다고 한다. 세상이 빠르게 돌아가다 보니 잠잘 시간마저 빼앗길 만큼 다양한 일에 시달리는 것이라고 볼 수 있다. 세계건강기구에서 권장하는 하루 수면시간은 8시간이다. 적어도 7시간에서 7시간 반 정도는 자야 한다는 것인데 6시간 24분이면 권장시간보다 1시간 이상 잠이 부족한 셈이다. 이렇게 잠이 부족해지면 호르몬 분비에 영향을 미치고 면역력이 저하돼 각종 질환에 걸릴 수 있고 스트레스 수용력이 낮아지며, 조울증이라 불리는 양극성 장애에 시달리는 등 감정적으로도 어려운 상태에 놓일 수 있다. 업무성과가 낮아지는 것은 물론 사람들과의 관계도 어긋나기 십상이다.

수면장애 해소를 위해 개발된 로봇 섬녹스 슬립 로봇
(출처_섬녹스 홈페이지)

　　이렇게 잠을 못자는 사람들을 위해 편안하게 수면을 취할 수 있는 침대나 매트리스, 이불, 베개 등 침구에서부터 수면장애를 진단하는 데 쓰이는 의료기기, 수면장애를 치료하는 의약품, 잠을 설친 직장인들이 잠시 잠을 자고 갈 수 있게 만든 수면카페 등 수면과 관련된 모든 제품이나 서비스를 제공하는 산업을 총칭해서 슬리포노믹스라고 한다. 이와 관련해 수면을 도와주는 수면 컨설턴트나 수면 다원검사 등 기존에 없던 제품이나 서비스가 늘어나고 있으며 그 시장은 급격하게 성장하고 있다.

　　이처럼 세상이 달라지다 보면 한쪽에서는 채워지지 않는 무언가가 생겨나게 마련이다. 마치 풍선의 한쪽이 부풀어 오르기 위해서는 어디선가 공기가 들어가는 부분이 있어야 하는 것처럼, 세상이 급하게 돌아가면 돌아갈수록 시간 부족에 시달리는 사람들이 나타나고, 워라밸을 찾는 사람이 늘어날수록 한쪽에서는 묵묵히 궂은일을 감내해야 하는 사람들이 생기고, 부자가 늘어날수록 가난한 사람들도 늘어나기 마련이다. SNS 이웃들의 숫자는 늘어나지만 진짜 마음을 터놓고 이야기 나눌 수 있는 사람에 대한 갈증을 느껴본 적이 있지 않은가? 이렇듯 채워지는 것이 있으면 반대편에서는 부족해지는 것도 있게 마련이다. 이렇게 부족한 것을 살피는 것이 두 번째 관찰 포인트이다.

한편으로는, 불편함도 마찬가지지만 세상이 좋아지면 사람들의 눈높이도 높아지게 마련이다. 눈높이가 높아지면 채워지지 않는 결핍 또한 늘어날 수밖에 없다. 예를 들어 반도체, 통신, 교통 등의 기술이 발달하면서 세상이 더욱 빠르게 변화했지만 이로 인해 많은 사람들이 시간부족에 시달리고 있다. 아침 먹을 시간도 없이 바쁘게 돌아가는 세상에서 밥이나 음식 하는 일은 벗어나고 싶은 일과 중 하나다. 잠자기도 부족한 시간에 불필요하게 시간소모를 줄여줄 수 있는 RTE(Ready to eat)나 HMR(Home meal replacement) 같은 제품들에 대한 수요는 꾸준히 증가할 수밖에 없다. 이러한 것들은 시간적인 결핍을 채워줄 수 있는 것들이다. 공간이나 지리적 제약을 해결할 수 있는 무언가에 대한 갈망도 꾸준히 늘어날 것이다. 더욱 빠른 제트기나 더욱 빠른 고속열차처럼 공간의 제약, 지리적인 제약을 극복할 수 있는 수단들에 대한 수요는 줄어들 수 없다. 비록 코로나로 인해 부각된 것이긴 하지만 재택근무라는 공간상의 제약을 해결해줄 수 있는 화상회의 시스템 등도 앞으로 수요가 지속될 것이다.

사람들의 소득수준이 높아지고 손쉽게 먹을거리를 얻을 수 있게 되면서 비만인구가 증가하고 상대적으로 편해진 생활환경과 부족한 시간으로 인해 건강관리에 소홀해지고 있다. 이를 해결하기 위해 건강에 관한 관심이 늘어나고 주위에 수많은 피트니스 클럽이 생겨나고 있다. 다이어트를 도와줄 수 있는 음식이나 보조기구, 손쉽게 운동할 수 있는 기구나 건강관리 프로그램 등도 인기를 끌고 있다. 스마트폰을 이용해 건강을 관리할 수 있는 앱도 늘어나고 있다. 사람들은 누구나 건강하게 살고 싶지만 현실적인 이유로 인해 관리하지 못한 채 산다. 이처럼 자신이 원하는 모습과 실제 자신의 모습 간에 차이가 발생할 경우 결핍을 느낄 수밖에 없다. 그로 인해 그 모자람을 채우려는 노력이 나타나는 것이다.

이렇게 사람들이 부족함을 느끼는 것을 잘 들여다보면 그 안에서 기회를 찾을 수 있는데 다음과 같은 생각을 해보자. 대가족의 붕괴로 인한 1인 가구의 증가, 누군가로부터 간섭받거나 누군가를 간섭하지 않으려는 개인주의 문화의 심화, 기술의 발달과 코로나 같은 감염병의 유행으로 인한 비대면 서비스의 증가 등은 인간관계의 결핍을 불러오고 심하면 우울증으로까지 발전할 수도 있다. '코로나 블루'라는 용어가 등장한 것이 결코 우연이 아니다. 그렇다면 이러한 인간관계의 결핍을 충족하려는 수요도 생겨날 것이다. 누군가로부터 자신의 신분을 드러내지 않으면서도 위로 받을 수 있는 공간이나 비밀스럽게 자기 이야기를 털어놓을 수 있는 공간 등이 있다면 성공할 가능성이 있다.

'트레바리trevari'는 불과 5년 만에 급성장한 독서 커뮤니티로 매달 한 권의 책을 읽고 같이 글을 쓰며 대화를 나누는 모임이다. 5년 동안

독서 모임으로 시작해 커뮤니티 문화를 주도한 트레바리
(출처 _트레바리 홈페이지)

5만 명에 가까운 회원을 확보하는 등 큰 성공을 거두고 있다. 트레바리
뿐 아니라 강남을 중심으로 개인 혹은 단체가 주관하는 고액의 독서모
임도 성행하고 있다고 한다. 독서모임은 과거에도 있었지만 최근 들어
더 많이 늘어나고 있는 추세다. 일반적으로 독서모임이라고 하면 사람
들끼리 모여서 책의 내용과 읽은 느낌을 공유하는 실용적인 모임 정도
로 알고 있었는데 적지 않은 비용을 내면서까지 이 모임에 참여하려는
이유는 무엇일까? 특히나 요즘 같은 디지털 시대에 아날로그 냄새가
물씬 풍기는 독서 커뮤니티에 사람들이 몰리는 이유가 무엇일까? 여
기에도 인간관계에 대한 결핍 그리고 자유로운 커뮤니케이션에 대한
결핍이 숨어 있을 것으로 보인다. 개인주의의 확산으로 친구의 개념이

희박해지고 '아싸'라는 말처럼 사람들과 어울리지 못하는 아웃사이더들이 늘어나고 있다. 또 직장에서의 수직적인 관계에 염증을 느끼는 사람들이 동등하고 편안한 분위기에서 자유롭게 대화를 나누며 인간관계를 키워나가고 싶다는 욕망을 해소하기 위해 선택한 것이 독서모임 아닐까. 실제로 독서모임을 주관하는 모 업체의 홍보담당자가 줄기차게 주장한 것도 그것이었다.

지식 분야는 또 어떤가? 요즘 '지식 크리에이터creator'라는 말이 자주 쓰인다. 무언가 자신이 가지고 있는 특정분야의 지식을 가공해 다수를 대상으로 유통시키는 사람을 말하는데 인스타그램을 이용해 홍보나 마케팅을 하는 방안, 유튜브로 돈을 버는 방법, 요리나 수공예품 제작 등 무언가를 만드는 방법 등이 지식산업에 해당한다. 과거에 '콘텐츠 공급자(contents provider)'로 불렸던 것이 개인단위로 확산되면서 붙여진 이름이기도 하다. 자신이 가지지 못한 유용한 콘텐츠를 얻고자 시간과 비용을 지불하려는 것은 그만큼 자신이 소유하지 못한 부족함을 채우고 싶은 욕망을 드러내는 것이다. 케이블 TV나 유튜브에서 먹방을 보며 환호하는 것도 자신이 할 수 없는 욕구를 대신 충족하는 것이라 할 수 있다. 따라서 이런 곳에는 항상 기회가 있기 마련이다. 사람들 혹은 사람들이 사는 모습을 지켜보며 그들 사이에서 채워지지 않는 무언가를 발견할 수 있다면 그건 가치를 창출해낼 수 있는 기회가 될 것이다.

획일화 속에 숨겨진 다름 _Difference

지구상에는 77억 명의 사람이 살고 있지만 그 중 동일한 지문이나 홍채를 가진 사람은 단 한 명도 없다. 참으로 불가사의하고 신비한 일이 아닐 수 없다. 모두의 유전자가 다르기 때문인데 그것처럼 사람의 기질이나 인품, 성격도 모두 다르다. 이로 인해 사고하는 것도, 행동하는 것도 모두 다를 수밖에 없다. 육체적으로나 정신적으로 다른 사람과 다르다는 것은 제품이나 서비스에 대한 욕구도 다르다는 것을 의미한다. 예를 들어, 같은 샴푸라 해도 어떤 사람은 머리카락에 유분 함량이 많아 기름기를 깨끗이 제거할 수 있는 제품을 선호하는가 하면, 어떤 사람은 건성이라 담백하게 세척하는 것을 원한다. 이러한 차이를 보지 못하면 어떤 사람들에게는 환영받는 제품이나 서비스가 다른 사람들에게는 철저히 외면당할 수도 있다. 어떤 면이 다른 걸까? 이렇게 다름을 살펴보는 것이 관찰의 세 번째 포인트다.

'다름'을 관찰해 가치를 창출한 사례 중 하나가 이미 우리나라에도 수많은 지점을 가지고 있는 여성 전용 피트니스 센터 '커브스Curves'다. 젊은 여성 대다수는 늘씬하고 건강한 몸매를 유지하고 싶다는 욕망을 가지고 있다. 그러한 욕망을 충족시키기 위해 요가나 필라테스 같은 운동을 하기도 하고 다이어트에 열을 올리기도 한다. 그 중에는 지방과 근육의 균형 잡힌 몸매를 유지하기 위해 피트니스 센터를 이용해 운동하는 사람들도 있다. 일반적으로 피트니스 센터는 남녀 구분 없이 같은 공간에서 같은 시설을 공유하며 운동을 하지만 여성들이 관심을 갖는 운동 종목과 남성들이 관심을 갖는 운동 종목은 다르다. 운동하는 방식에서도 차이가 난다.

　남성들은 주로 근육을 키우고 가슴이 벌어지도록 만듦으로써 남성답게 보이는 종목에 관심이 많다. 그들이 근육을 키우기 위해 들어 올리는 무게도 상당하다. 반면에 여성들은 근육을 키우는 것보다 군살 제거나 체형을 보다 아름답게 유지하는 데 목적이 있다. 그리고 여성들은 운동할 때 땀 흘리며 힘들어하거나 흐트러진 자신의 모습을 낯선 남자들에게 보여주고 싶어 하지 않는다. 타이트하게 달라붙는 운동복으로 인해 자신의 몸매가 남성들 눈에 적나라하게 드러나는 부분들 때문에 일반 피트니스 클럽을 꺼리는 여성들도 많다. 운동을 지속하는 시간도 남성들은 1시간~ 2시간 가까이 한다면, 여성들은 그 절반 정도의 시간만 투자한다.

　이렇듯 동일한 근력운동이라 해도 남성과 여성은 그에 대한 생각과 행동방식이 다르다. 미국에서 시작된 커브스는 이런 측면을 주목했다. 그리고 여성들이 상대적으로 쉽게 할 수 있으면서도 군살 제거에 효과가 높은 10여 가지 운동기구만을 골라 원형으로 배치하고 30분 정도를 소모해 한 바퀴 돌면 운동이 끝나는 순환 프로그램을 만들었다. 이곳에서는 신경 쓰이는 남성 트레이너나 운동하는 남성도 없고, 스스로의 모습을 비춰볼 거울도 없다. 이러한 차별적 요소로 인해 커브스는 여성들에게 큰 인기를 끌며 급격한 성장을 이루었고 단 7년 만에 전 세계에 6,000개의 가맹점을 확보하는 놀라운 성과를 기록했다. 우리나라에도 이미 꽤 많은 지역에 지점을 확보하고 있다.

　이처럼 사람들의 사고와 행동은 늘 다르게 마련인데 비단 성性이

나 연령에 따라서만 달라지는 것이 아니다. 지역에 따라, 소득수준에 따라, 교육수준이나 직업, 개인의 성격, 성장환경 등에 따라 달라질 수 있는 것들도 있다. 문화가 다르면 당연히 니즈도 달라질 수밖에 없다. 위쪽의 두 그림을 보면서 어느 것이 미국 음식이고 어느 것이 프랑스 음식인지 맞춰보라.

이 퀴즈를 못 맞출 사람은 없을 것이라 본다. 한 눈에 봐도 음식의 성격이 분명하게 드러나는 듯하다. 왼쪽은 미국인들이 즐겨 먹는 팬케이크pan cake이고 오른쪽은 뵈프 부르기뇽Boeuf Bourguignon이라는 프랑스 음식이다. 팬케이크는 주로 미국인들이 아침식사로 많이 먹는 음식으로 양념을 한 반죽을 프라이팬에 구워낸 후 시럽 등을 뿌려 먹는다. 뵈프 부르기뇽은 소고기와 버섯, 당근, 감자 등 각종 채소에 와인을 부어 장시간 졸여낸 프랑스의 대표적인 음식이다. 조리과정도 간단치 않고 시간도 제법 소요된다. 잘은 모르지만 조리시간이나 들이는 수고로 보면 팬케이크에 비해 뵈프 부르기뇽이 훨씬 어려울 것 같다. 단순히 음식일 뿐이지만 이 그림은 미국과 프랑스 사람들의 음식에 대한 생각의 차이를 잘 나타내주고 있다.

미국은 그 뿌리가 청교도에 있다. 근면과 성실이 그들에게 가장 중요한 덕목이며 한눈팔지 않고 열심히, 부지런히 사는 게 삶에 있어 중요한 근간이 되는 나라다. 그들은 깨어 있는 동안 스스로에게 부끄럽지 않게 열심히 사는 것을 최고의 덕목으로 안다. 이러한 미국인들에게 음식은 자신이 맡은 일을 하는 데 필요한 에너지를 공급해주는, 일종의 연료와 같다. 맛이 뛰어나거나 심미적으로 감동을 느낄 만큼 잘 차린 성찬보다는 격식을 갖추지 못했더라도 충분한 열량을 공급해줄 수 있는 음식이 더 중요하다. 그래서 공원 벤치나 계단에 앉아 패스트푸드로 점심을 때우거나 에너지 바 등으로 허기를 채우는 것을 아무렇지 않게 여긴다. 또 음식의 질을 따지지 않는 것은 아니지만 질보다는 양이 더 중요하다. 두 사람이 먹어도 충분할만한 크기의 텍사스 스테이크나 한 뼘 두께의 시카고 피자가 인기 있는 이유도 이 때문이다. 아래 보이는 사진은 뉴욕의 르뱅 베이커리Levain Bakery에서 만든 초코칩

쿠키다. 미국인들이 줄을 서서 먹을 정도로 선풍적인 인기를 끌고 있다고 한다. 이 초코칩 역시 창업자가 철인3종 경기를 하는 동안 필요한 열량을 보충해줄 음식을 찾다가 마땅한 것이 없자 직접 만든 것이라 한다. 전형적인 미국 음식은 에너지 보충 차원이라고 생각하면 된다.

반면에 유럽, 특히 프랑스 사람들은 음식 먹는 것을 삶에서 누릴 수 있는 하나의 즐거움으로 여긴다. 먹는 것이 인생의 빼놓을 수 없는 재미 중 하나인 만큼 먹는 것에 꽤 많은 공을 들인다. 미국 문화의 영향으로 젊은이들 사이에서는 패스트푸드가 높은 인기를 끌고 있지만 그보다는 코스로 먹을 수 있는 슬로푸드를 좋아하고, 점심시간에는 두 시간 가까이 느긋하게 음식을 즐기기도 한다. 일하는 데 필요한 열량을 채우는 의미보다 삶의 즐거움을 충족시키는 개념이 더 강하다보니 다양한 재료 발굴에 공을 들이고 요리법에 목숨을 걸기도 한다. 당연히 양보다는 질을 중시한다.

이렇게 문화마다 음식을 대하는 마음가짐이 서로 다르다. 만일 미국 사람들을 대상으로 한국음식을 판매하고자 한다면 컵밥이나 김밥처럼 짧은 시간에 손쉽게 먹을 수 있는 음식이 적합할 것이다. 반면 프랑스 사람들을 대상으로 한다면 조금 더 격식 있고 공을 들인 음식이 적합할지 모른다. 이렇게 서로 다른 사고와 문화를 가진 사람들에게 '몰라. 비빔밥으로 통일!' 하며 동일한 개념으로 접근하면 반쪽짜리 성공만 거두거나 최악의 경우 양쪽 모두로부터 외면 받을 수 있다.

다름을 보지 못하면 획일적인 결과물을 낼 수밖에 없고, 만들어낼 수 있는 가치에도 제약이 따를 수밖에 없다. 냉장고를 생각해보자. '냉장고는 누구에게나 똑같지 않겠어?'라고 생각할 수 있지만 우리나라 사람들이 생각하는 냉장고와 미국인들이 생각하는 냉장고는 다르다. 한국 사람들은 누군가 다른 사람들이 집에 찾아오면 냉장고를 통해 과시하고 싶은 마음이 있다. 색상, 디자인 등 외관도 그럴싸해야 하고 일단 크고 봐야 한다. 작고 초라한 냉장고는 보여주기 부끄럽다고 여기며 냉장고 안을 보여주는 것은 극도로 꺼린다. 냉장고 안의 정리 상태가 살림하는 사람의 마음을 나타낸다는 생각이 강해 수납할 때 깔끔하게 정리될 수 있는 제품을 선호한다. 따라서 주 사용자인 주부의 니즈에 맞추는 것이 중요하다.

반면 미국에서의 냉장고는 철저하게 편의를 위한 도구 중 하나로 가사의 효율성이나 가족이 편리하게 이용할 수 있는 측면을 중시한다. 수납보다는 기능을 중요하게 생각하고, 냉장고에 머무는 시간을 최소로 하는 제품이 선호된다. 이렇게 문화가 다른 만큼 한국에서 잘 팔리는 냉장고로 미국 시장을 공략하기는 어렵다. 반대로 미국에서 잘 팔리는 냉장고는 한국에서 불편한 제품으로 인식되어 소비자의 외면을 받을 가능성이 크다. 동일한 제품이라도 그것을 사용하는 사람들 사이의 다름을 볼 수 있어야만 차이를 만들어낼 수 있다.

공기청정기는 이제 일상생활에 없어서는 안 될 필수품 중 하나로 자리 잡았다. 중국에서도 공기청정기는 인기가 높다고 하는데, LG전자가 만든 공기청정기는 가격이 꽤 비쌈에도 불구하고 매달 높은 판매율을 기록하며 중국 내 시장점유율 1위에 올라 있다. 한국에서는 집안의 공기를 환기시키기 위해 늘 문을 열어두는 것이 아니라 필요할 때만 문을 연다. 실내 공기가 탁하다고 여겨지면 하루에 몇 번이라도 문을 열었다 닫았다 하며 공기를 순환시킨다. 반면 중국의 가정에서는 하루 종일 창문을 열어놓는다. 공기청정기의 사용 방식 또한 양국이 서로 다르다. 한국에서는 깨끗한 실내공기를 위해 종일 켜두는 경우가 많지만 중국에서는 필요할 때만 수시로 켜고 끈다. 한국에서는 환기를 통해 공기를 보다 깨끗하게 하는 청정의 개념이라면 중국에서는 통풍을 통해 공기를 정화하는 개념에 더 초점을 맞춘다. 한국에서는 실내 공기보다 외부 공기가 안 좋다고 여기며 미세먼지가 높은 날이나 황사가 있는 날에는 창문을 열지 않는다. 공기청정기 사용은 청정상태를 유지하는 목적이 크며 따라서 자동모드에 맞춰놓고 '알아서' 깨끗하게 유지되길 바라는 경향이 높다. 제품과 상호작용 하는 일도 그리 많지 않다.

반면 중국에서는 호흡을 통해 배출되는 이산화탄소로 인해 실내 공기가 외부보다 안 좋다고 여긴다. 그래서 외부 공기가 안 좋은 날이라도 꼭 문을 열어 환기를 시킨다. 한국이 청정을 위해 기계를 사용한다면 중국은 정화를 목적으로 사용한다. 공기청정기가 아니라 공기정화기인 셈이다. 사람의 숫자나 움직임에 따라 수시로 공기정화기를 켜고 공기의 질이 좋아진 게 확인되면 작동을 멈춘다. 센서나 공기상태를 나타내는 인디케이터, 냄새 등을 통해 공기정화 효과를 확인한다. 이렇듯 중국에서 제품을 사용하는 형태나 목적이 한국에서와 다르다 보니 LG전자는 그 '다름'을 만족시키는 제품을 만들어내지 않으면 안 되었다. '어떻게 하면 크기가 작으면서도 큰 공간을 정화시킬 수 있을까?' 고민하던 개발팀은 제품을 2단으로 쌓고 송풍구나 흡입구가 회전하며 바람을 내뿜도록 함으로써 열심히 작동하고 있다는 것을 보여줄 수 있도록 했다. 또한 센서를 예민하게 설정해 수시로 작동하고 꺼지게 함으로써 공기 질에 민감하게 반응하는 제품이라는 인식을 중국 사람들에게 심어주었다. 즉, 그들의 행동방식에 꼭 맞게 개발된 것인데, 관찰을 통해 중국과 한국 소비자들이 다르다는 것을 발견하고, 그 다름을 메울 수 있는 방안을 찾아냄으로써 큰 성공을 거두게 된 것이다.

주위를 한 번 둘러보라. 그리고 무엇이 다른지 한 번 찾아보라. 나이에 따라, 성별에 따라, 교육 정도에 따라, 지역에 따라, 환경에 따라, 문화에 따라, 정치적 성향에 따라, 경제적 수준에 따라 다른 것들이 분명 존재한다. 만일 10대를 대상으로 무언가 사업을 하고자 한다면 그들에게 제공되는 것은 성인과 달라야 한다. 스마트폰을 손에 쥐고 태어난 그들의 사고나 행동방식은 성인과는 크게 다르다. 그러한 것들을 찾아 그 다름을 어떻게 채울 수 있을지 관찰하지 않으면 사냥감을 놓칠 수밖에 없다.

제거하고 싶은 불안 _Anxiety

하루 동안 걸려오는 전화나 문자내용을 분석해본 경험이 있는지 모르겠지만 그 중 상당수는 불필요한 광고나 홍보성 내용의 스팸이 차지한다. 그 중에서도 가장 많은 것 중 하나가 보험이 아닐까 싶다. 텔레마케터를 가장 많이 모집하는 업종 중 하나도 보험일 것이다. 그런데 보험이라는 것은 왜 있는 걸까? 연금보험부터 화재보험, 생명보험, 각종 질병에 대한 보장보험, 실손보험에 이르기까지 그 종류도 다양한데 왜 이렇게 많은 상품들이 등장하고 꾸준히 수요가 이어지는 것일까?

보험이 필요한 가장 큰 이유는 미래에 발생할 수 있는 리스크에 대한 대비다. 즉, 미래의 언젠가 실현될 수 있는 위험으로 인한 파급효과를 최소화하려는 것이다. 사람은 누구나 죽는다. 천수를 누리고 죽기도 하지만 질병으로 인해 죽는 사람도 있고 예상치 못한 상해로 이른 나이에 죽는 사람도 있다. 경제활동을 활발히 해야 하는 시기에 갑작스럽게 죽음을 맞이한다면 남은 가족들은 생계가 막막해질 수밖에 없다. 다행히 목숨을 잃지 않는다고 해도 큰 질병에 걸리면 치료에 적지 않은 돈이 들어가야 하고, 경제활동을 제대로 할 수 없는 만큼 금전적인 어려움에 처할 수도 있다.

자동차 보험도 마찬가지다. 빠른 속도로 움직이는 자동차의 특성상 사고가 나면 목숨을 잃거나 크게 다칠 확률이 높다. 운전 중 누군가를 치거나 앞서 가던 비싼 외제차를 들이받는 경우에도 문제는 심각해진다. 자칫 잘못하다가는 빚더미에 올라 남은 삶을 노예처럼 빚을 갚으며 살아가야 한다. 불이 나서 애써 장만한 집을 모두 태워버리고 이웃에게까지 돌이킬 수 없는 심각한 피해를 입힐 수도 있다. 이러한 불안은 늘 우리 주위에 도사리고 있는데 사람들은 그러한 불안으로부터 벗어나고 싶어 한다. 그래서 주변의 불안요소를 해결해줄 수 있는 무언가가 있으면 대가를 지불하더라도 기꺼이 그 위험을 예방하려고 한다. 이것이 보험을 찾는 이유다.

축구선수 리오넬 메시는 두 다리에 각각 다른 보험사를 통해 3억~5억 원의 보험을 들었다. 보상금이 아닌 보험료 금액이 그렇다고 한다. 포브스에 따르면 2020년 메시의 연봉은 9,960만 유로라고 하는데 한화로 환산하면 약 1,280억 원 정도 되는 셈이다. 축구로 이렇게 어마

어마한 돈을 벌어들이는 메시의 입장에서는 다리를 다쳐 운동을 할 수 없게 되면 그만큼 기회의 손실이 발생할 수밖에 없고 따라서 이를 보전할 대책이 필요했을 것이다. 결국 한 해 8억 원 가까운 돈을 지불해도 그의 입장에서는 아까울 것이 없는 셈인데 이 역시 미래에 발생 가능한 위험에 대한 대비라고 할 수 있다. 그가 다리를 못 쓰게 되었을 때 보험을 통해 받을 수 있는 돈은 무려 1조 원에 이른다고 하니 그의 입장에서는 그리 큰 지출은 아닌 셈이다.

네 번째 관찰 포인트는 '불안'이다. 삶이 아무리 윤택해진다고 해도 주위에 불안 요소가 남아있으면 사람들은 즐겁지 못하다. 저축을 하는 이유도 현재는 그럭저럭 먹고살 만하지만 언젠가 수입이 끊어지거나 지금보다 줄어들게 되면 생활이 어려워질 수 있으니 그때를 대비해 생활자금을 모아두어야겠다는 불안한 심리에서 비롯된 것이다. 주식투자나 부동산투자 역시 마찬가지다. 돈이 많으면 많을수록 예상치 못한 위험이 발생하더라도 감당할 여력이 커지고 삶을 위협하는 경제적인 어려움에서 벗어날 수 있기 때문이다. 사람들이 너도 나도 앞다퉈 주식투자에 뛰어드는 이유도 어디선가 사람들의 이러한 불안 심리를 이용하는 세력이 있기 때문이기도 하다.

인간의 뇌는 이성적으로 움직이는 것 같아 보이지만 원시시대의 생존본능에 따라 움직이는 경우가 많다. 많은 신경과학자들이 공통적으로 하는 이야기가 인간의 뇌는 10만 년 전의 원시시대에 머물러 있다는 것이다. 원시인들의 삶에는 무엇 하나 명확한 것이 없었을 것이다. 사냥감을 발견하지 못해 굶는 일도 허다했고, 언제 맹수를 만나 목숨을 잃을지도 알 수 없었을 것이다. 때로는 홍수나 혹한, 폭염, 태

풍 등 자연재해로 인해 목숨을 잃는 경우도 많고, 사소한 실수로 집단에서 밀려나 비참하게 세상을 떠났을 수도 있다.

이렇듯 한치 앞을 내다볼 수 없는 환경에서 생활하다보니 인간의 뇌에는 불안을 감지하는 본능이 단단히 장착되어 있다. 불안을 느끼는 편도체와 즐거움을 느끼는 쾌락중추와의 싸움에서는 늘 편도체가 승리하도록 뇌의 신경회로가 배선되어 있다. 즐거움을 느끼지 못한다고 해서 문제될 것은 없지만 불안을 감지하지 못하면 언제 목숨을 잃을지 모르기 때문이다. 편도체는 자율신경을 지배하는 강력한 힘을 가지고 있어 불안을 느낄 경우 근육이 긴장상태로 접어들고 언제라도 싸울 자세를 갖춘다. 편도체와 전두엽 사이에는 아주 강력한 신경다발이 고속도로처럼 연결되어 있어 불안을 느끼면 그것으로부터 쉽사리 벗어날 수 없다. 문명이 발달하고 인간의 이성이 고도화되면서 더 이상 맹수 같은 자연의 위협에 시달리지 않게 되었지만 여전히 우리 주위에는 다양한 불안요소가 남아 있다. 과거에는 존재하지 않았지만 문명의 발달로 인해 새롭게 만들어지는 불안요소도 있다. 원시시대의 습관을 버리지 못하는 뇌는 이러한 주변의 불안을 감지하고 제거함으로써 마음의 안정을 찾고 싶어 한다. 그러므로 사람들이 느끼는 불안요소를 찾아보면 그 안에서 기회를 발견할 수 있다.

지구상의 인구가 폭발적으로 늘어나고 물질적으로 풍요로워지면서 가장 심각하게 대두되고 있는 문제가 지구가 병들어 간다는 것이다. 무분별하게 배출되는 가스로 인해 오존층이 파괴되고, 지구 온난화가 가속화되면서 엘니뇨나 라니냐 같은 각종 기후이변이 발생하고 북극의 빙하가 녹아내려 북극곰들의 생명을 위협하거나 섬이 잠기는 등 심각한 문제들이 발생하고 있다. 이에 따라 세계 각국이 유해가스 배출을 억제하는 협약을 체결하는 등 노력을 기울이고 있지만 이상기후 현상은 갈수록 심각해지고 있다. 필자가 어릴 때만 해도 한여름 날씨는 기껏해야 30도를 넘는 수준이었고 그래서 불편하기는 해도 부채와 선풍기만으로도 견딜 만했지만 요즘은 40도를 쉽게 오르내린다. 전형적인 온대성 기후를 보이던 우리나라도 어느 사이 아열대 기후로 바뀌어가고 있다.

살면서 겪어보지 못한 추위와 더위 현상이 더욱 잦아지는 이러한 변화는 사람들에게 불안을 심어주기 충분하다. 태양에너지나 풍력, 지력, 조력 등 대체에너지가 등장하는 이유도 바로 이 때문이다. 석탄이나 석유 같은 전통적인 화석에너지는 환경오염과 환경파괴를 야기할 수밖에 없으므로 이의 사용을 최소화함으로써 지구를 조금 더 깨끗하게 사용하자는 취지에서 비롯된 것이 대체에너지라고 할 수 있다. 물론 여기에는 화석에너지의 고갈이라는 또 다른 불안요소가 개입되어 있지만 말이다.

범위를 좁혀 우리 일상생활로 들어가 보면 불안을 해결하기 위한 제품들이 이미 많이 존재하고 있다. 인구가 늘어나면서 하수구를 통해 배출되는 생활하수가 증가하거나, 환경이 파괴되면서 자연의 자정작용이 약화돼 물이 오염되고, 중금속이나 각종 해충들로 인해 마음 놓고 식수를 마실 수 없다는 불안감이 생기기 시작했다. 이에 따라 조금 더 깨끗한 물, 조금 더 안심하고 마실 수 있는 물을 찾는 사람들도 늘어났다. 이를 해결하기 위해 등장한 것이 생수나 정수기이다. 그리 오래되지 않은 과거만 해도 정수기를 쓰는 가정은 그리 많지 않았다. 수돗물이나 마당의 펌프에서 받은 물을 바로 식수로 사용하곤 했다. 하지만 최근에는 수돗물에 대한 불안감이 높아지면서 정수기를 갖추지 않은 가정은 찾아보기 힘들게 되었다. 공기청정기 역시 마찬가지다. 환경오염의 심화에 따른 불안감이 깨끗한 공기를 마시고 싶다는 욕구로 전이되며 공기청정기의 수요를 부채질하고 있다. 이제 공기청정기는 필수 가전으로 자리 잡을 정도다. 그만큼 불안의 강도도 세지고 있다는 증거이다.

기업에서는 해마다 사업계획을 세울 때면 '헤징hedging'이라는 것을 한다. 대다수의 제조기업들은 원재료를 수입해 완제품을 만드는 형태의 사업을 하는데 대개 한해의 사업성과가 환율과 밀접하게 관련되어 있다. 사업계획을 수립할 당시 기준으로 삼았던 환율과 실제 마감시의 환율이 얼마나 다른가에 따라 실적이 달라진다. 다행히 이익이 높아지는 쪽으로 변화가 생긴다면 걱정할 것이 없지만 이익이 감소되는 방향으로 변화가 나타나면 일 년 농사를 망칠 수도 있다. 그래서 그러한 위험을 예방하고자 환율의 변화에 대해 보험을 드는 것이 헤징이다. 환율 변동에 의해 수익이 발생하면 그 일부를 은행이 가져가지만 손실이 발생할 경우 그 손실의 일부를 은행이 보전해주는 것이 헤징이다. 이러한 헤징 역시 기업 차원에서 발생할 수 있는 불안요소를 제거하려는 리스크 관리의 일환이라고 할 수 있다.

불안은 다양한 형태로 나타난다. 맛있는 먹을거리가 넘쳐나고, 기술의 발달로 터치 몇 번만으로 집에서 음식을 주문할 수 있게 되자 비만에 대한 불안이 커지고 있다. 맛있는 음식을 먹고 싶다는 욕구는 참을 수 없으면서도 살이 찔까 불안한 사람들이 많아지면서 등장한 것이 다이어트 콜라나 무가당 음료, 저칼로리 음식 같은 것들이다. 마음껏 먹어도 살 찔 염려가 없다는 식의 홍보를 통해 사람들 마음속에 담긴 불안을 해소시키고 매출을 늘리려는 상술인 셈이다. 무가당 제품이 더 많은 열량을 찾게 만든다는 것은 잘 알려지지 않은 사실이지만 이 글의 주제와는 어긋나기에 자세히 다루지는 않겠다. 먹방에서 자주 듣게 되는 '맛있게 먹으면 0칼로리'라는 문구도 결국 사람들의 불안을 잠재우기 위한 것이다. 너무 먹고 싶기는 하지만 열량 때문에 살이 찔까 자제하는 사람들의 불안감에 잠시 눈가리개를 하는 말일 뿐이다.

이러한 불안만 있을까?《불안》이라는 책에서 프랑스 작가 알랭 드 보통은 '지위status'를 언급한다. 속물근성이 지배하는 세상에서는 높은 지위에 올라 많은 돈을 버는 것을 능력 있는 사람으로 여기지만 반대로 지위를 잃게 되면 무능력한 사람으로 취급받을 수 있다는 것이다. 이렇게 보면 사람들은 무형적인 것이지만 자신의 정체성을 알려주는 무언가를 잃게 되는 것에도 불안을 느낀다. 회사원이라는 지위, 회사 내에서의 지위, 사회적인 명성이나 인지도, 주변 사람들의 신뢰, 사랑하는 사람들로부터의 관심, 무엇인지 모르지만 자신이 가지고 있는 역량이나 스킬, 노하우 등 자신의 삶을 지탱해주는 요소들을 잃는 것에 대해 불안을 느낀다.

생활방식이 달라지고 생활의 질이 달라지면 그에 따라 새롭게 발생하는 불안요소가 있게 마련이다. 생활 속에 불안요소가 늘어날수록 사람들은 부정적인 감정에 휩싸이기 쉽다. 그리고 삶의 질을 높이기 위해 이러한 불안요소들을 제거하고 싶은 욕구가 피어난다. 코로나 같은 질병으로 인해 건강에 대한 불안이 생기자 그것을 막을 수 있는 마스크 수요가 폭발적으로 늘어나고, 직접 얼굴을 맞대고 재화나 용역을 주고받는 일들이 비대면 방식으로 바뀌고 있다. 온라인을 통한 쇼핑의 증가 역시 불편과 불안을 동시에 해소하기 위한 심리적 변화가 만들어 낸 트렌드라고 할 수 있다. 이렇게 우리 주위에 잠재해 있는 불안을 눈여겨보면 그 안에서 새로운 기회를 찾을 수 있다.

세상을 움직이는 변화_Trend

빌 게이츠는 몇 년 전에 바이러스 대유행으로 많은 사람들이 고통을 당할 것이라고 예언한 바 있다. 2015년에 있었던 테드TED 강연에서 그는 '우리는 아직 다음의 질병에 대해 준비되지 않았다We are not ready for the next epidemic'라는 말을 하며 많은 인류가 바이러스로 인해 위험한 상황에 처할 것임을 경고한 것이다. 실로 대단하다는 생각이 든다. 돈 버는 재능이 뛰어난 사업가로만 알았던 그가 점쟁이도 아닌데 어떻게 미래를 내다보는 능력까지 갖추고 있단 말인가? 많은 사람들이 감탄을 하며 '역시 빌 게이츠야!'라고 엄지손가락을 치켜세우겠지만 사실 막대한 정보를 접할 수 있는 그의 위치에서 이런 예상을 한다는 것은 그리 어려운 일이 아니다.

바이러스에 대해 강연하고 있는 빌 게이츠
(출처_TED 홈페이지)

　　21세기 들어 지구를 떠들썩하게 만든 큰 질병이 세 차례나 있었다. 2002년 겨울의 중증급성호흡기증후군(사스), 2009년부터 2010년까지 이어진 신종플루, 2015년의 중동호흡기증후군(메르스)이 그것이다. 2019년 말에 발생한 코로나19까지 포함하면 모두 네 차례이다. 20년 간 네 번의 큰 질병이 있었으니 단순하게 산술적으로 따지면 5년에 한 번 꼴로 큰 질병이 유행한 셈이다. 그렇다면 웬만큼 눈치가 있는 사람 이라면 향후 5년 이내에 또 한 번의 큰 질병이 유행할 수 있다는 것을 짐작할 수 있다. 조금 더 관련된 정보를 수집하면 어느 지역에서 질병 이 발생할지도 대략적으로 맞출 수 있을 것이다. 여러분이 지금 자신 의 SNS에 '5년쯤 후에 어느 지역에서 다시 한 번 코로나와 같은 대유 행 질병이 발생될 것이다'라는 글을 남긴다면 여러분은 5년이 지난 후 에 미래를 내다볼 수 있는 선견지명을 가진 사람으로 언론의 주목을 받고 여러분의 SNS는 성지로 이름을 날리게 될 것이다.

　빌 게이츠의 예언은 어찌 보면 크게 대단한 것이 아니다. 단지 흐름을 잘 관찰했을 뿐이다. 21세기 들어 바이러스에 의한 질병 발생이 늘어나고, 기술 발달로 인해 국가 간 사람들의 이동이 빈번해지고 빨라지면서 질병의 전파 범위나 속도가 빨라질 거라는 건 쉽게 예측할 수 있다. 빌 게이츠만이 할 수 있는 예언이 아니라 누구든 그 정도는 내다볼 수 있다는 것이다. 군이 한 마디 하고 넘어가자면, 지금까지 평균 5년에 걸쳐 한 번씩 대유행 질병이 퍼졌지만 필자 개인적 견해로는 코로나가 종식되고 난 후 3년이나 4년 정도 지나면 새로운 질병이 유행하지 않을까 생각된다. 처음 사스가 발생한 이후 신종플루가 유행하기까지 7년이 걸렸는데, 이후 메르스까지는 6년, 코로나까지는 5년이 걸리는 등 그 주기가 점점 짧아지고 있기 때문이다. 이는 사람들의 대륙 간 이동속도나 빈도와도 연관이 있다. 앞으로도 대륙 간의 인구이동은 빈번해지고 속도는 더욱 빨라질 것이다. 이런 추세대로 간다면 향후 3~4년 안에 다시 한 번 대유행 질병이 일어날 수 있고 그 형태도 전세계로 확산되는 또 하나의 팬데믹이 될 가능성이 높다.

　세상은 계속 변한다. 기술이 발달하고, 새로운 지식이 등장하고, 사람들의 욕구가 달라지고, 기존 산업이 사라지고 새로운 산업이 등장하는 등 세상은 거침없이 달라지고 있다. 마치 굽이굽이 돌아치는 물줄기처럼 세상도 방향을 바꾸어가며 어디론가 흘러간다. 인류의 역사는 그 어떤 기간에도 멈춰 서 있던 적이 없다. 그리고 그러한 변화는 수없이 많은 기회를 만들어냈다. 기획이 필요한 이유는 주변 환경이 멈춰 있지 않고 쉼 없이 변하기 때문이다. 만일 환경의 변화가 없다면 기획은 필요 없고 계획만 잘 세우면 된다. 어제와 오늘, 오늘과 내일이 다르기 때문에 달라지는 환경 속에서 어디로 가야 할지 방향을 정할 필요가 있고 기획 또한 필요한 것이다.

자연 세계에서 환경의 변화에 맞춰 진화한 생명체는 살아남을 수 있었지만 그렇지 못한 생명체는 멸종된 것과 마찬가지다. 변화하는 환경에 맞춰 진화의 능력을 갖춘 기업이나 개인은 더욱 큰 가치를 만들어내며 생존하겠지만 그렇지 못한 기업이나 개인은 도태될 수밖에 없다. 따라서 그 변화하는 환경에 알맞은 가치를 만들어내기 위해서는 변화하는 모습을 관찰하며 의미 있는 시사점을 찾아내야 한다.

요즘 우리 주변에서는 무엇이 달라지고 있을까? 한때 편의점은 성장의 정체기를 맞은 사업이었다. 매출은 큰 변화 없이 고만고만한 상태에 머물렀으며 경쟁의 강도는 높아져왔다. 하지만 지금은 편의점 매출이 매년 꾸준히 성장하고 있다. 편의점이 과거의 구멍가게처럼 간식류나 파는 '비싼 구멍가게'에서 말 그대로 생활의 편의를 제공하는 곳으로 개념이 바뀌어가고 있기 때문이다. 각종 공과금이나 세금 수납은 물론 택배를 보내거나 받을 수 있고, 여행상품이나 공연 티켓 구매도 가능하다. 과거에는 생각할 수 없던 편리한 서비스가 제공되면서 편의점이 생활 속 소비의 중심으로 자리 잡고 있다. 그 중에서도 가장 큰 변화는 편의점이 한 끼 식사를 해결할 수 있는 곳으로 변모하고 있다는 것이다. 편의점에서 각종 도시락과 즉석조리식품, 햄버거나 샌드위치 같은 먹거리들을 쉽게 구입할 수 있다. 떡볶이나 어묵처럼 과거에는 분식집에서나 사먹었음직한 간식들도 구입할 수 있다. 중고등학교 앞 편의점은 하교 시간만 되면 몰려드는 학생들로 인해 발 디딜 틈이 없

트렌드와 더불어 끊임없이 진화하는 편의점
(출처_BGF 리테일 홈페이지)

을 정도이다.

　간이식당 역할을 하는 편의점의 이러한 변신은 사람들의 생활방식이 변화하고 있다는 것을 잘 보여준다. 불과 10여 년 전만 해도 '밥을 먹는 일'은 중요한 하루 일과 중 하나였다. 사람들과 함께 어울려 맛있는 음식을 먹는 일이 마치 삶의 낙인 것처럼 중요한 비중을 차지했다. 하지만 대가족 체계가 붕괴되고 소가족 체계가 늘어나는 추세와 개인주의적인 사고의 확산, 인간관계의 단절 등으로 인해 혼자 밥을 먹어야 하는 사람들이 늘어나면서 밖에서 한 끼를 해결할 수 있는 장소로 선택된 것이 편의점이다. 손쉽게 끼니를 때울 수 있는 먹을거리를 찾는 손님들이 늘어나면서 편의점에서는 이러한 사람들의 취향을 맞추기 위해 다양하고 품질 좋은 도시락을 구비하게 되었고, 집에서 혼자 간편하게 조리해 먹을 수 있는 즉석조리식품의 라인업도 늘게 된 것이다. 혼자 밥이나 술을 먹는 이러한 트렌드는 앞으로도 꾸준히 이어질 것으로 보인다. 아직까지는 편의점을 중심으로 혼밥이 이루어지고 있지만 서구사회처럼 앞으로는 식당에서도 혼자 밥을 먹는 사람들이 늘어나고 그러한 추세가 대세로 자리 잡게 될 것이다.

직장인 대상의 교육 플랫폼 '휴넷'은 2018년부터 '탤런트 뱅크'라는 매칭 플랫폼을 운영하다가 2020년 12월에 별도의 법인으로 분사했다. 탤런트 뱅크는 대기업의 팀장이나 중소기업의 임원 이상의 경력을 가진 조기 퇴직자 혹은 은퇴자들을 그들의 노하우를 필요로 하는 중소기업에 연결해주는 사업을 전개하고 있다. 중소기업 입장에서는 다양한 분야에서 지식과 노하우가 필요하지만 늘 자금압박에 시달리다 보니 고급 인력을 선뜻 채용하기 어렵다. 이때 필요한 분야의 인력을 필요한 만큼만 한시적으로 고용할 수 있다면 채용에 대한 부담 없이 원하는 결과를 얻을 수 있을 것이다. 이처럼 현장에서 필요에 따라 임시로 계약을 맺고 단기적으로 일을 맡기는 형태의 경제방식을 '긱 경제gig economy'라 한다. 탤런트 뱅크에는 한 달에 100여 건이 넘는 프로젝트가 의뢰되는 등 급격한 성장을 이루고 있는데 택시나 주차대행, 가사도우미, 요리사 등 다양한 분야에서 이런 서비스를 누릴 수 있다.

'긱'이라는 용어는 원래 미국의 재즈 공연장에서 인근에 있는 연주자를 섭외해 짧은 시간 내에 공연에 투입한 데서 비롯되었다. 이후 1인 자영업자가 자신을 필요로 하는 기업과 단기간 계약을 맺고 일한다는 의미로 확장됐다. '숨고soomgo'나 '크몽kmong' 같은 기업들이 모두 긱 경제를 기반으로 하고 있다. 임금 상승과 노동법 강화로 인한 고용의 부담을 줄이고 싶은 기업의 입장에서는 이러한 형태의 채용을 선호하게 되었고 경기변동의 심화로 인해 안정적인 직장의 개념이 사라지면서 긱 경제를 받아들이는 개인도 늘어나고 있는 추세다. 이것 역시 사회의 변화로 인해 생겨난 트렌드라 볼 수 있다.

이러한 변화는 우리 주위에서 꾸준히 일어나고 있다. 시냇물이 끝까지 한 방향으로만 흘러가지 않고 중간에 방향을 바꾸거나 장애물을 만나면 예상치 못한 곳으로 흘러가기도 하는 것처럼 말이다. 세상도 그런 물줄기와 같아 언제 어떤 이유로 방향을 바꿀지 모른다. 곳곳에 도사린 변곡점을 만나는 순간 변화가 일어나기 때문이다. 1인 가구의 증가나 65세 이상 고령인구의 증가 같은 인구통계학적인 변화, 코로나 같은 팬데믹의 확산으로 인한 비대면 활동 등으로 인한 소비스타일의 변화, IT와 인공지능, 스마트폰 등 기술의 발달이 가져올 라이프스타일의 변화 등 변화는 끊임없이 일어나고 또 그 변화 자체도 기존과 다른 양상을 보일 것이다. 따라서 이러한 변화를 잘 관찰하지 않으면 그 흐름을 따라갈 수 없게 되고 진화의 기회를 놓칠 수 있다.

그림에서 보는 것처럼 아날로그가 중심이던 과거에는 변화가 그리 급격하지 않았던 만큼 과거, 현재, 미래가 일직선상에 위치한 경우

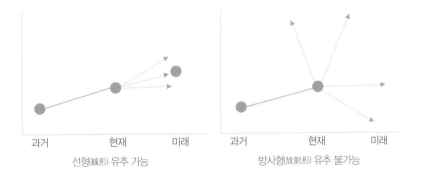

| 과거 | 현재 | 미래 |

선형(線形) 유추 가능 | 방사형(放射形) 유추 불가능

가 많았다. 따라서 과거로부터 현재에 이르는 변화를 살펴보면 현재에서 미래로 가는 변화를 예측하기가 쉬웠다. 설사 예측이 빗나간다 해도 그 차이는 우려할 만큼 크지 않았다. 하지만 작금의 세상은 과거와는 다르다. 과거와 현재, 미래가 일직선상에 있지 않다. 과거에서 현재에 이르는 변화를 살펴봐도 현재로부터 미래에 이르는 변화를 예측하기가 어렵다. 마치 럭비공처럼 어디로 튈지 모르는 상황이 비일비재하다. 불과 2~3년 전까지만 해도 존재하지 않던 기술이 불쑥 등장하는가 하면 어느 순간 예상하지 못했던 분야에서 예상하지 못했던 경쟁자가 나타나 빠르게 시장을 잠식하는 경우도 있다. 심지어 어제까지만 해도 멀쩡하게 존재하던 시장이 하루아침에 사라지기도 한다. 예측할 수 없거나 과소평가했던 리스크들이 세상을 집어삼키는 일도 잦은 이러한 세상에서는 관찰이 더더욱 중요한 역할을 한다. 제대로 관찰하지 않으면 변화의 흐름을 파악할 수 없고, 자신에게 닥칠 미래의 기회와 위기를 발견할 수 없다. 기획이란 결국 현재 자신이 가진 강점과 약점을 파악하고 이를 발판으로 미래에 맞이할 기회를 활용하고 위기를 극복하는 방안을 찾는 일이다. 따라서 관찰이 소홀해지면 이러한 역량도 저하될 수밖에 없다. 판이 바뀐 세상에서 그것을 알아차리지 못하는 사냥꾼이 어찌 사냥감을 잡을 수 있단 말인가. 기회의 창출 혹은 기회를 놓쳐 뒤처지는 위험을 예방하기 위한 측면에서도 세상의 변화를 눈여겨보지 않으면 안 된다. 특히나 투자활동에 있어 이러한 변화의 관찰은 중요하다.

앞서 예를 들었던 아마존의 경우 '디지털 트렌스포메이션digital transformation'이라는 시대적 흐름을 놓치지 않았기 때문에 혁신이 가능할 수 있었다. 빅데이터를 이용해 자신들이 가진 강점과 약점을 명확히 파악하고 세상의 흐름에 능동적으로 대응한 결과, 아마존을 지금처럼 누구도 대항하기 힘든 비즈니스 공룡으로 변신시켜 놓은 것이다. 아마존의 사례를 통해 알 수 있는 것은 그동안 마이클 포터 등 경영학의 대가들이 주장하던 전통적인 전략수립 방법은 이제 효력을 상실했다는 것이다. 차별화나 저비용 등의 경쟁우위 확보를 위한 전략보다는 자신들이 가지고 있는 핵심역량이 무엇인지 정확히 인지하고 이를 지렛대삼아 최대한 유연하게 환경에 맞추어 새로운 비즈니스를 개척해 나가는 것이 최선이라는 것이다. 알리바바 그룹 역시 온라인 유통회사로 출발했지만 결제 데이터를 축적하고 관련 서비스를 제공하는 핵심역량을 활용해 고객의 '부를 관리하는(wealth management)' 회사로 거듭나고 있다. 아마존이나 알리바바 등 성공한 기업들은 전통적인 비즈니스 영역에 속해 있음에도 불구하고 자신이 처한 위치에서 시대의 변화를 읽고 핵심역량을 활용해 제대로 비즈니스를 전환하는 전략을 수립한 것이다. 흐름을 읽지 못하면 이러한 대응은 불가능하다.

물이 고이면 반드시 썩게 마련이다. 100년 전만 해도 100년에 가까웠던 기업의 평균수명은 이제 10년 이내로 짧아지고 있다. 수많은 스타트업이 생겨나고 혜성처럼 등장하는 기업도 있지만 이들의 평균수명이 불과 10년도 안 된다는 얘기다. 그만큼 기업의 경영환경이 아수라장 같다는 얘기인데 이런 환경에서 살아남기 위해서는 변화를 읽고 미래를 내다보는 능력이 필수적이다. 사람들의 사고와 행동의 흐름, 시장의 흐름, 경쟁자의 움직임, 사회문화의 흐름, 기술의 흐름, 기술의 발전이 만들어내는 라이프스타일의 흐름, 인구통계학의 흐름 등 주위의 변화를 예민하게 주시하며 변곡점을 발견하고 그로부터 시사점을 찾아내야 한다. 바뀌는 세상에 대해 어떻게 대응할 것인지 방향을 정하는 것은 기업이 가진 내부역량에 따라 차이가 날 수 있지만 적어도 변화를 알아차리고 따라가는 데 있어서만큼은 뒤떨어져서는 안된다.

주위의 변화를 둘러보는 일에 소홀해지면 도태될 수밖에 없다. 한때 남미의 부자나라로 알려진 아르헨티나와 아시아의 부국이었던 필리핀이 가난한 나라로 전락한 이유도 변화를 읽고 따라가지 못했기 때문이다. 2000년대 초반까지만 해도 세계의 전자제품 시장을 석권하던 일본의 기업들은 현재 대다수 사라지거나 겨우 숨만 쉬고 있을 뿐이다. 전자제품 시장에서 일본 기업의 위상은 난공불락의 철옹성 같았다. 소니를 비롯해 마쓰시타, 미쓰비시, 도시바 같은 쟁쟁한 일본 업체들이 전자제품 시장에서 세계랭킹을 휩쓸고 있었다. 그들을 보고 배우려는 기업과 사람들이 일본으로 몰려들었고 그들의 영화는 쉽사리 꺼질 것 같지 않아 보였다. 하지만 불과 30여 년이 지난 지금 일본의 전자제품 제조업체 중 살아남은 기업은 극히 드물다. 상당수가 파산해 역사 속으로 사라졌거나 중국 업체에 매각되었거나, 겨우 명맥만 이어가고 있을 뿐이다.

일본 기업들의 몰락은 그들의 전통적인 문화 그리고 변화를 빠르게 따라가지 못하는 그들의 의사결정 체계와 깊이 관련되어 있다. 일본 하면 떠오르는 이미지 중 하나가 '오타쿠オタク'라고 하는 것이다. 일본은 전통적으로 힘 있는 사람에게 절대 복종하는 문화를 가지고 있었고 섣불리 다른 사람의 영역에 뛰어들게 되면 매장될 가능성이 높았

다. 그러다 보니 자기의 개성을 드러내고 싶어도 그럴 수 없어 그 에너지를 주위로 확산시켜 나가는 대신 자신이 밟고 있는 땅을 깊이 파고들어가는 식으로 분출해냈다. 옆으로 세력을 뻗어갈 수 없으니 그 대신 깊이를 추구하게 된 것이다. 일본의 기초기술이나 제품의 품질이 뛰어난 것도 바로 이 때문이다. 우동 하나를 만들어도 면을 만드는 방식, 국물을 내는 방식, 소스를 만드는 방식 등을 다르게 함으로써 품질을 높이는 쪽으로 집중을 했다.

문제는 이러한 일본문화의 특성이 기술의 갈라파고스화를 만들었다는 것이다. 갈라파고스 제도는 육지와 동떨어진 섬으로 이곳에는 육지에서는 볼 수 없는 희귀한 동식물들이 서식하고 있다. 완전히 독립된 세계에 살다 보니 육지처럼 변화를 따라갈 필요가 없었고 그로 인해 독특한 생명체를 유지할 수 있었던 것이다. 그처럼 일본 기업도 품질은 뛰어나지만 마치 갈라파고스 제도에 속한 생명체처럼 세상과 동떨어진, 자신만의 세계를 가지게 되었다. 그러다 보니 주변을 둘러볼 필요성을 크게 느끼지 못했다.

변화의 속도가 느린 아날로그 시대에는 이것이 통했다. 의사결정이 빠르지 않아도 크게 문제될 것이 없다. 하지만 디지털 시대에 접어들며 이러한 일본의 특성은 오히려 장애가 되기 시작했다. 디지털 시대의 특징은 변화가 빠르고 극심하다는 것이다. 아날로그 시대에는 걸어서 산맥을 넘었다면 디지털 시대에는 봉우리와 봉우리 사이를 축지법이라도 쓰듯 건너뛰듯 넘는 것과 같다고 할 수 있다. 이런 시대에 살아남기 위해서는, 사냥감이 아닌 사냥꾼이 되기 위해서는 변화를 빠르게 쫓으며 신속히 응용제품을 시장에 내놓는 역량이 중요하다. 하지만 주변의 변화를 둘러보지 못하고 한 분야만 깊게 파고들어가는 오타쿠 정신을 가진 일본 기업으로서는 디지털 시대의 환경변화를 수용하기에 역부족이었다. 결국 그들은 화려한 전성기의 추억만 남긴 채 하나둘씩 역사 속으로 사라지고 있는 것이다.

우리나라 3대 기획사 중의 하나인 JYP의 박진영 대표는 2009년 프랑스 칸에서 개최된 세계적인 음악 콘퍼런스 미뎀MIDEM에서 가진 기조 인터뷰에서 세계 음악시장의 미래에 대해 말해달라는 요청을 받았다. 이 질문에 그는 모든 것이 아날로그에서 디지털로 바뀌고 있는 상황에서 자신도 사업모델을 바꾸지 않으면 안 되겠다는 생각을 하게 되었다고 답했다. 그의 말에 따르면 세상이 아날로그에서 디지털로 바뀌고, 고속인터넷 보급률이 높아지면서 CD나 앨범과 같은 전통적인 음반시장은 더 이상 존재할 수 없게 되었다고 했다. 국내 음반시장의 90퍼센트가 몰락하고, 개인이 음악을 소유하지 않고 온라인을 이용해 스트리밍으로 즐기는 세상에서 음반을 판매하는 기존의 모델로는 버틸 수 없음을 알았다는 것이다. 그는 앨범이나 CD를 만드는 것이 아니라 글로벌 시장에서 통할 수 있는 스타를 발굴하고 육성함으로써 부가가치 높은 상품을 만들어내는 것만이 미래 음악시장에서 살아남을 수 있는 길이라 여겼다. 그래서 JYP는 '비'나 '원더걸스'처럼 세계 시장에서 통할 수 있는 스타를 만들어내는 것으로 비즈니스 모델을 바꾸었던 것이다. 만일 그가 10년 전, 아날로그에서 디지털로, CD나 앨범에서 스트리밍 서비스로 비즈니스 환경이 변화하고 있다는 것을 깨닫지 못하고 미래를 준비하지 않았다면 지금쯤 큰 어려움을 겪고 있을지도 모른다.

기업뿐 아니라 개인도 마찬가지다. '지식의 반감기'라는 것이 있다. 새로운 지식을 습득한 후 그것의 절반이 쓸모없게 될 때까지 걸리는 시간을 말한다. 변화가 느린 시대에는 지식의 반감기가 꽤 길어 대학에서 배운 지식을 정년퇴직할 때까지 써먹어도 별 문제가 없었다. 하지만 요즘은 그 주기가 급격히 짧아지고 있다. 과거처럼 회의실이나 사무실에서 얼굴을 맞대고 일을 하는 방식으로는 재택근무가 확산되는 언택트의 시대에 적합한 리더십을 발휘하기 어렵다. 과거의 리더십 이론에서는 얼굴이 보이지 않는 직원들을 어떻게 관리해야 할지 알려주지 않았기 때문이다. 그렇다면 그에 맞춰 스스로의 역량도 변화시켜 나가야 하는데 그러자면 주위를 둘러보며 세상이 바뀌고 있음을 알아야 하고 그 변화에 맞추어 무엇을 준비해야 하는지 앞을 내다볼 수 있어야 한다.

사냥을 할 때 가장 좋은 방법은 사냥감이 지나갈만한 길목을 지키는 것이다. 뒤를 쫓아 다녀서는 사냥감을 잡기 어렵다. 기업이나 개인도 마찬가지다. 뒤늦게 변화를 쫓는 기업이나 개인은 힘은 힘대로 들고 성과는 성과대로 저조할 수밖에 없다. 하지만 변화를 미리 내다보고 그것이 지나갈만한 길목을 지키고 있으면 힘들이지 않고 큰 성과를 낼 수 있다. 그러므로 늘 주변을 둘러보며 관찰해야만 한다.

물론 세상의 변화를 올바르게 내다본다는 것은 말처럼 쉽지 않다. 지속가능한 가치를 만들어내기 위해서는 사람들의 욕망을 이끌어나갈 수 있는 본질적인 물줄기를 보는 것이 필요하다. 눈에 보인다고 해서 그것이 반드시 지속가능한 변화는 아니기 때문이다. 사회문화적으로 혹은 인구통계학적으로 대다수의 사람들이 변화를 인정하고 그에 편승할 것인가를 내다볼 수 있어야 한다. 혼술이나 혼밥과 같은 트렌드는 세상이 변함에 따라 점점 더 심화될 것이 틀림없다. 그렇게 거스를 수 없는 대세일수록 그로부터 만들어지는 가치는 큰 성과를 거둘 수 있을 것이다.

겉으로 드러나지 않는 이면 _The other side

어린 시절에 읽었던 책 중 성인이 된 후에 읽어도 재미있는 책이 있다. 바로 생텍쥐페리가 쓴 《어린왕자》다. 그 이야기 속에는 코끼리를 삼킨 보아 뱀 이야기가 나온다. 모자처럼 생긴 그림을 보고 대다수의 사람들은 모자라고 말을 하지만 누군가는 그 안에 코끼리가 있다고 대답한다. 사막에서 처음 만난 조종사에게 어린왕자는 다짜고짜 양을 그려달라고 한다. 몇 번 시도를 했음에도 그림을 마음에 들어 하지 않자 조종사는 귀찮은 마음에 구멍이 뚫린 상자 하나를 그려준다. 그 안에 원하는 양이 있다며. 어린왕자는 그 상자를 들여다보며 좋아한다. 《어린 왕자》를 통해 생텍쥐페리는 말한다. '중요한 건 눈에 보이지 않는다 What is essential is invisible to eye'라고.

겉으로 드러난 현상을 관찰하는 것은 상대적으로 쉽다. 관심을 가지고 주의를 기울이면 되기 때문이다. 하지만 겉으로 드러난 것은 누구나 볼 수 있다. 그래서 쉽게 눈에 띄는 일에는 늘 사람들이 몰리게 마련이다. 매일 아침저녁으로 씻어야 한다는 것은 누구나 발견할 수 있는 니즈이다. 그래서 비누나 샴푸처럼 몸을 씻는 데 필요한 제품들은 만드는 사람들이 많다. 당연히 경쟁도 치열하다. 아쉽게도 이런 시장은 가치를 만들어내기는 쉽지만 그로부터 큰 성과를 얻기란 쉽지 않다. 시장의 크기는 정해져 있는데 사람이 많이 몰리면 그 시장을 여럿이 나누어 가져야 하기 때문이다. 당연히 이 시장은 서로 조금이라도 더 차지하기 위해 피터지게 싸우고, 살아남기 위해 발버둥치는 레드오션이 되는 것이다.

더욱 큰 부가가치를 만들어내는 사냥꾼이 되기 위해서는 보이지 않는 곳을 볼 수 있어야 한다. 다른 사람들이 보지 못한 것을 볼 수 있어야 독창적인 가치를 인정받고 사냥에 성공할 수 있기 때문이다. 모두가 일확천금의 꿈을 안고 서부로 달려가던 골드러시 때 돈을 번 사람들은 목숨 걸고 금을 캐낸 사람이 아니라 천막을 뜯어 청바지를 만들어 판 '리바이스', 광부들에게 땅을 팔 수 있는 굴착장비를 판 '브래넌' 같은 사람이었다. 이들은 금을 캐기 위해 서부로 몰려드는 사람들을 보면서 금이 아닌 사람들의 행동 속에 숨어있는 기회를 본 것이다. 모두가 겉으로 드러난 금이라는 물질에 집착할 때 그 이면에 감춰진 욕구를 살핀 것이 이들을 큰 부자로 만들어준 것이다.

이렇게 겉으로 드러나지 않은 이면의 세계를 엿볼 수 있는 힘을 '통찰력'이라고 한다. 당연히 기획은 통찰력을 필요로 한다. 통찰력이 뛰어난 사람일수록 창의력이 뛰어나고 가치 있는 결과물을 만들어내는 역량이 높다. 그러기에 일을 잘하는 사람들을 보면 통찰력이 있다는 것을 느끼곤 한다. 통찰력은 눈에 보이지 않는 것(invisible)을 눈에 보이도록(visible) 만드는 힘이다. 다른 경쟁자가 눈에 보이는 것을 쫓을 때 다른 사람들 눈에 보이지 않는 것을 볼 수 있다면 분명 앞서 나갈 수 있을 것이다.

다행히도 통찰력은 관찰을 통해 충분히 길러질 수 있는 힘이다. 40년 이상 인지과학 분야를 연구한 자연주의적 의사결정론의 창시자 게리 클라인Gary Klein 박사는 '통찰은 특별한 사람에게만 주어지는 것은 아니다. 꾸준한 노력과 훈련으로 누구나 일상생활에서 얻을 수 있다'라고 강조했다. 이처럼 관찰하면서 미처 보지 못했던 것들을 발견하고, 그 안에서 깨달음을 얻는 과정이 되풀이되다 보면 통찰력이 커지면서 다른 사람이 보지 못한 이면의 세계를 볼 가능성이 높아진다. 겉으로 드러난 그대로를 보는 것은 하수다. 겉으로 드러난 것을 보면서 그 안에 담겨 있는 채워지지 않은 결핍이나 불안, 불편을 찾아낼 수 있다면 그건 중수다. 겉으로 드러난 것이 아닌, 그 이면에 감춰진 세계를 볼 수 있으면 그건 고수다. 고수가 될수록 개인의 가치는 물론 자신이 만들어내는 결과물의 가치도 커질 수 있다.

중국시장은 전 세계의 내로라하는 자동차 브랜드들이 자사 제품의 시장점유율을 높이기 위해 사활을 거는 각축장이다. 포드는 '링컨'이라는 고급 모델을 보유하고 있었지만 아우디, 벤츠, BMW, 캐딜락 등 경쟁 브랜드에 밀려 2008년 중국시장에서 완전히 철수하고 말았다. 하지만 새로운 CEO 마크 필즈는 최고급 승용차 시장을 견인하는 중국시장을 포기해서는 안 된다고 생각해 2014년에 취임과 함께 다시 한 번 중국시장에 도전한다. 포드는 중국시장을 효과적으로 공략하기 위해 덴마크에 본사를 둔 컨설팅 그룹 '레드 어소시에이트Red Associate'에 사업전략을 의뢰했다.

일반적으로 컨설팅 회사라고 하면 방대한 데이터를 바탕으로 시사점을 도출해내는 접근방법을 취하기 마련이다. 주로 데이터 분석에 일가견이 있는 전문가들이 포진되어 있기 때문이다. 하지만 레드 어소시에이트에는 분석 전문가가 없다. 대신 사회학자, 철학자, 인류학자, 예술사학자 등이 컨설턴트의 역할을 수행한다. 그에 따라 독특한 문제 해결 접근법을 가지고 있는데 우리가 사는 세상은 인간에 의해 만들어진, 인간들이 살아가는 사회이므로 비즈니스는 결국 인간의 행동에 대한 배팅이라는 것이다. 따라서 돈을 쓰는 소비자의 감정은 빅데이터의 분석을 통해서가 아니라 문화에 대한 인문학적 분석을 통해서만 파악될 수 있다고 주장한다. 문화를 분석해 맥락을 파악하고, 그 맥락의 인과관계로 인간행동패턴을 찾아내 매출을 올리는 전략을 개발한다는 것이다. 그들은 여기에 '센스메이킹sense making'이라는 이름을 붙였다.

센스메이킹이라는 말은 미시간대학교 경영대학의 석좌교수인 칼 웨익Karl E. Weick이 만들어낸 용어로 환경의 여러 불확실한 요소들을 파악하고 이해하며 그것을 바탕으로 한 행동을 취한다는 것이다. 조직의 안과 밖에서 진행되는 여러 현상을 한 마디로 '말이 되도록(make sense) 하는 것'이라 할 수 있다. 2017년에《센스메이킹》이란 책을 발간한 크리스티안 마두스베르그Christian Madsbjerg는 '빅데이터 등의 분석을 통해 찾지 못하는 틈을 파고드는 날카로운 감각이자 데이터의 흐름을 꿰뚫는 탁월한 관점'을 센스메이킹이라고 정의하고 있다. 인간에 대한 고찰을 통해 기회를 포착하는 힘이 중요한데 빅데이터를 통해서는 이런 것을 찾아낼 수 없다는 것이다.

레드 어소시에이트의 컨설턴트들은 센스메이킹 개념을 기반으로 사람들이 왜 고급 자동차를 소비하는지에 대해 살펴보기 시작했다. 그러한 관찰을 통해 잠재고객들은 자동차를 단순한 이동수단을 넘어 호

포드의 고급 모델 브랜드 링컨
(출처_링컨 홈페이지)

화스러운 경험을 누릴 수 있는 공간으로 소비하고 싶어 한다는 것을 알아냈다. 고급 승용차를 통해 얻을 수 있는 차별화된 만족감을 원했던 것이다. 포드는 그들의 요구를 충족시켜줄 수 있도록 제품 개선에 총력을 기울였고 불과 1년 만인 2015년에 링컨은 중국시장에서 최고 매출액을 기록할 수 있었다. 이후 2017년에는 중국시장에 재진출한 지 불과 3년 만에 중국에서 가장 빠르게 성장하는 고급차 브랜드가 되었다.

　물론 센스메이킹으로 만들어낸 사례가 성공했다고 해서 그들이 주장하는 것처럼 빅데이터 분석이 필요 없다는 말은 아니다. 실제로 빅데이터를 통해 맥락과 행동패턴을 찾아낼 수 있고, 이를 통해 거대 기업으로 탈바꿈한 아마존 같은 기업도 있으니 말이다. 단지 센스메이킹은 빅데이터로 파악하지 못하는 것들도 있다는 측면을 강조하는 것이라 본다. 예를 들어 중국인들 상당수는 스타벅스에 앉아 커피 마시는 것을 좋아한다고 한다. 그것을 빅데이터의 관점에서 보면 다소 비싸더라도 품질 좋은 고급 브랜드를 만들어 중국시장에 진출하면 성공할 수 있다고 판단할 수 있다. 하지만 그렇게 해서 실패의 쓴맛을 본 업체들이 많다. 중국인들에게 스타벅스는 단순한 카페가 아니다. 그들에게 스타벅스는 '명품'이고 그곳에서 커피를 마시는 것은 일종의 '자기과시'이다. 아무리 중국 근로자들의 소득이 올랐다 해도 스타벅스 커피는 여전히 그들에게는 비싼 값이다. 그럼에도 그들이 스타벅스 커피를 즐긴다는 것은 '나 스타벅스에서 커피 마시는 사람이야'라는 자기과시 욕구가 있는 것이다. 이때 스타벅스에서 커피를 마시는 사람들은 커피를 즐기는 것이 아니라 사람들의 시선을 즐기는 것이라 할 수 있다. 이러한 지점을 파악하지 못하면 단순히 중국 사람들은 커피를 즐기기 때문에 비싸도 좋은 커피로 진입하면 충분히 승산이 있을 것이란 잘못된 판단을 내릴 수 있다.

상해에 위치한 세계에서 가장 큰 스타벅스 매장
(출처 _스타벅스 중국 홈페이지)

중국인들의 가정에는 여행용 캐리어가 거실에 나와 있는 경우가 많은데 빅데이터는 그 이유를 설명하지 못한다. 이 역시 스타벅스와 동일한 맥락으로 해석해야 한다. 최근 중국에서는 구찌나 샤넬, 루이뷔통 같은 명품 로고가 새겨진 종이 쇼핑백에 PVC 커버를 씌우고 자석과 손잡이를 달아 파는 것이 유행이라고 한다. 개당 가격이 6~10만 원 정도의 비싼 가격에도 불구하고 중화권의 셀럽들을 중심으로 소비가 늘고 있으며 이를 찾는 대중도 늘어나고 있다고 한다. 이런 제품이 중국인들 사이에서 인기를 끄는 이유 역시 스타벅스 커피를 즐기는 것과 같은 맥락이다. '내가 이 정도 되는 사람이야'라고 과시하고 싶은 욕망이 꿈틀대는 사람들에게 소위 말하는 '듣보잡' 제품이나 서비스를 단지 고가에 판매한다고 해서 중국 사람들의 소비를 끌어내지는 못할 것이다.

센스메이킹이 강조하는 것은 이러한 맥락이다. 겉으로 드러난 사람들의 욕구는 빅데이터를 통해 분석하는 것이 더욱 효율적일 수 있다. 반면에 겉으로 드러나지 않는 이면의 욕구는 빅데이터 분석을 통해 찾아낼 수 없다. 이면에 감춰져 드러나지 않은 것, 혹은 이면과 앞면에 드러난 것이 다르게 나타나는 것을 찾아내 해결한다면 그 가치는 크게 성장할 것이다.

인간관계에 있어서도 이면을 읽는 사람과 겉으로 드러난 부분만 읽는 사람은 관계를 통해 만들어내는 가치가 달라진다. 사람들은 곧잘 속마음과 다르게 행동하는 경우가 많다. 누군가를 좋아하면서도 좋아하지 않는 것처럼 행동하거나, 누군가에게 곰살 맞게 대하면서도 뒤에서는 험담을 하기도 한다. 좋아하는 사람이 자기 마음을 몰라주면 오히려 쌀쌀맞게 대하기도 하고 누군가를 진심으로 걱정하는 마음이 화내는 모습으로 드러나기도 한다.

　돈을 버는 재테크 방법 중 하나가 주식에 투자하는 것이다. 하지만 주식투자를 통해 돈을 번 개인, 흔히 말하는 개미들은 그리 많지 않다. 동학개미의 성공신화도 얼마나 오래 갈지 모른다. 그 이유 중 하나가 누구나 볼 수 있는 시장에 개미떼처럼 몰려들기 때문이다. 모름지기 돈을 벌기 위해서는 다른 사람들이 보지 못하는 가치를 지닌 기업을 골라 장기적인 관점에서 투자해야 하지만 대다수의 사람들은 누군가 '이 주식 괜찮대'라고 하면 그 말만 믿고 묻지도 따지지도 않고 투자하곤 한다. 앞서 언급했던 카이스트의 김봉수 교수가 실패한 유일한 종목이 친구의 말을 듣고 투자한 것이라고 한다. 운이 좋으면 대박이 날수도 있지만 그런 경우 대다수는 이미 주가가 오를 대로 오른 상태라고 할 수 있다.

　증권정보를 제공하는 P라는 유명 투자전문 사이트가 한때 패닉 상태에 휩싸인 적이 있다. 휴대폰 사업은 해보지도 않은 애플이 어느 날 아이폰이라는 혁신적인 기계를 들고 나오자 사람들이 일순간에 '멘붕'에 빠진 것이다. 애플의 혁신적인 제품에 밀려 기존의 휴대폰 제조사들은 모두 망할 것이라는 전망과 함께 주가가 폭락하기 시작했다. 특히 노키아에 밀려 만년 2위를 기록하던 삼성은 회복불능 상태에 빠질 것이며, 삼성의 힘이 경제를 뒷받침하는 데 막대한 영향력을 발휘하는 우리나라도 수렁에 빠질 것이라는 비관적인 전망이 넘쳐났다. 소위 전문가로 '말빨' 꽤나 먹힌다고 하는 사람들도 마찬가지였다.

　하지만 그 중 아주 극소수는 다른 의견을 나타내는 사람도 있었다. 그들의 주장은, 삼성은 반도체를 비롯하여 센서, 터치패널, 배터리 등 핵심부품과 응용기술을 모두 수직계열화 해놓았고, 그렇기 때문에 얼마 지나지 않아 애플을 따라잡을 수 있는 제품을 내놓을 것이므로 그리 걱정할 필요가 없다는 것이었다. 오히려 그러한 힘을 가지지 못한 노키아는 망할 수 있으나 삼성은 절대 망하지 않는다는 의견이었다. 물론 그들이 패닉상태에 빠진 사람들에 의해 만신창이가 되도록 물어뜯겼음은 말할 필요도 없다. 지금은 시간이 많이 지났고 결과를 잘 알고 있으니 누가 돈을 벌었고 누가 돈을 잃었는지 잘 알 것이다. 당시 드러난 현상만 보고 삼성전자 주식을 팔아치운 사람들은 별로 재미를 보지 못했을 것이고 이면을 보고 삼성의 힘을 믿었던 사람들은 더욱 공격적인 투자를 통해 큰돈을 벌었을 것이다.

사람들을 환호하게 만드는 가치는 보이지 않는 곳에서 나오는 경우가 많다. 때로는 사람들조차 자신의 속마음을 다 표현하지 못하거나 알지 못하기 때문이다. 따라서 밖으로 드러난 것보다 드러나지 않는 것을 보는 힘을 가질 때 그로부터 만들어지는 가치는 더 크고 지속적일 수 있다. 사람이 몰리는 곳에서 얻을 수 있는 가치에 비해 사람들이 지나치거나 눈여겨보지 않는 곳에서 찾아낸 가치는 무한정일 수 있다. 그러므로 이면을 보는 힘을 길러야 한다. 이것이 관찰의 여섯 번째 포인트이다.

일상에 숨어있는 패턴과 스타일 _ Pattern & Style

자연에는 반복적으로 나타나는 패턴이 있다. 뾰족한 육각형 형태를 한 눈 결정체를 작게 자르면 그 안에서 또 동일한 형태의 육각형이 나타나는 것처럼 자신의 작은 부분에서 자신과 닮은 모습이 나타나고 그 안의 작은 부분에서도 또 자신과 닮은 작은 부분이 무한히 반복적으로 나타난다. 나무의 가지, 돌돌 말린 고사리, 울퉁불퉁한 해안선, 우주의 모습 등 자연에는 일정한 기하학적 구조가 '자기 유사성'을 가지고 순환적으로 나타나는데 이것을 '프랙털fractal'이라고 한다. '쪼개다'라는 뜻을 가진 라틴어 '프랙투스frāctus'에서 유래된 용어이다. 이는 우리 주변에 잘 드러나지는 않지만 반복되는 패턴이 있음을 나타내는 것이기도 하다.

거창하게 프랙탈 이론을 들먹이지 않아도 모든 사람들의 사고와 행동, 모든 사물의 움직임에는 패턴이나 스타일이 존재한다. 패턴은 일정한 형태나 양식 또는 유형으로 사람들이 사고하고, 행동하고, 대화하는 것 등을 결정한다. 사람들이 생각하는 방식을 사고패턴이라고 하기도 하고 무언가를 실천하는 방식을 행동패턴이라고 부르기도 한다. 생활 속에서 반복적이고 규칙적이며 어느 정도 확고하게 정립되어 있거나 고정되어 나타난다. 자연세계에서는 이러한 패턴이 고정되어 있는 것이 많다. 즉, 물이 높은 곳에서 낮은 곳으로 흐르거나, 바람이 기압이 높은 곳에서 낮은 곳으로 부는 것, 호수에 돌을 던졌을 때 물결이 동심원을 그리며 퍼져나가는 것 등은 모두 패턴이다. 모든 과학적 성취는 이런 고정된 패턴을 발견하는 것으로부터 시작되었다. 자연 속에 숨어 있는 공통된 규칙을 찾아내고 그것을 이론적으로 정리한 것이 과학이다. 물리나 화학과 같은 순수과학에서 발견한 패턴은 예외 없이 모두 동일하다. 물은 수소 분자 두 개와 산소 분자 한 개가 결합되어 만들어진다. 소금은 나트륨과 염소 분자 하나씩이 결합되어 만들어진다.

반면 사람의 생활패턴이나 사고패턴은 일률적이지 않다. 유전자가 모두 다르고 성장환경이 다르며 상호관계를 이루는 세계가 모두 다를 수밖에 없다. 이러한 모든 요인들은 두뇌의 인풋이 되어 서로 다른 신경회로를 만들어내며 그 결과 모두 다른 아웃풋을 만들어낸다. 그래서 사람들이 만들어내는 패턴은 자연과는 달리 일률적이지 않다. 하지만 비슷한 사고나 행동 패턴을 나타내는 사람들을 묶을 수는 있는데 여기에 규칙을 부여하고 의미를 찾아내려는 노력이 바로 심리학이나 행동과학 같은 것들이다.

　　스타일은 우리가 어떤 개인을 다른 사람과 차별화되도록 만든 행동 또는 무언가를 수행하는 접근방법을 말한다. 긍정적이거나 부정적인 태도 혹은 행동, 사물을 대하는 방법 등이 스타일이라고 할 수 있다. 그러한 스타일에 따라 무엇을 하거나 무엇을 하지 않거나 하는 결과가 도출될 수 있는데 이러한 스타일 역시 사람의 타고난 성향이나 기질, 기품, 교육수준, 성장환경 등에 따라 모두 다르다.

　　심리학자인 알프레드 아들러Alfred Adler는 사람들이 자신에게 의미를 주는 삶의 목표를 달성하기 위해 각기 독특한 라이프스타일을 발달시킨다고 했다. 라이프스타일은 개인이 어떻게 인생의 장애물을 극복하고 문제를 해결하며 어떤 방법으로 목표를 추구하는지에 대한 방식을 결정해 주는 무의식적인 신념체계라 할 수 있다. 넓게 보면, 라이프스타일은 신념체계뿐만 아니라 행동으로 나타나는 개인 특유의 살아가는 방식을 의미한다. 해가 떠서 주위가 밝아지면 일어나 일을 하고 해가 져서 어두워지면 잠을 자는 것이 생활패턴이며, 아침 일찍 일어나거나 반대로 해가 중천에 떠서야 일어나는 것은 그 사람의 스타일이다. 이러한 패턴이나 스타일이 결합한 결과라는 산출물을 만들어내는데 그것이 세상 사람들이 추구하는 가치가 된다.

사람들의 지문이 단 한 사람도 동일하지 않듯 사람들의 사고하는 패턴이나 스타일도 모두 다르지만 대체적으로 사람들은 다른 사람들을 의식하고 그들을 따라함으로써 동조하고 자신을 다른 사람들과 동질화하려는 성향이 있다. 그것이 생존에 유리하기 때문이다. 그로 인해 전형적인 개념이라는 것이 만들어지고 사고도 구조화된다. '전형적인 개념'이란 특정 범주를 대표하는 것으로 무언가를 생각하고자 할때 처음 머릿속에 떠오르기 때문에 새로운 아이디어를 떠올릴 때 시발점이 된다. 예를 들어 물고기는 물속에서 살고 새들은 하늘을 난다는 것은 전형적인 개념이라고 할 수 있다. 그래서 물속에 사는 생물을 상상하려면 물고기와 같은 형태를 떠올릴 수밖에 없다. '구조화된 사고'란 기존의 개념, 범주, 고정관념에 따라 예측 가능한 방식으로 생각을 엄격하게 정형화하는 경향을 말한다. 말은 다리가 네 개여야 하고, 나는 것은 반드시 날개가 있어야 한다고 생각하는 것이다. 이러한 전형적인 개념과 구조화된 사고는 서로 다른 패턴이나 스타일을 가진 사람들을 한 방향으로 나아가게 만드는 역할을 한다.

가치를 창출하는 기획은 언박싱unboxing을 하는 것이라 할 수 있다. 마치 상자 속에 있는 물건을 꺼내 풀어헤치듯, 사람이나 사물 뒤에 숨어 있는 패턴이나 스타일을 찾아내 분석하고 그것에 변화를 줌으로써 결과를 바꾸는 행위라고 할 수 있다. 일반적으로 알고 있는 패턴이나 스타일에 변화가 일어나면 사람들은 그것을 새로운 것이라 여긴다.

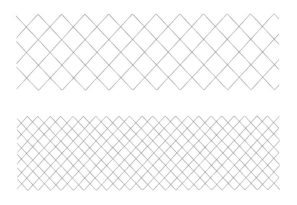

위의 두 그림을 보자. 두 그림이 같아 보이는가, 아니면 전혀 다른 그림으로 보이는가?

　두 그림은 비슷한 것 같으면서 한편으로는 달라 보인다. 아마 어떤 옷감에 두 가지 무늬가 프린트 되어 있다면 분명 서로 다른 디자인으로 볼 것이다. 공통점은 같은 무늬가 반복적으로 나타나고 있다는 것이다. 이렇게 무언가가 반복적으로 나타나는 것을 패턴이라고 하는데 첫 번째와 두 번째 그림 모두 같은 패턴이 반복되고 있는 것이다. 자세히 보면 두 번째 그림은 첫 번째 그림을 겹쳐 만든 것이라는 것을 알 수 있다. 첫 번째 그림에서 약간만 패턴의 변화를 준 것이 두 번째 그림이다. 크게 달라진 것은 없지만 보는 사람에 따라 그리고 어떻게 응용하느냐에 따라 서로 완전히 다른 그림으로 보일 수도 있다.

　예를 들어 커피를 한 번 생각해보자. 커피에는 뇌의 각성을 돕는 카페인 성분이 들어있어 마시게 되면 머리가 맑아지는 느낌이 든다. 그래서 사람들은 주로 아침에 머리를 맑게 만들기 위해 커피를 마신다. 사람에 따라서는 점심식사 후에 입가심을 위해 혹은 졸음을 쫓기 위해 마시기도 하지만 카페인 성분이 잠을 방해하기 때문에 늦은 오후에는 커피를 잘 마시지 않는 편이다. 예민한 사람들은 일정량 이상을 마시면 밤에 잠을 못 자기도 한다. 이렇게 획일화되어 있는 커피의 소비패턴을 바꿔 보면 어떨까? 즉, 이른 아침부터 이른 오후까지 즐겨 마시는 커피를 늦은 밤에도 마실 수 있도록 하면 어떨까? 그렇다면 잠에 방해가 될까봐 걱정돼 저녁 이후에는 못 마시는 사람들에게는 환영을 받게 될 것이다. 이미 카페인이 들어가지 않은 커피가 있기는 하지만 맛을 해치지 않으면서 잠도 방해하지 않는 커피는 아직 찾지 못했다.

사람들의 일상 속에 숨겨진 패턴이나 스타일을 찾아내 그것을 자르거나, 구부리거나, 순서를 바꾸거나, 다른 것으로 치환하는 등 다양한 변화를 주면 사람들은 새로움을 느끼게 된다. 가치가 달라졌다고 느낄 수 있는데 이렇게 기존에 존재하던 무언가에 변화를 주기 위해서는 사람들의 사고, 행동, 표정을 세밀하게 들여다보면서 그 속에 어떤 패턴이나 스타일이 담겨 있는지 밝혀내고 변화가 필요한 부분을 찾아내야 한다. 그 변화가 적절한 것이라면 그로 인해 만들어지는 가치 역시 사람들이 호응할 만한 것이 되겠지만 만일 그렇지 못하다면 좋은 반응을 얻기는 어려울 것이다. 상자 안에 있는 패턴과 스타일을 찾아내 변화를 주자면 제일 먼저 해야 할 일은 상자를 열고 그 안에 들어있는 패턴과 스타일을 살펴보는 것이다.

'세일즈포스닷컴Salesforce.com'은 1999년 3월에 오라클Oracle의 임원이었던 마크 베니오프Mark Benioff가 만든 클라우드 컴퓨팅 서비스 기업이다. 일반적으로 공급체인관리(SCM)나 고객관계관리(CRM), 기업자원관리(ERP)와 같은 소프트웨어는 개발회사에서 표준플랫폼을

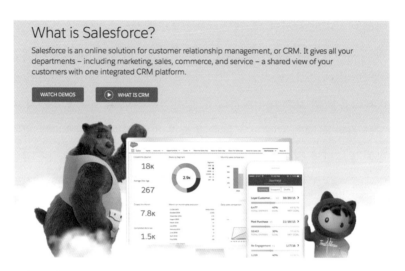

클라우드 컴퓨팅 서비스를 제공하는 세일즈포스닷컴
(출처_세일즈포스닷컴 홈페이지)

개발한 후 고객사에서 이를 구매해 그대로 이용하거나 고객사의 사정에 맞게 변형해 적용한다. 개발회사의 소프트웨어를 구매하면 고객사에서는 그것을 직원들의 컴퓨터에 설치해 사용한다. 구매한 소프트웨어는 고객사가 소유권을 가지며 설치와 유지보수를 위한 IT 전문가가 필요하다. 또한 데이터를 관리하기 위한 별도의 데이터 센터도 필요한데 여기에는 막대한 비용이 소요된다.

　이것이 시장에서 일반적으로 통용되던 기업의 소프트웨어 소비 패턴이었다. 하지만 세일즈포스닷컴은 이러한 소비패턴을 찾아내 변화를 주었다. 그들이 제공하는 소프트웨어는 CRM 프로그램인데 소프트웨어를 구입하도록 하는 것이 아니라 클라우드라고 부르는 인터넷 서비스를 통해 서비스를 제공한다. 고객사는 막대한 비용이 드는 소프트웨어를 구매할 필요 없이 일정 금액의 비용만 지불하고 '어딘가에 있는' 안전한 프로그램에 접속해 사용하기만 하면 된다. 소프트웨어에 로그인할 수 있는 권한만 있으면 되고 작업한 결과물은 자동으로 저장된다. 당연히 프로그램을 개인 PC에 설치하거나 관리하기 위한 유지보수 전문가도 필요 없고 별도의 데이터 센터 없이도 모든 데이터들은 안전하게 보관된다. 고객사 입장에서는 구매, 설치, 유지보수에 들어가는 막대한 비용을 아낄 수 있고 클라우드 기반으로 운영이 돼 언제 어디서든 소프트웨어에 접근할 수 있으므로 편의성도 높아진 셈이다. 세일즈포스닷컴의 이런 사업 방식은 기업들로부터 큰 호응을 이끌어냈고 설립된 지 얼마 지나지 않아 포춘 500의 상위 기업에 랭크되는 기염을 토하기도 했다.

스타트업이나 벤처 기업에서 시도하는 사업 중에는 이러한 것들이 많다. 제품이나 서비스는 모두 기존에 존재하는 것이지만 사용 패턴이나 스타일에 변화를 주는 것만으로도 새로운 제품이나 서비스처럼 느껴지게 만들 수 있기 때문이다. 앞서 예를 든 공유경제나 구독경제 역시 소비패턴을 찾아내고 그것에 변화를 준 것이다. 자신의 비용을 들여 집이나 차를 구입하고 독점적으로 사용하는 패턴에서 그것을 여러 사람과 나누어 사용함으로써 초기 투입비용과 운영에 필요한 비용을 절감할 수 있게 한 것이 공유경제이고, 필요한 물건을 구입하기 위해 직접 장을 보거나 온라인으로 주문하는 대신 약정을 통해 정해진 주기마다 물건을 배달해 주는 것이 구독경제이다. 제품이나 서비스를 제공하는 형태는 다르지만 소비자들의 패턴과 스타일을 찾아내 그것을 관찰하고 변화를 준 것이라는 측면에서는 동일하다.

패턴은 숲에 난 길과 같다. 숲 속에서 사람들은 이미 만들어진 길을 따라 걷는다. 길 밖으로 벗어나면 길을 잃고 조난당할 수도 있기 때문에 가급적이면 만들어진 길에서 벗어나려고 하지 않는 것이다. 그런데 어느 날 기존에 다니던 길이 아니고 새로운 길이 만들어진다면 사람들은 그 길을 따라갈 것이다. 물론 그 길이 기존에 다니던 길에 비해 훨씬 먼 길을 돌아가야 하고 험하다면 그 길을 이용할 사람이 없겠지만 기존에 다니던 길에 비해 훨씬 짧고 수월하다면 모든 사람들이 옛길을 버리고 새 길을 택할 것이다. 손으로 빨래를 하던 패턴이 세탁기가 등장한 후 이제는 모든 가정에서 빨래를 할 때 세탁기를 사용하는 패턴으로 바뀐 것처럼 말이다. 이렇게 변화의 크기가 크고 견고할수록 그 제품이나 서비스를 제공함으로써 만들어낼 수 있는 가치가 높아질 것임은 두말할 필요가 없다.

흔히 '라이프스타일'이라고 부르는 것도 마찬가지다. 과거에는 주말이면 가족들끼리 가까운 음식점을 찾아 외식하는 것이 일반적이었다. 일주일 동안 아침저녁으로 음식을 하고 밥상 차리는 데 지친 주부들을 위해 주말만큼은 주방에서 벗어날 수 있도록 배려하는 행위라고 할 수 있다. 내내 집밥을 먹다가 색다른 음식을 먹을 수 있다는 기대감 때문에 주말을 기다리는 사람들도 많았다. 하지만 음식배달 앱이 등장하고 터치 몇 번만으로 집에서 편리하게 음식을 배달할 수 있는 환경이 만들어지자 굳이 요일을 따지거나 밖으로 나가지 않고서도 특별한 음식을 즐기려는 사람들이 늘어났다. 그로 인해 주말 외식에 대한 기대감은 자취를 감추게 되었고 가족 간의 외식 모습도 점차 사라지고 있다. 라이프스타일이 바뀐 것이다.

인터넷을 이용해 원하는 영화나 드라마를 아무 때나 볼 수 있도록 스트리밍 서비스를 제공하는 넷플릭스도 라이프스타일을 바꾼 사례라 할 수 있다. 예전에는 영화를 보려면 극장에 가거나 대여점에서 비디오나 DVD를 빌려다 봐야 했다. 직접 몸을 움직여 찾아가거나 찾아오는 수고를 해야 영화를 즐길 수 있었던 것이다. 하지만 온라인 스트리밍 서비스가 등장하면서 손가락 몇 번 움직이는 것만으로도 시간과 장소에 구애받지 않고 언제 어디서나 영화를 볼 수 있게 되었다. 차를 타고 이동하면서도, 밥을 먹는 시간 동안에도 영화를 보는 사람들이 있다. 또한 친구나 가족과 함께 어울려 보던 영화는 자기 방에서 혼자 감상하는 방식으로 바뀌었다. 거실에 놓인 TV를 통해 재생해야 할 필요가 없어졌으니 당연히 독립적으로 즐기는 스타일이 생겨날 수밖에 없는 것이다. 음식배달 앱이나 넷플릭스가 만든 모습은 현대인들의 새로운 라이프스타일이 되고 있다. 이러한 서비스들은 '디팩토스탠더드de facto standard', 즉 사회적으로 약속된 규칙이 아니면서도 마치 규칙적으로 정해진 표준처럼 사람들의 라이프스타일을 바꾸어 나가고 있는 것이다.

기획은 이미 만들어진 숲속의 길 외에 새 길을 내는 것과 다를 바 없다. 새롭게 길을 만들어 기존의 길로 다니던 사람들로 하여금 새 길을 이용하도록 만드는 것이 기획이다. 그러자면 숲 속에 어떤 길이 어떤 형태로 나 있는지부터 정확히 알아야 한다. 그 길을 찾아 구부리고, 자르고, 펴고, 붙이고 하는 변형과정을 거쳐 새 길을 만들어야 한다. 사람들 삶 속에 숨어있는 패턴이나 스타일은 숲 속에 난 길과 다를 바 없다. 관찰의 일곱 번째 포인트는 바로 이것이다.

독도를 잃으면 나라를 잃는다
The Loss of Dokdo, The Loss of Korea.

(출처_이제석 광고연구소 www.jeski.org)

사물의 본질 _Essence

광고천재로 알려진 이제석은 만드는 광고마다 감탄을 불러일으킬 정도로 번뜩이는 아이디어가 돋보인다. 자신이 겨눈 총구가 한 바퀴 돌아 자신의 뒤통수를 겨냥하는 군인의 그림이나 공장의 굴뚝이 총구로 바뀌는 그림은 보는 순간 전율을 느낄 정도로 묵직하고 임팩트 있는 메시지를 전달한다. 그가 만든 광고를 보면 구구절절한 설명 없이도 하고 싶은 말이 무엇인지 알 수 있으면서 가슴을 울린다는 면에서 더더욱 천재성이 돋보인다고 할 수 있다.

왼쪽 이미지는 그가 만든 광고 중 독도가 대한민국 땅임을 알리는 내용이다. 그림에서 수면 아래를 손으로 가리면 독도의 모습만 보인다. 그러나 손을 치우면 바다 밑에 잠겨 있는 우리나라의 모습이 보이고 그 옆으로 '독도를 잃으면 나라를 잃는다'는 문구가 나타난다. 독도는 사람조차 살 수 없는 척박하고 작은 섬에 불과하지만 그 섬을 일본에게 넘겨주는 순간 대한민국의 미래는 없다는 메시지를 강렬하게 전달하고 있다. 독도 문제의 본질은 무엇일까? 일본이 줄기차게 독도가 자기네 땅이라고 우기는 이유는 무엇일까? 이제석은 그 본질이 독도라는 작은 섬 그 자체가 아니라 대한민국이라는 독립된 국가의 주권과 관련된 것이라고 보았다. 독도를 잃게 되면 대한민국의 주권을 잃는 것이나 마찬가지고 그건 대한민국이 바다 속으로 침몰하는 상황이나 다를 바 없음을 한 장의 그림으로 나타낸 것이다.

그의 아이디어는 본질을 꿰뚫어보는 통찰력에서 나온 것이라 할 수 있다. 그는 자신이 쓴 책에서 '변칙은 기본을 당하지 못한다. 본질을 꿰뚫는 아이디어 하나만 있으면 잽을 여러 번 날릴 필요가 없다'고 말한다. 본질을 무시하고서는 사람들이 환영할 수 있는 가치를 만들어내기 어렵다. 본질을 찾아내 그것에 충실하도록 만들거나 사람들이 미처 발견하지 못했던 본질을 드러냄으로써 사람들이 그것을 깨닫도록 만들어주어야 사람들의 관심을 끌어당기고 지갑을 열게 만들 수 있다. 이제석의 말처럼 본질을 찾아 그것을 건드려주면 그것만으로도 충분한 가치를 만들어낼 수 있다.

사람들의 라이프스타일이 스마트폰 중심으로 전환되면서 세상에는 정보나 제품, 서비스를 제공하는 수많은 애플리케이션으로 가득하다. 그 중 패션이나 화장품 등 미美에 관한 정보를 제공하는 '뷰티앱 beauty app'도 많은데 버드 뷰에서 만든 '화해'라는 앱은 출시된 지 몇 년도 안 돼 압도적인 점유율을 기록하며 관련 분야 1위를 기록하고 있다. 그 비결은 화장품을 바라보는 시선을 바꾼 데 있다. 즉, 드러난 현상에서 본질로 시선을 바꾼 것이다. 겉으로 드러나는 화장품의 본질은 '누군가에게 아름답게 보이도록 만드는 것'이다. 하지만 만일 화장품에 포함된 유독성분으로 인해 피부건강에 이상이 생긴다면 그래도 아름답게만 보이는 것에 신경을 쓸 수 있을까?

2012년 이후 화장품에 포함된 유해물질로 인한 사고가 잇따르자 미디어에서는 이 문제를 심각하게 다루기 시작했다. 피부에 직접적으로 바르는 물질이라는 화장품의 특성상 성분에 대한 정보가 중요함에도 불구하고 화장품 업체에서는 유해물질에 대한 정보를 투명하게 전달하지 않자 많은 소비자들이 분노를 느끼게 되었다. 버드 뷰는 '현상을 보는 눈'에서 '본질을 보는 눈'으로 관점을 바꾸고 화장품의 본질인

'성분'에 주목하기로 했다. 화장품의 화려함이라는 이면에 가려진 건강한 아름다움이라는 본질을 발견하게 되었고 이를 새로운 뷰티 관점으로 부각시킨 것이다.

이를 실현하기 위해 제대로 알려지지 않아 온 화장품 성분에 관한 정보들을 모아 소비자들에게 투명하게 전달하고, 화장품 사용자 스스로 건강한 아름다움을 추구하도록 했다. 이러한 성격에 맞도록 버드 뷰는 '화해'라는 앱의 카테고리를 '뷰티'가 아닌 '헬스'로 분류했다. 그럼으로써 자신들이 추구하는 전략적 관점을 보다 명확히 소비자들에게 전달할 수 있었고, 뷰티와 헬스 두 카테고리 모두에서 성공을 거두게 되었다. 버드 뷰의 화해는 2021년 2월 기준 누적 다운로드 수 950만 회, 사용자 리뷰 585만 건을 기록하며 압도적인 시장 점유율을 나타내고 있다. 진정으로 소비자를 우선시하고 이를 바탕으로 기업의 경쟁력을 확보하겠다는 철학이 소비자들의 마음을 움직인 것이라 할 수 있다.

비즈니스라는 정글에서 사냥꾼으로 성공하기 위해서는 긍정적인 측면에서 변화된 가치를 창출하고 그것을 소비자에게 전달해야 하는데 그러자면 본질이 무엇인지를 아는 것이 중요하다. 본질은 식물의 뿌리에 해당한다. 잡초를 제거하려면 뿌리 채 뽑아버리지 않으면 안 된다. 뿌리를 제거하지 않고 줄기만 꺾어버리면 또 다른 잡초 줄기가 올라온다. 기획이라는 것도 본질을 찾아내 그것을 강화시키거나 변형시킴으로써 적은 노력으로 큰 효과를 거두는 것이다. 본질에서 벗어난 것은 아무리 바꾸어봐야 큰 효과가 없다. 청소기의 본질은 힘들이지 않고 깨끗하게 청소가 되는 것이어야 한다. 아무리 디자인이 아름답고 사용이 편리하다 해도 청소가 제대로 되지 않으면 소비자들로부터 외면 받을 수밖에 없다. 그러므로 관찰을 통해 제품이나 서비스에 담긴 본질을 찾아내려는 노력이 선행되어야 한다.

많은 사람들이 즐겨 마시는 술의 본질은 무엇일까? 아마 '즐거운 경험'을 얻는 것일 것이다. 그렇기 때문에 술 광고는 늘 즐겁고 흥겨운 분위기가 연출된다. 즐거운 자리에 술이 있으면 그 즐거움이 배가된다는 메시지를 전달하고 있는 것이다. 하지만 즐거운 일이 있을 때뿐만 아니라 괴로울 때도 술을 마신다. 무언가 고통스럽고 가슴 아픈 일을 당했을 때 술을 통해 잠시나마 힘든 현실을 잊고 마음의 평안을 찾고 싶은 것이다. 이때 술의 본질은 즐거워서 마실 때와는 달라진다. '즐거운 경험'이 아니라 '고통의 감소를 통한 마음의 평안'을 얻는 것이다.

만일 여기에 초점을 맞춘다면 술 광고의 내용도 달라져야 한다. 신나고 흥겨운 분위기가 아니라 술을 마심으로 해서 찾을 수 있는 마음의 위안에 맞추어서 말이다.

호텔은 여행이나 출장 기간 동안 지친 몸을 편안하게 쉬는 곳이다. 그러므로 호텔의 본질은 무엇보다 편안함이다. 따라서 편안하게 머물 수 있는 공간을 제공하는 것이 호텔 서비스의 본질이다. '내 집 같은 편안함'을 콘셉트로 내세운다면 그리 나쁘지 않다. 하지만 조금 더 나아가면 호텔의 본질이 단순히 편안함을 제공하는 것에서 그치지 않는다. 가족이나 친구들과 여행을 떠나 호텔에서 묵는다고 해보자. 하루 종일 여기저기 돌아다니며 멋진 풍경을 감상하고 맛있게 식사를 마치고 방에 들어서는데 문을 여는 순간 담배 찌든 냄새가 코를 찌르고 침구에서는 퀴퀴한 냄새가 난다면 하루 종일 경험했던 즐거운 기분을 모두 망칠 수 있다. 게다가 냉난방 장치마저 제대로 작동하지 않아 밤새 덥거나 추워 잠을 설친다면 여행의 기억은 즐거움이 아니라 악몽으로 남을 것이다. 그렇게 본다면 호텔의 본질은 단순히 편안하게 머물 수 있는 공간이 아니라 '여행이 즐거운 경험으로 남을 수 있도록 도와주는 편안한 공간'이 되어야 한다. 그렇다면 고객들을 만족시키기 위해 호텔이 제공해야 하는 서비스는 달라질 수밖에 없다.

관찰을 통해 본질을 볼 수 있어야 비로소 환영받는 제품이나 서비스가 만들어질 수 있다. 아무리 제품이나 서비스가 뛰어나도 본질에서 벗어나면 사람들이 외면하게 된다. 요즘 SNS에는 음식 사진들로 넘쳐난다. 사람들이 음식점에서 사진을 찍는 이유는 무엇일까? 왜 잘 차려진 음식을 보면서 입맛을 다시는 것이 아니라 '눈맛'부터 다시는 것일까? 왜 음식이 나오면 수저 대신 핸드폰을 들고 자리에서 일어서거나 의자 위에 올라가는 걸까? 그 행동에 숨은 본질은 무엇일까? 사람들의 사고와 행동 속에 숨어있는 본질을 볼 수 있어야 그로부터 기회도 찾아낼 수 있다. 이제는 '드러내는' 세상이 되었다. 자신의 일거수일투족을 온라인을 통해 불특정 다수에게 드러내며 그 안에서 사람들의 관심을 끌거나 인정받고 싶은 욕구가 숨겨져 있다. '관종'이라는 말이 보여주듯 SNS라는 공간을 통해 사람들은 관심 받고 싶어 한다. 페이스북에 치켜 올려져 있는 엄지손가락을 그리워하는 것이 그러한 마음을 고스란히 드러낸다.

'보기 좋은 떡이 먹기 좋다'는 말이 있는 것처럼 음식이 맛있어 보이면 맛도 좋을 것으로 생각한다. 아무리 맛있는 음식도 찌그러진 양은냄비에 담겨 나오면 맛이 없어 보인다. 화려하고 예쁜 음식을 사진으로 남기고 그것을 블로그나 인스타그램, 페이스북 등의 SNS에 올림으로써 사람들은 자기 일상을 드러내고 자랑하며 인정받고 싶은 것이다. 누구도 드러내놓고 말하지는 않지만 누구에게나 자기과시의 본능이 있는데 이것을 채울 수 있는 수단 중 하나가 음식 사진인 것이다. 맛있는 음식 사진에는 늘 사람들이 몰리는 만큼 다른 사람들의 관심과 이목을 받고 싶은 마음도 있을 것이다.

이러한 사람들의 마음을 이용할 수 없을까? 사람들의 자랑하고 싶은 마음, 과시하고 싶은 마음을 마음껏 발산할 수 있도록 만들어주거나 사람들의 주목을 받을 수 있도록 만들어주는 수단이 있다면 사람들은 큰 관심을 가질 것이다. 그리고 그 수단은 무척 다양할 것이다. 그것이 무엇인지에 대해서까지 말하기는 어렵지만 본질을 찾을 수 있다면 그 본질을 응용할 수 있을 것이다. 그 본질을 찾아내는 출발점은 역시 관찰이다.

마케팅에서 말하는 '콘셉트'라고 하는 것도 본질과 관련되어 있다. 콘셉트는 흔히 '개요'와 동일한 단어로 여겨지지만 그것으로는 충분하지 않다. 콘셉트는 본질을 눈에 띄게 드러내는 수단이다. 마케팅은 제품이나 서비스를 사용자가 관심을 가지고(attention), 흥미를 느껴(interesting), 갈망하고(desire), 기억해서(memory), 구매(act)로 이어질 수 있도록 특징을 한 마디로 압축해 전달하는 것이라 할 수 있다. 콘셉트는 그 제품이나 서비스가 가진 본질을 사용자 입장에서 기억하기 쉽게 한 마디로 압축해 전달하는 것이다. 그러므로 본질을 알지 못하고서는 콘셉트라는 것이 만들어질 수 없다.

웃음을 만들어내는 즐거움 _Fun

앞서 불편함에 대해 이야기하면서 사람들에게 재미나 흥미를 주는 아이템은 성공 가능성이 있다고 했는데 어쩌면 불편함을 관찰하는 것만큼이나 중요한 것이 사람들에게 즐거움을 줄 수 있는 요소를 찾는 것이 아닐까 한다. 2007년에 최초의 스마트폰이 등장하면서 사람들의 삶은 스마트폰 이전과 크게 달라졌다. 언제 어디서나 인터넷에 접속할 수 있는 작은 컴퓨터를 손 안에 넣게 되면서 '포노 사피엔스Phono Sapience'라는 말이 등장할 만큼 인류의 삶은 빠르게 재편되고 있다. 글로벌 시장조사기관인 스태티스타Statista에 따르면 2020년 기준 전 세계의 스마트폰 사용자는 35억 명으로 전체 인구의 45퍼센트 정도라고 한다. 한국의 스마트폰 보급률은 95퍼센트에 육박한다고 하니 거의 대부분의 국민들이 스마트폰을 가지고 있다고 해도 과언이 아닌 셈이다.

같은 통계에 따르면 스마트폰을 가진 사람들은 하루 평균 4시간씩 스마트폰을 사용하는데 이 수치는 태어날 때부터 스마트폰을 사용한 젊은 세대로 올라갈수록 더 늘어난다. 10대의 경우 하루 평균 스마트폰 사용시간이 무려 9시간이나 된다고 한다. 10대의 평균 수면시간을 6시간이라고 하면 깨어있는 시간 중 무려 50퍼센트를 스마트폰 사용에 할애하는 셈이다. 이는 스마트폰 없이는 일상이 불가능하다는 말이기도 하다. 그렇다면 사람들은 스마트폰을 이용해 도대체 무엇을 하는 걸까? 세대별로 많은 차이가 나지만 젊은 사람들의 경우 SNS와 금융거래를 제외하면 게임, 영상, 음악의 세 가지 콘텐츠를 주로 소비하는 것으로 나타났다. 이들은 모두 즐거움을 추구하기 위한 수단이다.

게임의 위력은 두말할 필요가 없다. 젊은 사람들에게 게임은 일상생활의 한 부분이자 당연한 일과 중 하나이다. 인류의 30퍼센트가 스마트폰 게임을 즐긴다고 하며 게임 개발업체인 중국의 텐센트Tencent는 시가총액 기준으로 전 세계 기업 순위 10위에 이름을 올릴 정도이다. 국내에서도 넥슨NEXON은 게임개발을 통해 전통적인 제조기업도 올라서기 힘든 시가총액 상위권을 순식간에 꿰찼다.

월드컵을 본떠 만든 롤드컵 결승전은 무려 8,000만 명의 세계인들이 관전했고 2018년 팔렘방 아시안 게임에서는 시범 종목으로 선정되기도 했다. 게임을 전문적으로 방송하는 TV 채널이 생겨나고 게임을 주제로 한 유튜버들의 수입 또한 상상을 초월할 만큼 높다. 세계 최고의 롤 플레이어로 꼽히는 '페이커'의 연봉은 2017년도에 이미 30억 원을 넘어섰다고 한다. 여전히 기성세대로부터는 이해할 수 없는 현상으로 오해받고 있긴 하지만 이제 게임은 사람들의 삶에서 떼어낼 수 없는 필수불가결한 요소가 되었다.

이처럼 사람들에게 재미나 흥미를 줄 수 있는 오락적인 요소들은 사업적으로 성공할 가능성이 크게 증가하고 있다. 그런데 게임이나 영상, 음악이라는 정형화된 카테고리 속에서도 기존의 포맷과 다른 색다른 즐거움을 주는 콘텐츠가 많은 사람들로부터 사랑받으며 하나의 트렌드로 자리 잡아 가고 있다. 기성세대에서는 진중함을 미덕처럼 강조하지만 젊은 세대들 사이에서는 진지함 대신 즐거움이 자리 잡고 있다. 쓸데없이 진지한 사람들을 '진지충'이라 부르며 일상 속의 모든 분야에서 소소한 재미와 즐거움을 추구한다. 무엇이든 재미가 없으면 관심을 두지 않는다. 먹방도 재미가 있어야 하고 요리도 재미가 있어야 하며 라디오방송도 재미가 있어야 한다. 진지한 영상이나 지루한 영상은 철저히 외면 당하는 게 현실이다.

요즘 유튜브에서 인기를 얻고 있는 콘텐츠 중 하나가 소위 말하는 '몰카'다. 공중파에서 코미디 프로그램이 사라지자 갈 곳을 잃은 개그맨들이 유튜브를 생업의 대안으로 선택한 것이다. 소재나 언어 등에서 제약이 심했던 공중파나 케이블 TV와는 달리 유튜브에서는 그러한 제약을 심하게 받지 않다 보니 다양하고 신선한 콘텐츠들이 쏟아져 나와 이를 보려는 구독자들도 늘어나고 있다. 몰카 채널 중에는 수십만 명의 구독자를 보유한 채널도 꽤 많다.

진지함을 벗어나 깨알 같은 재미를 선사하려는 변화는 곳곳에서 시도되고 있는데 '충주'라는 도시를 알리는 홍보 포스터가 인기를 끌고 있다. 행정기관이라고 하면 늘 진지하고 엄숙한 분위기를 연상할 수밖에 없고 그래서 충주라는 지역을 알리는 홍보물도 늘 정형화되고 진지하며 엄숙한 내용일 수밖에 없었다. 하지만 어느 날부터인가 소위 말하는 B급 감성에 젊은 사람들 사이에 유행하는 '병맛'으로 무장한 포스터들이 등장해 행정기관 특유의 진지하고 엄숙했던 분위기를 걷어내면서 폭발적인 반응을 얻고 있다. 이에 힘입어 충주시의 홍보는 엄청난 성과를 거두고 있으며 최근에는 유튜브 등에서 일부러 홍보영상을 보려는 구독자들이 몰려드는 효과까지 낳고 있다. LG생활건강에서 만든 세제광고나 배우 성동일이 출연한 KCC의 창호광고 등도 수백만 건의 조회수를 기록할 정도로 많은 사람들에게 회자되고 있다. 나아가 이런 재미난 이미지나 영상을 서로 공유하면서 사용자들 사이에 홍보와 마케팅 효과까지 불러일으키고 있다. 만일 이러한 포스터 대신 기존에 하던 방식대로 진지하고 엄숙한 분위기로 충주의 고구마나 옥수수를 홍보한다고 하면 관심을 가질 사람이 얼마나 되겠는가?

앞서 간단하게 언급했던 '채티'라는 앱 서비스는 누적 사용자 수만 220만 명이 넘고 그곳에 올라온 글도 29만 개가 넘는다고 한다. 채티

충주시 홍보 사진
(출처 _ 충주시 홈페이지)

는 누구나 자유롭게 소설을 쓰고 읽을 수 있는 앱인데 일반 소설처럼 긴 글로 묘사하고 서술하는 방식이 아니라 마치 카카오톡으로 채팅을 하듯 이야기를 써내려가는 형태를 취하는 만큼 소설을 읽는다기보다 누군가의 대화를 엿듣는 것 같은 느낌을 준다. 가벼운 채팅에 익숙해진 10대에서 20대 초반의 젊은 사람들이 주로 사용한다. 일반소설이나 웹소설에 비해 훨씬 가볍고, 자극적이면서도 지루하지 않으며 매 화마다 기승전결이 뚜렷이 나타나는 특징을 가지고 있다. 앱 사용자 중 20퍼센트는 독자이면서 동시에 직접 글을 쓰는 창작자이기도 하다. 책으로 발간되는 소설에 비해 그 수준은 비교할 수 없겠지만 젊은 세대 사이에서는 선풍적인 인기를 끌고 있다. 가볍게 읽고 넘기면서도 그 안에서 재미를 찾을 수 있기 때문이다.

'스푼라디오'는 오디오계의 유튜브라고 할 수 있겠다. 누구나 DJ가 되어 자신의 이야기와 음악을 들려줄 수 있고 청취자들과 대화도 나눌 수 있다. 스마트폰 속으로 들어온 라디오라고 보면 되는데 사람들은 그 방송을 들으며 DJ에게 '스푼'을 보내 후원할 수 있다. 콘텐츠도 장르에 구애를 받지 않아 공부방송, 음악방송, 수면방송 등 다양하다. 가수 아이유를 닮은 목소리로 인기를 얻고 있는 한 DJ는 밤 9시에 방송을 시작해, 잔잔한 노래와 함께 잠을 재워주는 '잠방'을 하다가 팬들과 함께 잠에 빠져들기도 한다. 유튜브가 사전에 촬영한 동영상을 편집과정을 거쳐 올리는 것이라면 스푼라디오는 90퍼센트 이상이 생방송이라는 특징을 가지고 있다. 기존의 정형화된 포맷에서 얻지 못하는 즐거움을 이러한 수단을 통해 채우려고 하는 것이다.

2020년에 한국관광공사가 '이날치 밴드'의 판소리 '범 내려온다'

를 바탕으로 만든 홍보영상은 영상 조회수 3억 회 이상을 기록하며 '1일 1범(하루에 한 번 '범 내려온다'를 듣는다는 의미)'이라는 말까지 만들어낼 정도로 대단한 성공을 거두었다. 젊은 세대의 관심에서 멀어진 판소리가 이렇게 큰 인기를 거두게 된 데는 여러 가지 요인이 있겠지만 무엇보다 영상 속에 재미요소가 충분히 담겨 있다는 것이다. 기존 판소리와는 달리 전통악기 외에 현대적 밴드를 접목하고 힙합 요소를 곁들임으로써 젊은 사람들도 거부감 없이 들을 수 있도록 했다. 영상 속에서 '앰비규어스 댄스컴퍼니'가 음악에 맞춰 추는 코믹한 춤이나, 양복을 입고 투구를 쓰거나 한복을 입고 구두를 신은 우스꽝스러운 외모는 등장만으로도 웃음이 나게 만든다. 여기에 기존 아이돌 그룹의 화려하고 세련된 칼 군무와는 달리 정형화된 틀 없이 약간은 어눌하면서도 뭔가 부족해 보이는 듯한 안무는 B급 감성을 추구하는 젊은 세대의 입맛에

조회수 1억을 돌파하며 화제를 모은 한국관광공사 홍보 영상
(출처_한국관광공사 공식 유튜브)

딱 맞아 떨어지며 중독성을 선사하고 있다. 이로 인해 젊은 사람들의 판소리에 대한 관심 역시 크게 높아졌는데 무엇보다 재미가 바탕이 되었기 때문에 가능한 일이었다. 불안으로부터 해방되려는 욕구만큼이나 인간의 즐거움에 대한 욕구는 강하다. 생존을 위해서라면 불안을 없애는 것이 즐거움보다 더욱 큰 욕구가 되겠지만 생존의 위협이 없는 상황이라면 즐거움을 느끼고 행복 호르몬이라고 하는 도파민이 분비될 수 있는 대상을 더 좋아한다. 네덜란드의 문화사학자인 요한 하위징어Johan Huizinga는 이를 두고 '유희하는 인간'이라는 의미로 '호모 루덴스Homo Ludens'라고 표현했다. 젊은 세대들이 소비의 주역으로 떠오르면서 즐거움을 추구하는 추세는 더욱 증가할 것이다. 어려서부터 스마트폰을 손에 쥐고 자란 그들은 즉각적인 보상에 익숙해져 있는 세대다. 클릭 한 번으로 자신들이 원하는 것을 손에 쥘 수 있는 세대다. 그러므로 즐겁지 않거나, 지루하거나, 인내를 필요로 하는 것보다는 다소 부족하고 어설프고 모자라 보여도 바로 쾌감을 느낄 수 있게 해주는 아이템이 더욱 관심을 끌 수 있다.

더 나아가 그들에게 소소한 재미나 즐거움은 단지 사고의 깊이가 낮거나 충동적인 성향 때문에 나타나는 현상이 아니라 자신들의 발목을 잡고 있는 우울한 현실로부터 벗어날 수 있게 해주는 그들만의 탈출구가 되기도 한다. 태어나면서부터 취업의 어려움, 고용의 불안함, 미래에 대한 불투명 등으로 힘들고 어려운 현실 속에서 젊은 세대들이 심리적인 위안을 얻고자 하는 경향이 더욱 커질 것이기 때문이다. 그래서 스마트폰 네이티브들이 점점 더 사회의 중심세력으로 성장할수록 어쩌면 이러한 재미요소를 찾는 경향은 더욱 늘어날지 모른다.

우리 생활 주변을 돌아보며 즐거움을 줄 수 있는 것이 무엇인지 찾아보라. 일에서, 일상생활에서, 사람들과의 관계에서 잠시라도 즐거움을 찾을 수 있다면 그건 사람들로부터 호평을 받을 수 있다. 삶이 고단하고 힘들수록 그 안에서 살아가는 사람들은 즐거움을 찾기 마련이다. 안타깝게도 우리나라의 소득수준은 G7에 걸맞게 성장했지만 삶에서 즐거움을 느낄 수 있는 요소는 그리 많지 않다. 오히려 장기적인 저성장 경제체제로 접어들면서 삶은 더욱 퍽퍽해지고 있다. 앞으로도 그러한 추이는 변함이 없을 것이다. 그 숨 막히는 상황으로부터 먼저 탈출구를 찾은 것이 젊은 세대이다. 그리고 그들은 삶에 재미를 주는 요소로부터 마음의 위로를 받고 있다. 비록 중간세대나 나이든 세대들은 직접적으로 삶의 재미를 추구하지 않지만 그들에게도 즐거움은 통할 수 있는 요소 중 하나일 것이다.

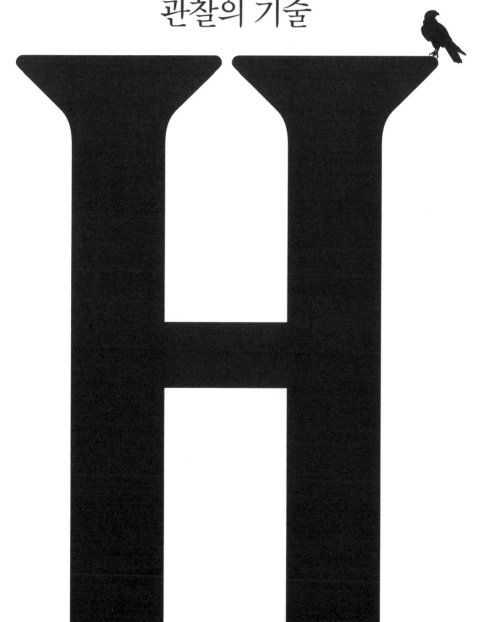

PART 4
기회를 놓치지 않는
관찰의 기술

우리는 누구나 사냥꾼이 될 수 있다. 똑똑한 사냥감 하나만 잡으면 스타트업이나 벤처 기업의 CEO가 될 수 있고 주식이나 부동산, 가상화폐 등에 있어서도 성공 투자자가 될 수 있다. 세상을 바라보고 그 안에서 가치 있는 사냥감을 발견하거나 성공의 포인트를 찾아낼 수만 있다면 말이다. 그러자면 날카로운 사냥꾼의 눈을 갖는 것이 중요한데 과연 그런 관찰력은 후천적으로 길러질 수 있을까? 너무 답이 뻔히 정해져 있는 질문을 한 것 같다. 그렇다. 관찰력은 충분히 노력으로 기를 수 있다. 관찰이라는 것은 두뇌활동의 일부인 만큼 두뇌를 활용하는 방식을 바꾸고 이것이 습관으로 정착되면 그 역량도 따라서 높아진다. 그렇다면 어떻게 해야 관찰력을 높일 수 있을까? 이제부터는 그에 대한 내용을 살펴보려고 한다.

뇌 속에 관찰회로를 만들어라

관찰은 무언가를 주의 깊게 살펴보는 의도적인 행위로 눈에 보이는 정보를 있는 그대로 받아들이는 것과는 다르다. 단순히 보는 것은 이미지를 무의식적이고 자동적으로 받아들이는 과정이다. 마치 길거리에 설치된 CCTV가 주변의 모든 움직임을 빠짐없이 찍는 것처럼 말이다. 필요하다면 기록된 것들 중 부분적으로 활용할 수 있지만 그렇지 않은 경우 폐기되고 만다. 반면에 관찰은 똑같은 것을 보면서도 의식적이고 신중하게 인식하는 과정이다. CCTV 속에서 범인이 타고 달아난 차량을 찾는 것처럼 말이다.

관찰은 특별한 대상이나 상황에 정신을 집중하는 의식화 과정이기도 하다. 의식화 과정은 의도가 분명하다는 것을 의미한다. 또한 관찰은 목적 없이 수동적으로 정보를 받아들이는 것이 아니라 뚜렷한 목적을 가지고 적극적으로 무언가를 발견하기 위한 능동적인 행위이다. 이 모든 것들이 이뤄지기 위해서는 두뇌활동이 수반되어야 한다. 무엇인가에 주의를 기울이고, 그 대상을 살펴보며 시각적 인지과정과 지각과정을 거쳐야 하기 때문이다. 따라서 관찰은 두뇌 전체를 적극적으로 활용하는 과정이다. 관찰력을 기르려면 뇌를 바꾸는 훈련이 필요하다. 뇌 안에 관찰과 관련된 신경회로의 결합이 강해지면 자연스럽게 관찰력은 높아질 수 있다.

모든 생명체는 감각기관을 가지고 있다. 시각, 청각, 미각, 촉각, 통각 등 감각을 느끼는 기관을 통해 외부로부터 정보를 받아들이고 이것을 뇌에서 처리해 감정이나 사고, 행동 등의 적절한 반응을 이끌어낸

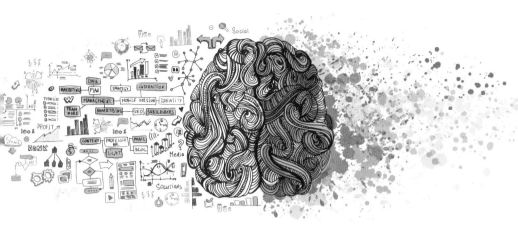

다. 두뇌에는 외부로부터 감각을 받아들이고 처리하는 영역이 별도로 존재하는데 외부에서 받아들이는 정보 중 가장 큰 비중을 차지하는 것이 시각, 즉 눈을 통해 받아들이는 것이다. 두뇌에서 처리하는 감각정보 중 시각과 관련된 것이 60퍼센트 이상이나 된다. 따라서 시각을 잘 활용하는 것이 관찰력을 기르는 데 중요하다.

뒤에서 좀 더 자세히 이야기하겠지만 인간의 두뇌는 효율을 최우선으로 여긴다. 모든 두뇌의 활동은 철저하게 효율을 높이는 것에 초점이 맞춰져 있다. 이로 인해 두뇌가 마치 기계처럼 자동조정방식으로 움직이기도 하며 보면서도 보지 못하는 무주의 맹시(inattentional blindness)가 나타나기도 하고 달라진 것을 알아차리지 못하는 변화맹(change blindness)이 나타나기도 한다. 때로는 편견이나 선입견, 자기확증편향 등에 따라 편리한 대로 정보를 왜곡하기도 한다. 따라서 의도적으로 관심을 기울이고 정보를 놓치지 않기 위해 노력하지 않으면 두뇌는 효율에 따라 편리한 방식으로 정보를 처리하게 되고 의미 있는 발견의 기회를 놓칠 수 있다. 좋은 사냥감을 앞에 두고 그냥 지나칠 수 있는 것이다.

절대음감이나 절대 미각처럼 절대 시각이라는 것이 있는지는 모르겠지만 사람마다 관찰력은 동일하지 않다. 그 이유는 저마다 신경회로의 구성이 다르고 두뇌에서의 정보처리 방식이 다르기 때문이다. 비록 겉으로는 동일한 형태를 가진 뇌처럼 보여도 그 내부의 신경배선 구조나 신경회로가 작동하는 방식은 모두 다르다. 두뇌활동에 영향을 미치는 신경전달물질이나 호르몬의 수준도 동일한 경우가 없다. 77억 명의 인구가 존재하듯이 두뇌도 77억 개의 경우의 수를 가지고 움직인다. 선천적으로 관찰력이 뛰어난 사람이 있을 수 있는 반면 어떤 사람은 선천적으로 관찰력이 떨어질 수 있다. 그리고 이러한 관찰력의 차이는 성과의 차이로 나타난다. 관찰력은 창의적인 아이디어를 떠올리는 역량과도 밀접한 관련이 있기 때문이다.

다행인 것은, 뇌는 얼마든지 바꿀 수 있다는 것이다. 뇌에는 가소성이라는 것이 있는데 마치 찰흙을 이용해 조각을 만들어내면 변형되지 않고 그대로 남아있듯, 뇌도 훈련이라는 손길을 거치면 조각해놓은 인형처럼 그 상태를 유지할 수 있다. 훈련을 통해 관찰력이 높아지면 그 상태가 그대로 유지될 수 있다는 것이다. 뇌의 활동은 한 마디로 신경회로의 작동이라고 할 수 있다. 신경회로는 자주 쓰는 기능은 연결이 강화되지만 자주 쓰지 않는 기능은 연결이 약화돼 종국에는 끊어져 사멸되고 만다. 시계나 자동차 등을 쓰지 않고 방치해두면 녹이 슬고 고장이 나 작동하지 않게 되는 것처럼 말이다. 관찰을 훈련하면 사냥 감을 찾아내는 탁월한 능력을 갖출 수 있지만 방치하면 눈앞에 보이는 것도 놓치게 된다. 관찰 훈련을 반복하다 보면 시각적 정보를 인지하 고 그것을 지각하고 의미 있는 발견을 이끌어낼 수 있는 신경회로의 연결이 늘어나 시간이 지나면서 이것이 안정적으로 남게 된다. 습관이 형성되는 것과 마찬가지다. 무언가 의미 있는 행동을 반복할 경우 3주 가 지나면 뇌에서는 그와 관련된 신경회로가 만들어진다고 한다. 이후 반복적으로 이 회로를 이용하게 되면 점점 더 강화가 일어나 그 회로 의 연결이 단단해지는데 관찰도 그렇게 될 수 있다는 것이다.

일반적으로 의식하지 않은 상태에서 눈으로 입력되는 시각정보는 뇌 뒤편에 있는 시각피질을 거쳐 사라지지만 관심을 가지고 관찰한 시 각정보는 좌측 전두엽과 측두엽을 거쳐 처리된다. 전두엽을 거친다는 것은 의식적으로 지각하는 것이며 측두엽을 거치는 것은 의미 있는 정 보로 기억장치에 저장된다는 것을 말한다. 보고, 의미를 이해하고, 저 장하고, 분석하는 등의 과정을 반복적으로 훈련하게 되면 뇌 안에서는 관찰 프로세스와 관련된 단단한 길이 만들어지고 두뇌활동을 통해 그 것으로부터 유의미한 아이디어를 떠올릴 수 있는 가능성이 높아진다. 의식적인 노력과 반복적인 훈련이 뇌의 신경회로를 바꾸고 가치 있는 아이디어를 떠올릴 수 있도록 창의력을 높여준다는 것이다. 그러므로 기획자의 시대에 주역으로 올라서기 위해서는 반드시 관찰을 습관화 해야 한다.

관심의 끈을 놓지 마라

내가 그의 이름을 불러주기 전에는
그는 다만
하나의 몸짓에 지나지 않았다

내가 그의 이름을 불러 주었을 때
그는 나에게로 와서
꽃이 되었다.

김춘수 시인의 〈꽃〉이라는 시의 한 구절이다. 주위에 흐드러지게
핀 들꽃도 관심을 가지고 바라보기 전에는 한낱 바람에 흔들리는 사물
중 하나일 뿐이다. 하지만 그 흔들리는 몸짓에 관심을 가지고 눈여겨
바라보게 되면 그것은 나에게 하나의 의미 있는 존재로 다가올 수 있
다. 아무 의미 없이 그냥 스쳐 지나가는 것에서 무언가를 발견해 내기
란 쉽지 않다. 눈여겨 볼 때만 비로소 그 안에서 의미를 찾아낼 수 있게
된다.

뇌의 변화는 관심을 갖는 것으로부터 시작된다. 관찰을 잘하기 위
해서는 무엇보다 관심이 필요하다. 뇌는 에너지 소모가 많은 신체기관
이기 때문에 평소 에너지를 아껴 쓰려는 습관이 있다. 그래서 에너지를
아끼기 위해 자동조정방식을 이용하는 경우가 많다. 즉, 특별한 생각
없이 습관적으로 한다는 말이다. 어떤 일이 습관이 되면 두뇌는 막대한
에너지가 소모되는 사고 작용 없이도 일을 수월하게 할 수 있게 된다.

자동차를 운전하거나 운동을 할 때 익숙해지면 힘들이지 않고 할 수 있게 되는 것처럼 말이다. 이렇게 무언가에 익숙해지면 주변의 사물이나 사람에 대한 관심이 줄어들게 된다. 주위의 모든 요소들을 익숙한 시각으로 바라보게 되는 것이다. 이렇게 되면 새로운 것을 볼 수 있는 기회도 사라진다. 그렇기 때문에 관찰을 위해 가장 먼저 해야 할 일은 익숙함을 벗어버리고 의도적으로 관심을 갖는 것이다.

　1995년 1월 25일 새벽 2시, 보스턴 경찰서의 케니 콘리Kenny Conley는 철망으로 된 울타리를 기어 올라가는 총격사건의 용의자를 추적하고 있었다. 그때 다른 경관들은 현장에 조금 일찍 도착한 마이클 콕스Michael Cox라는 비밀경찰을 용의자로 의심하고 잔인하게 폭행을 가했다. 그 사이 콘리는 끝까지 울타리를 넘어간 용의자를 쫓아 그를 체포하는 데 성공했다. 추격전이 일단락된 후 비밀경찰을 폭행한 사건은 기소되었고 폭행에 가담한 경찰관들은 모두 법정에서 결백을 주장했다. 용의자를 뒤쫓던 콘리도 증인으로 불려나갔지만 폭행사건은 목격하지 못했다고 주장했다. 이 사건의 수사관이나 검사, 배심원들은 콘리가 폭행사건을 볼 수 있었고 보았음이 분명했던 만큼 동료들을 보호하기 위해 거짓말을 한다고 여겼다. 결국 콘리는 위증과 공무집행방해죄로 유죄판결을 받았고 34개월의 징역형을 선고받았으며 경찰로부터 해고당했다.

　이 사건에서 콘리는 정말 폭행 장면을 목격했음에도 불구하고 거짓 증언을 한 것일까? '보이지 않는 고릴라' 실험으로 널리 알려진 대니얼 사이먼스Daniel Simons와 크리스토퍼 차브리스Christopher Chabris는 이에 콘리가 진실을 말하고 있을지도 모른다는 의문을 가졌다. 즉,

콘리가 용의자를 쫓는 데만 신경이 곤두서 있었기 때문에 주변에서 벌어지고 있는 폭행사건을 보지 못했을 가능성이 있다고 여긴 것이다. 그들은 가능성을 검증하기 위해 한 가지 실험을 했다.

첫 번째 실험은 야간에 이루어졌는데, 20명의 피험자들에게 한 남성이 가로등 아래서 400미터를 달리는 동안 약 9미터 정도의 간격을 유지한 채 따라가면서 그가 머리를 만지는 횟수를 정확히 세도록 했다. 남자의 달리기 속도는 초당 2.4미터 정도로 빠른 편이었고 총 2분 45초 정도를 뛰었다. 연구진은 125미터쯤 지났을 때 남자가 달리는 길에서 8미터쯤 떨어진 갓길에서 세 명의 남자가 싸우는 장면을 의도적으로 연출했다. 그 중 두 명이 다른 한 명을 폭행하는 것처럼 보이도록 했다. 세 명의 남자들은 싸우는 도중 소리를 지르거나 그르렁거리거나 기침을 하도록 했는데 이러한 행동으로 인해 적어도 피험자들에게 15초 동안은 노출될 수 있도록 했다. 달리기가 끝난 후 20명의 피험자들에게 남자가 머리를 만진 횟수를 물었다. 이어 주변에서 남자들이 싸우는 장면을 목격했는지 물었다. 그러자 놀랍게도 20명 중 불과 7명, 즉 35퍼센트만이 그 장면을 목격했다고 한다. 나머지 65퍼센트는 남자들이 싸우는 장면을 보지 못한 것이다. 낮에도 유사한 실험을 진행했지만 16명의 피험자 중 9명, 즉 56퍼센트만이 싸움을 목격했다.

이 실험의 결과가 말하듯이 뇌는 자신이 관심을 갖는 것이 아니면 주위의 변화를 알아차리기가 쉽지 않다. 피험자들의 관심사항은 오로지 남자가 머리를 몇 번 만지는지 정확히 알아내는 것뿐이었다. 틀리지 않겠다는 의지가 강한 사람일수록 그 외 다른 사항은 관심을 가지지 못할 가능성이 높다. 이렇게 옆에서 소리를 지르고 멱살잡이를 하며 싸우는 장면도 보지 못하는데 하물며 아무 형체도 없고, 소리나 냄새도 없는 것을 관찰하고, 그로부터 무언가를 발견한다는 것은 두말할 필요도 없이 쉽지 않은 일이다. 다행인 것은 뇌는 무언가에 관심을 갖는 순간 마치 다른 존재처럼 행동한다는 점이다. 관심을 갖는 대상으로 온 신경회로가 정렬되는 것이다.

누구나 경험할 수 있는 현상 중에 '컬러 배스 효과color bath effect'라는 것이 있다. 한 가지 색에 관심을 가지게 되면 그 색을 가진 사물들이 눈에 두드러지게 띄게 되는 효과를 말한다. 만약 빨간색에 관심을 가지면 주위에서 빨간색을 지닌 사물만, 파란색에 관심을 가지게 되면 파란색을 가진 사물만 눈에 들어온다. 내가 어떤 옷을 입고 나가면 그 색깔과 비슷한 옷만 눈에 띄는 것처럼. 이렇듯 평소에는 무심코 지나쳤던 것들이 의식하기 시작하면 새롭게 보이기 시작하는 경험을 컬러 배스 효과라고 한다.

'칵테일 파티 효과cocktail party effect' 역시 동일한 현상을 나타낸다. 일반적으로 칵테일 파티는 수많은 사람들이 참석해 쉴 새 없이 이야기를 나누기 때문에 옆 사람의 말소리조차 잘 들리지 않을 만큼 시끄럽다. 그런데 이러한 상황에서도 누군가 내 이름을 언급하거나 내 이야기를 하게 되면 희한하게도 그 소리가 귀에 쏙 들어오는데 이를 칵테일 파티 효과라고 한다. '선택적 주의' 혹은 '선택적 편향'이라고 하는데 무언가에 관심을 갖게 되면 뇌 안의 필터들이 관련된 정보들을 더욱 강력하게 걸러냄으로써 주의를 기울이기 쉬워진다. 마치 사방으로 흩어져 있던 못들이 자석을 갖다 대면 한쪽 방향으로 일제히 정렬하는 것처럼 뇌 안의 신경회로들도 관심을 가지는 분야로 일제히 정렬하기 때문이다.

무언가에 대한 관심이 높아질수록 시각이나 청각, 촉각, 후각 등 모든 감각기관은 관심을 가진 대상으로 쏠리게 되고 더욱 높은 인지활동과 지각이 일어나게 된다. 누군가에게 관심을 가지게 되면 그 사람의 일거수일투족이 빠짐없이 눈에 들어오는 것처럼 말이다. 그러므로 관찰력을 높이기 위해 가장 먼저 해야 할 일은 관찰이라는 행위 자체에 관심을 갖는 것이다. 의식적으로 주의를 기울이고 살펴보다 보면 같은 대상이나 같은 상황도 전혀 다른 관점에서 접근하게 되고 관찰력도 높아지게 된다.

달라진 지점을 캐치하라

관찰력을 기르기 위해서는 동일한 환경이나 동일한 사물, 동일한 사람을 정해 놓고 일정 기간 동안 꾸준하게 바라보는 훈련을 하는 것이 좋다. 일반적으로 우리가 일상생활에서 접하는 모든 환경이나 사물, 주위 사람들은 우리 눈에 익숙해져 있다. 그래서 '평소와 똑같겠거니' 생각하고 무의식적으로 지나쳐 버리는 경우가 많다. 그러나 사실 주변의 모든 것들 중 고정되어 있거나 사소한 것 하나라도 달라지지 않는 것은 없다. 전철역 앞에 있는 상가의 간판은 매일 똑같은 모습을 하고 있는 것 같지만 어제는 보지 못했던 낙엽이 걸려 있을 수도 있고, 빗물에 얼룩진 자국이 남아 있을 수도 있다. 어제는 불이 들어오던 간판에 전구 하나가 깜빡거리며 눈을 어지럽힐 수도 있고 무언가에 충격을 받아 글자 하나가 떨어져 나갔을 수도 있다.

길거리의 나무들은 계절에 따라 달라짐이 분명하게 나타난다. 봄이면 연두색 새순이 솟아나는가 싶다가 순식간에 나무 전체를 뒤덮는다. 여름이면 그 푸르름이 절정에 올랐다가 가을이 되면 하나둘씩 울긋불긋 물이 들며 나뭇잎이 떨어지고, 겨울이 되면 앙상한 가지만 드러내놓고 얼어붙은 듯 변함이 없다. 하지만 이건 일 년에 걸친 변화를 얘기한 것이고 매일매일의 모습은 빛의 방향에 따라, 바람의 방향과 세기에 따라, 비가 내리고 안 내리고에 따라 보이는 모습과 형태는 시시각각으로 달라진다.

사진작가들 중에는 같은 장소를 수천 번씩 찾아 촬영하는 사람들도 있다. 동일한 장소라 해도 그날의 햇살과 바람과 구름, 하늘의 상태에 따라 보이는 모습은 완전히 다를 수밖에 없으며 그 장면을 카메라에 담는 작가의 마음상태에 따라서도 매번 색다른 작품을 만들 수 있다고 한다. 다음 페이지의 사진 역시 한 사진작가가 계절마다 같은 장소에서 촬영한 장면이다. 동일한 장소에서 찍은 사진임에도 만약 네 작품을 멀리 떨어뜨려놓고 전시한다면 그 누구도 네 장의 사진이 동일한 장소라 여기지 않을 것이다.

사람이나 집에서 기르는 반려동물처럼 살아 움직이는 것들은 어떻겠는가. 우리는 매일 집에서 똑같은 식구들을 만나고 직장에 나가서도 매일 마주치는 사람들을 보며 당연히 똑같겠거니 생각하지만 그들은 단 하루도 똑같았던 날이 없다. 간밤에 친구들을 만나 밤늦게까지 즐거운 시간을 보낸 덕분에 피곤함이 남아 있을 수도 있고, 집안의 누군가와 말다툼을 해 기분이 언짢아 있을 수도 있다. 좋지 않은 꿈을 꿔

마음이 뒤숭숭할 수도 있고, 특별한 이유 없이 기분이 좋을 수도 있다. 이러한 사소한 변화는 드러나지 않을 것 같지만 자세히 관찰해보면 그 미묘한 차이를 발견할 수 있다. 만일 이런 변화를 알아차리지 못하면 기분이 안 좋은 사람에게 '얼굴이 활짝 폈네. 무슨 좋은 일 있어?'라고 묻거나 근심걱정이 있는 사람에게 '좋은 아침이야'라며 눈치 없는 인사를 건넬 수 있다.

남자들이 무서워하는 여자의 질문 중 하나가 '나 뭐 달라진 거 없어?'이다. 원치 않는 말다툼의 시작이 될 수 있음을 잘 알기에 이 말을 들으면 남자들은 가슴이 쿵 하고 내려앉는 기분을 느낀다. 사실 남자들은 세부적인 사항을 보는 것에 약하다. 주방에서 바로 눈앞에 있는데도 물건을 찾지 못해 아내에게 타박을 받는 것이 남자의 특성이다. 오죽하면 〈캐나다 의학협회 저널〉에서는 이러한 현상에 '냉장고 맹시(refrigerator blindness)'라는 이름까지 붙였을까. 한편으로는 으레 그러려니 하는 생각 때문에 눈여겨보지 않았기 때문일 수도 있다. 평소 신경을 써서 관찰을 했다면 그 변화를 알아차릴 수 있었을 텐데 관찰하지 않았기 때문에 모르는 것이다.

주변에서 자주 접하는 것들에 대해 으레 평소와 다름없다고 생각하지만 세상의 모든 것들은 다 변한다. 자전거나 택시, 아내의 헤어스타일이나 직장 동료의 옷차림 등 한 가지 주제를 정해놓고 매일매일 관찰을 하며 달라진 점을 찾으려고 해보라. 길을 다니는 사람들의 표정을 살피다 보면 표정의 변화를 통해 경기가 좋아지는지 나빠지는지 알 수 있을지도 모른다. 사람들의 옷차림이 달라지는 것을 주의 깊게 살펴보다 보면 트렌드의 변화를 눈치 챌 수 있을지 모른다. 사람들이 손에 들고 다니는 물건을 보면 요즘 사람들 사이에서 유행하는 것이 어떤 아이템인지 알게 되거나 사람들의 머리를 살펴보면 요즘 유행하는 헤어스타일이 어떤 것인지 알게 된다.

시대가 급격하게 바뀌면서 사람들의 성장환경도 시시각각으로 달라진다. 60년대나 70년대 생이 자란 환경과 80년대, 90년대 생이 자란 환경이 동일할 수 없다. 더 나아가 2000년대 생이 자란 환경은 더욱 다르고 이러한 다름은 사고와 행동의 변화를 수반한다. 이러한 다름을 보지 못하고 과거 자신이 성장했던 환경의 잣대를 일률적으로 들이대면 갈등이 발생할 수밖에 없다. '세대갈등'이라고 하는 것이 결국 다름을 보지 못하고 획일화된 사고를 강요함으로써 일어나는 것인데 특히 이런 문제로 어려움을 겪는 곳 중의 하나가 직장이다. 임원이나 부장, 팀장 자리에 있는 60년대나 70년대 생의 사람들이 80년대나 90년대 생을 자신이 직장생활을 하던 과거의 스타일대로 움직이길 바란다면 반드시 충돌이 생길 수밖에 없다. '꼰대'나 그를 비꼬는 '라떼'라는 말, 그리고 상대적으로 '요즘 애들은…' 하며 평가절하 하는 말들은 그래서 생겨난다.

《90년생이 온다》라는 책을 쓴 임홍택 씨는 80년대 생으로 평범한 직장생활을 하는 직장인이었다. 그가 쓴 책은 수십만 부가 팔리는 초대형 베스트셀러가 되었고, 대통령이 참모들에게 일독을 권하면서 더욱 화제가 되었다. 그는 초창기에는 회사의 인사교육팀에서 신입사원들을 교육하는 일을 맡았는데 90년대 생 신입사원들이 별반 다르지 않을 것이라 여겼고 그래서 신입사원들을 자신이 직장생활을 하던 방식으로 대했다고 한다. 그러는 과정에 점점 자신이 그들과 대화가 통하지 않는 존재가 되고 있음을 알게 되었다. 그들이 사용하는 언어를 이해할 수 없었고 그들 이야기의 맥락을 파악하지 못하면서 그들이 자신과 다르다는 것을 알게 되었다. 이러한 깨달음이 계기가 되어 90년대 생 신입사원들에게 관심을 갖고 관찰하기 시작했는데 뉴스를 캡처하고, 언어를 정리하면서 자료들을 모았다. 80년생이나 90년생이나 모두 2000년 이후 성인이 된 사람들이기에 '밀레니얼 세대'라고 묶을 수 있지만 그렇게 크게 묶어서는 다른 점을 찾아낼 수 없기에 밀레니얼 세대보다 80년대 생, 90년대 생 등으로 나누어 보려고 했다. 비록 10년밖에 차이가 안 나지만 기술의 발달로 인해 라이프스타일이 급격히 변하는 요즘 같은 환경에서는 10년 사이에도 큰 차이가 나타날 수 있음을 깨달은 것이다.

그는 90년대 생에 대해 본질적인 차이는 없지만 기성세대처럼 '참는 것이 미덕'인 환경이 아닌 '참을 필요가 없는' 환경에서 살아왔고 당연히 그걸 표출하는 세대라고 정의한다. 80년대 생도 동일한 마음을 갖고 있긴 하지만 굳이 표출하진 않는다는 점이 다르다. 이들은 회사에서도, 소비자의 입장에서도 다르게 생각하고 행동하는데 기업과 사회는 이것을 따라가지 못하기 때문에 갈등이 생기는 것이라고 한다. 90년대 생과 함께 직장생활을 한 사람이 임홍택 씨 혼자만은 아닐 것이다. 하지만 그는 세대가 달라짐에 따라 자라난 환경이 달라지고 그것이 사고와 행동에 영향을 미침으로써 그들을 이해하고 대하는 방식도 달라져야 한다고 내다봤고 그것을 책으로 엮어냄으로써 큰 성공을 거두게 된 것이다.

우리 속담에 10년이면 강산이 변한다는 말이 있다. 그 속담이 만들어진 시기에는 인위적으로 산을 깎고 터널을 뚫거나 물길을 돌려놓는

토목공사도 없었음에도 불구하고 자연적으로 강산이 변할 정도라는 것은 우리 주변의 모든 것들이 쉬지 않고 달라지고 있음을 나타낸다. 사람들의 욕구가 달라지고 그에 따라 추구하는 가치도 끊임없이 변하기 마련이다. 10년 후의 세상은 지금과 또 크게 달라져 있을 것이다. 무언가 한 가지 주제를 정해놓고 꾸준하게 달라지는 것을 관찰하다 보면 어느 순간 모든 것이 같지 않다는 것을 깨닫고 조금 더 큰 틀에서 변화의 내용을 파악할 수 있는 관찰의 힘이 길러질 수 있다.

당연한 것, 사소한 것을 놓치지 마라

우리는 깨어 있는 모든 순간에 의식적으로 사고하고 행동한다고 생각하겠지만 그건 착각에 불과하다. 사실 의식적으로 생활하는 순간보다 무의식적이거나 습관적으로 생활할 때가 훨씬 많다. 예를 들어 운전할 때를 생각해보자. 운전을 할 때는 앞이나 옆, 때로는 뒤까지 사방을 잘 살피며 차를 조작해야 하지만 이 모든 일들은 의식하지 못하는 상태에서 습관적으로 이뤄지는 경우가 많다. 낯선 길을 갈 때는 내비게이션의 지시를 따르기 위해 주의를 기울이기도 하지만 회사와 집을 오가는 것처럼 익숙한 길에서는 거의 의식을 하지 않고 운전을 한다. 차를 조작하는 방법도, 지나는 길도, 운전하는 요령도 몸에 익숙하게 배어 있기 때문이다.

인간의 두뇌는 효율을 추구하는 신체기관이다. 몸에서 사용되는 에너지의 20퍼센트가 두뇌에서 소모되는데 그러다 보니 가급적이면 에너지를 아껴 쓰려는 노력을 한다. 가장 좋은 방법은 효율을 높이는 것이다. 인풋은 적게 하면서 원하는 아웃풋을 만들어내야 하는데 에너지 소모를 최소한으로 하면서 결과를 도출하기 위해서는 많은 일들을 자동화할 필요가 있다. 무언가 제품을 만드는 제조공정에서 일일이 손으로 할 때보다 로봇이나 컨베이어 시스템을 이용해 자동으로 공정을 처리하면 생산성이 폭발적으로 늘어나는 것과 같다. 뇌에서도 익숙한 일, 자주 하는 일은 의식하지 않고 자동적으로 처리하려고 한다. 의식한다는 것은 사고 작용을 한다는 말이고, 사고 작용에는 엄청난 에너지가 필요하기 때문이다. 중요한 시험을 보고 나면 진이 빠지는 느낌이 드는 이유도 사고작용에 에너지를 소진하기 때문이다. 편견이나 선입견, 자기가 편한 대로 생각하는 자기 편향적 사고 등이 생겨나는 이유도 바로 이 때문이다. 무언가 외부에서 정보를 받아들일 때 자신이 정해 놓은 사고의 프레임에 넣어보고 맞으면 받아들이고 맞지 않는 정보는 버리면 되니 에너지를 많이 소모하지 않고도 쉽게 판단할 수 있는 것이다.

이런 식의 사고를 '자동조정방식' 혹은 '기계화'라고 한다. 우리가 일상생활에서 보고, 듣고, 경험하는 일들의 대부분은 익숙한 것들이다. 집에 있는 모든 물건들, 집이나 회사에서 만나는 모든 사람들, 회사에서 하는 모든 일들, 회사에서 집을 오가는 과정에 만나는 모든 주위 풍경들은 모두 낯익은 것들이다. 무언가 처음 해본 일도 자주 접하다 보면 그것을 처리하는 과정은 시간이 지나면서 기계처럼 자동적으로 이루어지게 된다. 이렇게 사고가 자동적으로 이루어지게 되면 주위에서 바라보는 모든 것들을 당연하게 여기게 된다. 문제는 '당연하다'는 인식이 덫이 될 수 있다는 것이다. 무언가를 당연히 여기는 순간 그것에는 더 이상 관심을 갖지 않게 되고 따라서 주의를 기울이지 않게 된다. 관심을 갖지 않고, 관찰하지 않게 되면 새로운 것을 발견할 수도 없다.

생리대는 두말할 것도 없는 여성용품이다. 생리대를 사용하는 남자는 세상에 없으니 말이다. 누구도 남성들을 위한 생리대에는 관심을 갖지 않았다. 하지만 일본에서는 생리대를 사용하는 남성들이 늘어나고 있다고 한다. 주로 전문적으로 운전을 하는 사람들이나 모델, 치질환자, 군인 등이 사용한다고 한다. 운전직 종사자의 경우 장시간 자리에 앉아 있다 보면 엉덩이가 아파오고 치질 등의 질환에 걸릴 우려도 높다. 이때 생리대를 사용하면 폭신한 느낌을 주기 때문에 그만큼 피로가 덜 생기고 치질의 위험도 줄어들어 트럭 운전자들 사이에서는 비밀스러운 노하우로 통할 정도라고 한다. 모델의 경우 나이가 들어서도 계속 활동을 하지만 배변처리 기능이 떨어짐에 따라 잔뇨가 속옷이나 바지에 묻는 경우가 많다. 얇은 옷을 입는 여름이면 속옷이나 바지에 묻은 잔뇨가 금방 표시가 나 곤란한 경우가 많이 생긴다. 치질환자에게는 환부가 의자 등 딱딱한 표면에 직접적으로 닿는 것을 줄여주는 완충작용을 해 편안함을 느낄 수 있게 해준다. 그렇다면 여성이 사용하는 생리대와 다른, 남성 전용의 생리대가 있다면 어느 정도의 매출은 올릴 수 있지 않을까? 생리대를 쓰는 남자들이 일본에만 있지는 않을 것이다. 알려지지는 않았지만 국내에서도 생리대를 쓰는 남자들이 있을 것이다. 물론 다른 나라에서도 마찬가지일 수 있다. 당연하다는 생각을 탈피할 때 이렇듯 그 안에서 새로운 기회를 발견할 수 있게 된다.

우리는 자전거에 대해 무척 잘 알고 있다고 생각한다. 자전거를 탈 줄 아는 사람들이 많고, 길을 다니다 보면 하루에도 수십 번씩 마주치는 것이 자전거이기 때문이다. 하지만 '당연히' 잘 알고 있다고 생각하는 자전거도 막상 그림으로 그려보라고 하면 제대로 그리는 사람은 얼마 안 된다. 여러분도 한 번 빈 종이를 꺼내 자전거를 그려보라. 특히 많이 헷갈리는 것이 프레임의 형태와 체인의 위치이다. 많은 사람들이 자전거를 그릴 때 마름모꼴로 된 프레임의 형태를 그리지 못한다. 체인의 위치를 앞바퀴와 뒷바퀴를 연결하는 형태로 그리는 경우도 반 이상이다. 자전거의 체인은 중간쯤 위치한 페달로부터 뒷바퀴로 연결되어 있다. 모든 자전거는 후륜구동이다. 많이 타봤고 하루에도 수십 번씩 마주치는 자전거를 제대로 그리지 못하는 이유는 자신이 자전거에 대해 잘 알고 있다고 '착각'하기 때문이다. 당연히 잘 알고 있는 만큼 관찰할 필요가 없다고 여기고, 제대로 관찰하지 않았기 때문에 모르는 것이다. 우리 주위에서 매일 사용하다시피 하는 물건들 대다수가 그렇다.

그러므로 관찰역량을 높이기 위해서는 머릿속에서 '당연하다'고 여기는 생각을 지워야 한다. 당연하다고 여기는 것들 속에 삶을 바꿀 새로운 것이 숨어 있을 수도 있기 때문이다. 당연하다는 생각 대신 질문을 던져보면 좋다. '만약(what if)'이나 '왜(why)'와 같은 질문을 던지며 당연한 것에 의문을 가지면 그동안 보지 못했던 새로움을 발견할 수 있다. 자전거를 예로 들어보면 다음과 같은 질문들을 생각해볼 수 있을 것이다.

만약 자전거 손잡이가 자동차 핸들처럼 둥글게 생기면 어떤 일이

벌어질까?

만약 자전거 바퀴에 살이 없으면 어떻게 바퀴를 지탱할까?

만약 자전거에 페달이 없으면 어떻게 구동을 해야 할까?

만약 자전거 페달을 원형이 아니라 피스톤처럼 직선으로 밟으면 어떻게 될까?

왜 자전거는 앉아서 타야만 할까?

왜 자전거는 발로 밟아서 가야만 할까?

왜 자전거는 체인이 있어야 할까?

이 외에도 더 많은 질문을 던져볼 수 있을 것이다. 이러한 의문을 가지고 자전거를 바라보면 그 안에서 새롭게 보이는 것들이 생길 수 있고, 그로부터 가치를 높일 수 있는 아이디어를 떠올릴 수 있게 된다. 특히나 일상에서 접하는 사소한 일들이라면 더욱 그렇다.

사소한 일들일수록 효율을 중시하는 뇌는 그냥 지나치려고 하고 새로움을 발견할 기회는 멀어진다. 중요한 것에 주의를 기울여야 한다는 생각 때문에 사소한 일에는 관심을 두지 않으면 마땅히 보아야 할 것을 못 보고 지나치게 된다. 앞서 언급한 사이먼스와 차브리스에 의하면, 사람들에게 무언가를 자세히 살펴보라고 하고 주변에서 예기치 않은 일이 벌어져도 최소 50퍼센트는 그 사건을 보지 못한다고 한다. 선택적 주의가 부주의 맹시를 이끌어내기 때문인데 이 현상은 특정 분야의 전문가가 익숙한 일을 수행하는 동안 훨씬 더 심각하게 나타난다. 그들은 2013년에 방사선 전문의들을 대상으로 한 가지 실험을 수행했다. 일반적인 결절보다 48배나 큰 고릴라 이미지를 방사선 사진에 겹쳐 보여주면서 암이 있는지 확인해달라고 한 결과 무려 83퍼센트가 암은 발견했지만 고릴라의 이미지를 알아차리지는 못했다. 이처럼 관심을 갖지 않으면 놓치고 지나치는 것들이 많은데 사소하고 당연하다고 여기는 것일수록 그 가능성은 더욱 높아진다. 하지만 사소함 속에서 가치 있는 발견을 이룰 기회는 무궁무진하다.

세계적인 건축가 중 한 명인 안도 다다오는 우연히 중고서점에 들렀다가 세계적인 거장 '르 코르뷔지에Le Corbusier'의 작품집을 보게 된다. 별 생각 없이 펼쳐본 그 책에서 그는 형언할 수 없는 깊은 감동을 받고, 그 순간부터 닥치는 대로 르 코르뷔지에의 책을 읽고 설계도면을 필사하면서 건축가의 길로 들어서게 되었다. 바흐가 작곡한 '마태 수난곡'은 작곡 직후 악보가 분실돼 찾을 수 없었다. 그러던 어느 날, 푸줏간에 들른 멘델스존이 포장지에 적힌 악보를 보고 그것이 바흐의 곡임을 알아보았다. 사소한 것을 놓치지 않고 눈여겨 살펴본 덕분에 바흐의 작품은 100여 년 만에 세상의 빛을 보게 된 것이다.

우리는 주변의 사소한 것들에 대해 너무나 당연한 시선으로 바라보지만 이 세상에 존재하는 것들 중 처음부터 위대하게 태어난 것은 아무 것도 없다. 노자의 《도덕경道德經》에 '필작어세必作於細'라는 말이 등장한다. 천하의 큰일도 반드시 작은 일에서부터 시작된다는 뜻이다. 한비자는 '천 길 제방도 땅강아지나 개미의 작은 구멍으로 무너지고 백 척 높이의 고대광실도 아궁이 틈에서 나온 작은 불씨 때문에 타버린다'고 했는데 노자나 한비자의 말은 모두 '작고 사소함'의 중요성을 설파한 말들이다.

다른 사람이 보지 못하는 가치를 발견하기 위해서는 다른 사람들이 주목하지 않는 일상 속의 사소함에 관심을 기울여야 한다. 모든 뛰어난 아이디어의 씨앗은 일상에 널린 사소함 속에 숨어 있기 때문이다. 그 숨어 있는 씨앗을 발견하면 위대한 인연을 맺을 수 있지만 그저 스쳐 지나가면 먼지처럼 사라지고 말 뿐이다. 일상생활 속에 담긴 사소함을 잘 관찰하게 되면 다른 사람들이 보지 못하고 지나쳐 간 기회를 잡을 수 있을지도 모른다. 그리고 사소한 것에 관심을 기울이기 위한 출발점은 '당연하다'는 생각을 벗어 던지는 것이다.

남들과 다르게 보라

안도현 시인이 쓴 '스며드는 것'이라는 시를 살펴보자

꽃게가 간장 속에

반쯤 몸을 담그고 엎드려 있다

등판에 간장이 울컥울컥 쏟아질 때

꽃게는 뱃속의 알을 꺼안으려고

꿈틀거리다가 더 낮게

더 바닥 쪽으로 웅크렸으리라

버둥거렸으리라 버둥거리다가

어찌 할 수 없어서 살 속으로 스며드는 것을

한 때의 어스름을

꽃게는 천천히 받아들였으리라

껍질이 딱딱해지기 전에

가만히 알들에게 말했으리라

저녁이야

불 끄고 잘 시간이야

간장게장을 무척이나 좋아하지만 이 글을 보는 순간 마치 둔탁한 물체로 머리를 얻어맞은 듯한 기분이 들었다. 단지 맛있는 음식 정도로만 생각했건만 따가운 간장에 절여질 때 게가 감당해야 할 고통을 입장 바꿔 생각해본 적은 없었다. 지나치게 의인화된 느낌이 있기도 하지만 과한 언어 하나 없이 감성적으로 공감을 이끌어내도록 만드는 시인의 글 솜씨에 절로 감탄이 나왔다.

이 시를 보면 안도현 시인이 사물을 바라보는 관점은 일반 사람들과는 사뭇 다르다는 것을 느낄 수 있다. 사람들은 아무렇지 않게 살아 있는 생명에 간장을 들이 붓고 맛있는 음식으로 탄생하길 바라지만 생

영화
〈캐치 미, 이프 유 캔〉
실제 주인공
애버그네일 주니어

명을 품은 게의 입장에서는 무척이나 억울하고 안타까웠을지도 모를 일이다. 이 시를 읽고 나면 간장게장을 먹을 때마다 목이 멜지도 모른다. 이렇듯 평소에 바라보는 것과 다르게 사물이나 상황을 바라보게 되면 이전에는 보이지 않던 것들이 보이게 되고 이는 새로운 아이디어, 창의적인 생각으로 연결될 수 있다.

레오나르도 디카프리오 주연의 영화 〈캐치 미, 이프 유 캔Catch me, if you can〉은 천재적인 사기꾼 프랭크 W. 애버그네일 주니어Frank W. Abagnale Jr.의 이야기를 다룬 영화다. 이 주인공은 천재적인 두뇌를 이용해 청소년 시절부터 온갖 범죄를 저지르고 다니다 결국 FBI에 체포된다. 12년 형을 선고 받았으나 5년만 복역한 후 FBI의 제안을 받아들인다. 그가 가진 천재적인 재능을 법률 공무원과 위조수표 발행범을 잡는 FBI 요원들에게 전수하는 조건이었다. 그도 그럴 것이 그는 명실공히 금융 사기와 위조 분야에서 세계 최고 전문가이다. 그가 발명해 낸 위조 방지 수표들은 금융권과 포춘지 선정 500대 기업에서 매일 사용하기 때문이다. 범죄자를 FBI의 협력자로 고용한다는 것은 상식적으로 생각하기 어려운 일이지만 이로 인해 그는 수많은 위조수표범들을 체포하는 데 혁혁한 공을 세운다. 기존의 틀을 깨고 새로운 방식으로 접근한 것이 오히려 큰 성과를 가져온 것이다. IT 기술이 발달하면서 개인이나 공공기관의 컴퓨터에 침입해 프로그램을 망가뜨리거나 바이러스를 퍼뜨리는 해커들을 고용해 다른 해커의 침입을 막는 보안 시스템을 만드는 것도 비슷한 맥락이라고 할 수 있다.

사람들은 획일적인 교육기관에서, 획일적인 콘텐츠로, 획일적인 방식의 교육을 받아온 탓에 사고나 행동에 있어 정형화되기 쉽다. 물론 개인의 성향이나 환경에 따라 신념이나 태도는 편차가 생기기 마련이지만 사회적으로 규범화되어 있는 것들에 대해서는 의심 없이 받아들이기 십상이다. 그러다 보니 특정 분야에 대해서는 획일적인 사고가 자리 잡게 되고 새로운 가치가 만들어지기 어렵다. 디즈니 애니메이션에 등장하는 여자 주인공들이 전형적인 사례이다. 과거 디즈니 애니메이션의 여자 주인공들은 한결같이 똑같았다. 긴 금발머리에 하얀 피부, 보호본능을 일으키는 가냘프고 약한 모습, 늘씬하면서도 뛰어난 외모 등 내용에 따라 주인공은 달라져도 그들 사이에는 늘 공통적인 특성들이 있었다. 이러한 특성들은 '공주는 마땅히 그래야 해'라는 고정관념을 심어주게 되었고 모든 사람들이 그런 모습을 당연하게 여겼다. 하지만 이렇게 천편일률적인 사고와 180도 다른 각도에서 접근한 것이 〈슈렉〉에 등장하는 피오나 공주였다. 공주는 가냘프고 예쁘며, 날씬해야 한다는 생각을 벗어나 못생기고 왈가닥스럽지만 당당하게 자기주장을 펼칠 수 있는 인물로 그려보자는 생각이 대박을 터뜨린 것이다.

매튜 본의 백조의 호수 ⓒJohan Persson

　미국의 여성학자인 바버라 G. 워커Barbara G. Walker는 '미녀', '왕자', '소년' 등으로 획일화되어 있던 고전 동화들을 다른 관점에서 다룬《흑설공주 이야기Feminist Fairy Tales》라는 책을 펴내 화제를 일으켰다. 이 책에서 백설공주는 '흑설공주'로, 개구리 왕자는 '개구리 공주'로, 벌거벗은 임금님은 '벌거벗은 여왕님'으로 등장한다. 미녀와 야수는 '못난이와 야수'로 바뀌는데 남성중심의 사회에서 여성에 대한 편견을 깬 책이라 할 수 있다. 안무가 매튜 본Matthew Bourne 역시 하늘하늘하고 가냘픈 발레리나가 주를 이루는 '백조의 호수'를 근육질의 발레리노가 주를 이루는 '매튜 본의 백조의 호수'로 재해석해 센세이션을 일으켰다.

　앞서 박진영 씨의 성공사례를 짧게 다루었다. 그는 글로벌 시장에서 통할 수 있는 '비'나 '원더걸스' 같은 월드스타를 키우기 위해 그들에게 중국어와 영어, 일본어 등의 언어를 가르치는 것도 게을리 하지 않았다. 이들뿐 아니라 보아나 동방신기와 같은 스타들이 현지의 팬들과 자유롭게 소통할 수 있을 만큼 현지인 못지않게 유창한 외국어를 구사한다. 하지만 이들과 달리 명실공히 월드스타로 성장한 BTS는 한국어를 사용하고 한국의 스타일을 고집한다. BTS를 키워낸 빅히트 엔터테인먼트의 방시혁 대표는 모든 월드스타들이 현지의 언어를 사용하는 것을 벗어나 우리 것으로 승부하면 승산이 있겠다는 생각을 하게 되었다. 마침 한류 열풍으로 한국어에 대한 세계인의 관심이 높아지고 있는 상황이기도 했다. 그는 남들이 만들어 놓은 길을 무조건 따르지는 말라고 한다. 남이 만들어놓은 목표와 꿈, 남이 만들어 놓은 길을 무작정 따르다보면 결국은 좌절하고 불행해지는 경우가 많기 때문이다. 그리고 세상 사람들이 모두 안주하며 따르는 길이 항상 옳은 것은 아니라고 강조한다. 획일적인 하나의 길에서 벗어나 자신만의 길을 걸을 필요도 있다고 말이다. 그의 그러한 색다른 관점이 BTS가 세계적인 그룹으로 성장한 원동력이 아닐까.

기존과 다른 시각을 통해 지역 전체의 가치를 올린 사례도 존재한다. 부산과 김해 지역에는 유독 벽화마을이 많은데 그 시초이자 가장 잘 알려진 장소를 꼽으라면 단연 '감천문화마을'이 떠오를 것이다. '문화마을'이라는 이름이 붙기 전까지만 해도 감천은 가난한 사람들이 모여 사는 달동네에 불과했다. 차가 다니는 큰길까지 닿기 위해서는 수많은 언덕길과 계단을 오르내리고 숨이 턱턱 막히는 고생을 감내해야만 했다. 그나마 위안거리라고는 흔해 빠진 빌딩 한 채 없어 시내가 한눈에 내려다보이는 탁 트인 전망을 즐길 수 있다는 것 정도였다. 때문

부산 감천문화마을

에 그곳은 가난한 사람들이 모여 사는 동네로 인식되었고, 마을의 개
발도 요원하기만 했다. 그러던 중 누군가 이 마을의 모습을 기존과는
다른 시각으로 보았다. 꽉 막힌 빌딩숲에 찌들어 사는 도시 사람들에
게 탁 트인 전망을 선사할 수 있다는 것만으로도 관광 명소가 될 수 있
다며 도시재생사업의 일환으로 마을을 꾸며나가기 시작한 것이다. 프
로젝트가 진행되자 마을 곳곳은 아름다운 작품들의 전시장이 되었고
마을 분위기가 순식간에 변화하기 시작했다. 아울러 찾아오는 외지 사
람들 또한 빠르게 늘어났다. 덕분에 부산 감천문화마을은 매년 수백만
명이 다녀가는 관광명소로 탈바꿈했다. 비슷한 시도들이 전국 곳곳에
서 이어지고 있다.

　관점을 바꾸면 그 동안 보지 못했던 새로운 것들이 보일 수 있다.
다음 페이지의 그림 A는 1500년대 이탈리아의 화가였던 주세페 아르
침볼도Giuseppe Arcimboldo의 작품이다. 무엇이 보이는가? 대나무를 엮
어 만든 듯한 바구니 위에 사과와 포도를 비롯해 이름을 알 수 없는 과

A

B

주세페 아르침볼도, 〈과일 바구니〉

THE UPSIDE-DOWNS OF LITTLE LADY LOVEKINS AND OLD MAN MUFFAROO
· THE FAIRY PALACE ·

PLATE III

© Gustave Verbeek

일과 나뭇잎들이 담겨있는 것이 보인다. 흔하디 흔한 정물화라고 생각할 수 있지만 이는 단순한 정물화가 아니다. 주세페 아르침볼도는 이런 류의 그림을 꽤 많이 그렸는데 아마도 보는 관점에 따라 그림이 얼마든지 달라질 수 있다는 것을 보여주고 싶었는지도 모르겠다. 이 그림을 위아래로 완전히 뒤집어보자. 그러면 그림 B로 변화한다. 단순히 과일 바구니 같던 그림이 마치 사람 얼굴처럼 바뀌었다. 그림을 보는 각도만 달라졌을 뿐인데 완전히 다른 그림이 되는 것이다. 위의 그림은 여섯 컷으로 된 일반적인 만화처럼 보이지만 여섯 장면을 읽고 그림을 위 아래로 뒤집어보면 새로운 이야기가 시작된다. 즉, 여섯 칸의 그림 속에 열두 컷의 이야기가 숨어 있는 것이다.

다르게 본다는 것은 다른 사람과 다르게 생각한다는 것이기도 하다. 근현대의 획일화된 교육체계와 집단 교육방식은 일상에서도 고정관념을 심어줄 수 있는데 이로 인해 사람들은 자신이 배우거나 알고 있는 것으로부터 벗어나기가 쉽지 않다. 그리고 그러한 것들이 생각을 제한하는 틀이 돼 새롭고 혁신적인 생각을 떠올리는 데 방해요소가 되기도 한다.

스위스에서 제작한 이 시계의 이름은 '슬로우 와치slow watch'다. 시간은 누구에게나 24시간으로 공평하게 정해져 있고, 시간의 속도 또한 누구에게나 똑같을 텐데 슬로우 와치라니. 선뜻 이해가 가지 않지만 이 시계를 자세히 보면 기존의 시계와 사뭇 다르다는 것을 알 수 있다. 우선 바늘이 하나뿐이다. 시침, 분침, 초침까지 세 개의 바늘로 이루어진 일반적인 시계와는 다르다. 바늘이 가리키는 숫자판도 특이하다. 일반적으로 시계의 숫자판은 12등분으로 구분되지만 이 시계는 24등분으로 구성되어 있다. 출발점도 기존의 12시 위치가 아니라 바닥에 있는 6시 위치에서 시작해 숫자판을 한 바퀴 돌면 24시간이 지난 것이다. 눈금 하나가 15분을 나타내니 시간을 알고 싶을 때는 어림짐작으로 아는 수밖에 없다. 정확한 시간을 알고 싶다면 핸드폰을 들여다보면 된다고 설명한다.

슬로우 와치
(출처_슬로우 와치 홈페이지)

파격적인 이 시계는 꽤 비싼 가격에도 인기리에 팔려 나가고 있다. 숫자판이 24등분 되어 있어 한 바퀴를 도는 데 일반 시계보다 두 배의 시간이 걸린다. 또한 정확한 시간을 알 수 없다보니 상대적으로 마음의 여유를 느낄 수 있을 것 같기도 하다. 이 시계의 이름이 슬로우 와치인 이유도 그러한 것 때문이 아닐까.

사람들의 생각은 다양한 스펙트럼을 가지고 넓게 펼쳐져 있는 듯 보이지만 때로는 지나치게 획일적이기도 하다. 그로 인해 다른 사람과 동일한 생각에서 벗어나지 못하고 몰개성의 시대를 살아가기도 한다. 사람들이 상식이라 여기며 의심하지 않는 것들을 거꾸로 보면 파격적인 변화를 이끌어낼 수 있다. 기존과 다른 시각, 다르게 보는 힘이 필요한데 그러기 위해서는 다음과 같은 훈련을 해보는 것이 좋다.

먼저 '의도적으로 낯설게' 보는 것이다. 스탠퍼드대학교의 로버트 서턴Robert Sutton 교수는 무언가 처음 보는 것이 낯익게 느껴지는 기시감旣視感인 '데자뷰De ja vu'를 거꾸로 한 '뷰자데Vu ja de'라는 용어를 만들어냈는데 이는 익숙한 것을 낯설게 바라보는 시각이나 느낌을 기를 필요가 있다는 것이다. 이를 '신시감新視感'이라고 한다. 비록 낯익은 환경일지라도 평소와 다른 시각으로 낯설게 바라보면 지금까지 바라본 것과는 다른 새로운 세상을 발견하게 된다. 그래서 '뷰자데'는 '낯설게 하기'라고도 한다. 집이나 사무실에 있는 낯익은 사물들, 혹은 자신이 하는 일, 그곳에서 만나는 사람들을 익숙함이 아니라 낯선 시각으로 보게 되면 새로움을 발견할 수 있다.

예를 들어 직장에 들어가면 멘토로부터 업무를 전수받는다. 처음에는 낯선 일이다 보니 그 일에 익숙해지기 위해 멘토의 가르침을 충실히 따르지만 시간이 지나면 일에 익숙해지고 당연히 그 일은 그렇게 해야 하는 것이라고 여겨 관습적으로 일을 한다. 그러다 보면 자신이 일하는 방식에 대해 의문을 가질 기회가 사라지고 불합리한 요소가 있더라도 보다 효율적으로 프로세스를 개선할 기회를 발견하지 못하게 된다. 하지만 자신의 일을 낯설게 바라보면 '내가 지금 이 일을 왜 이렇게 하지?'라고 의문을 가질 수 있는 부분을 찾아내고 프로세스를 바꿀 수 있다.

프랑스의 화가 앙리 마티스는 말년에는 2미터가 넘는 긴 붓을 들고 캔버스에서 멀찍이 떨어진 채 그림을 그렸다고 한다. 그뿐 아니라 자신이 그리던 방식에서 벗어나 다양한 방법으로 그리는 시도를 자주 했다. 오랜 세월 동안 그림을 그리면서 자신의 창작활동이 익숙해지고 그러다 보면 새로운 느낌을 가지기 어렵기 때문에 의도적으로 다른 방식으로 그림을 그리려고 했던 것이다.

두 번째 방법은 사물의 쓰임새를 다르게 보는 것이다. 예를 들어 책상 위에 놓인 연필을 떠올려보자. 연필의 용도는 글을 쓰는 것이다. '연필=글을 쓰는 도구'라는 생각이 굳어져 있는데 이렇게 용도를 고정시키면 그 외의 다른 생각은 할 수 없다. 하지만 연필이 연필이 아닌 순간 그것은 다른 무엇인가가 될 수밖에 없다. 그 무엇은 왜 책상 위에 놓여 있는 걸까? 누군가를 찌르기 위한 도구일까? 아니면 종이가 날아가지 않게 눌러놓는 문진 역할을 하는 걸까? 아니면 이도 저도 아닌 색다른 용도를 가진 걸까? 그렇게 고민하다 보면 연필에 대한 고정관념에서 벗어나 비녀처럼 머리를 고정시키는 도구 또는 젓가락 대용 같은 이전에 볼 수 없던 새로운 용도를 발견할 수 있다는 것이다.

장자의 《소요유逍遙遊》에 이런 이야기가 나온다. 송나라에 살던 한 사람이 겨울에 손이 트지 않게 하는 약을 만드는 비법을 가지고 있었다. 이 기술을 이용해 남의 집 솜을 빨아주는 일로 생계를 이어나가고 있었다. 어느 날, 한 사람이 찾아와 그 처방을 백금에 사겠다는 제안을 했다. 백금이라는 말에 송나라 사람은 크게 기뻐하며 기꺼이 그 처방을 팔아넘겼다. 처방을 구입한 사람은 그 길로 오나라 왕을 찾아가 그 약을 바르면 겨울에도 손이 트지 않아 병사들에게 큰 도움이 될 수 있다며 활용해보라고 설득했다. 오나라 왕은 그의 말을 믿고 병사들에게 그 약을 사용하게 했는데 과연 겨울철이 돼도 손이 트지 않아 월나라와의 전투에서 크게 승리할 수 있었다. 이에 오나라 왕은 비법을 건넨 남자에게 땅을 하사했다.

똑같이 손을 트지 않게 만드는 기술이지만 한 사람은 그것을 남의 솜을 빨아주는 일에 적용하며 평생을 힘들게 살았고, 다른 한 사람은 전쟁에 나서는 병사들에게 적용함으로써 손쉽게 큰돈을 벌 수 있었다. 동일한 사물에 대해 단지 쓰임새만 다르게 보았을 뿐인데 두 사람이 얻게 된 결과는 천지차이였다.

다르게 보기 위한 세 번째 방법은 다양한 각도에서 보는 것이다. 마치 옷을 살 때처럼 말이다. 옷을 살 때는 옷이 잘 맞는지, 옷태가 나는지 파악하기 위해 거울에 자신의 모습을 비춰본다. 하지만 그 누구도 앞모습만 보고 옷을 사는 사람은 없다. 옆으로 돌아서서 옆모습을 보기도 하고 고개를 한껏 돌려 뒷모습까지 살펴보며 옷이 잘 어울리는지 본 후 산다. 사람의 눈은 앞쪽을 보도록 만들어져 있기 때문에 신경을 쓰지 않으면 눈에 보이는 것만 보게 된다. 하지만 의도적으로 옆에는 뭐가 없을까, 뒤에는 색다른 것이 없을까 하고 살펴보아야 한다. 가

꿈은 거꾸로 보는 연습도 필요하다. 그러다 보면 완전히 새로운 작품이 나올 수도 있다.

　바닥은 땅, 지붕은 하늘로 향해 있어야 한다는 고정관념을 벗어나 바닥과 지붕의 위치를 완전히 거꾸로 뒤집어 놓은 집이다. 밖에서 보는 모습뿐 아니라 내부의 모습도 일반적인 집과 달리 거꾸로 배치되어 있다. 물론 사람이 중력을 거스르고 거꾸로 매달려 생활할 수 없으니 내부에서는 평소처럼 똑바로 서서 지내야 하지만 적어도 사람들이 가진 고정관념을 깨고 관심을 끄는 데는 성공할 수 있을 듯싶다.

　이렇듯 생각을 뒤집어보면《벤자민 버튼의 시간은 거꾸로 간다》같은 명작이 탄생할 수도 있다. 일반적인 아이들이 갓난아기의 모습으로 태어나 시간이 지나면서 노화되는 것과는 달리 벤자민 버튼은 노인의 모습으로 태어나 시간이 가면서 갓난아기의 모습으로 변한다. 주위 사람들이 점점 늙어가는 동안 자신의 모습은 점점 젊어지는 것이다. 시간이 거꾸로 흘러감으로 인해 나타나는 주위 사람들과의 부조화와 시간의 흐름과 육체 변화의 불일치로 인한 혼란이 얼마나 고통스러울지 깨닫게 해준다. 거꾸로 생각하지 않으면 떠올릴 수 없는 기발한 생각이다.

　네 번째는 평소와 다르게 행동해보는 것이다. 우리의 일상생활은 거의 틀에 박혀있다시피 하다. 매일 아침 동일한 시간에 일어나 동일한 과정을 거쳐, 동일한 시간에, 동일한 교통수단을 타고, 동일한 시간에, 동일한 일터에 나가, 동일한 일을 하다 돌아온다. 마치 다람쥐 쳇바퀴 돌듯 살아간다. 그러다 보면 익숙함의 함정에 빠지게 되고 주위의 모든 일들은 당연하게 여겨질 수밖에 없다. 그러므로 평소와 다르게 생활하다 보면 평소 보지 못했던 것들을 볼 수 있는 기회가 생기게 된다. 낮과 밤을 반대로 생활해보거나, 평소와 다른 교통수단을 이용해 출퇴근 해보거나, 평소보다 일찍 집을 나서거나, 잘 먹지 않던 음식을 먹어보거나, 자주 만나지 않던 사람을 만나는 등 일상에 변화를 주며 그 상황을 관찰하는 것이다.

직장이 멀지 않다면 한 번 걸어서 직장까지 가보는 것도 좋다. 아니면 매일 걷던 길이 아니라 새로운 길을 한 번 걸어보라. 다른 사람의 시선을 의식하지 않는 편이라면 뒤로도 한 번 걸어보라. 우리는 매일 같은 길을 가면서 앞면만 보고 다니지만 뒤로 걷다 보면 앞으로 걸을 때 보지 못한 것들을 볼 수 있을지도 모른다.

중립적이고 객관적으로 보라

앞의 그림 속에서 'THE HIDDEN TIGER'를 찾아보라. 제한시간은 30초다. 30초 안에 찾으면 살아남을 수 있지만 만약 그렇지 못하면 살아남기 어려워진다.

답을 찾았는가? 찾은 사람도 있고 못 찾은 사람도 있겠지만 아마도 대다수는 못 찾았을 것이라 생각된다. '월리를 찾아라'와 같은 종류의 게임을 좋아해서 자신 있다고 큰소리치는 사람일수록 못 찾았을 확률이 높다. 그 이유는 이 그림에서 중앙에 보이는 호랑이 말고 어딘가 보이지 않는 곳에 숨어있는 호랑이는 아쉽게도 없기 때문이다.

아마도 대다수의 사람들이 'THE HIDDEN TIGER'를 찾으라고 하는 순간 'Hidden(숨겨진)'이라는 단어에 사로잡혔을 것이다. 그래서 어딘가 보이지 않는 곳에 숨어 있는 호랑이를 찾기 위해 나무 틈 사이나 풀밭 등을 열심히 살폈을 가능성이 높다. 그리고 눈에 두드러지게 보이는 호랑이는 쳐다보지도 않는다. 하지만 그 어디에도 숨어있는 호랑이는 없다. 이 그림에서 찾아야 할 것은 '숨어있는 호랑이'가 아니라 'THE HIDDEN TIGER'이다. 그림이 아닌 글씨 그 자체를 찾으라는 의미다. 그 답은 호랑이의 몸체에 새겨져 있다. 호랑이 그림을 자세히 살펴보면 무늬처럼 보이는 것이 사실 글씨라는 것을 알 수 있다. 만일 'HIDDEN TIGER'라는 글을 보면서 어딘가 찾기 힘든 곳에 호랑이가 숨어 있다고 생각하지 않았더라면 호랑이 몸통에 새겨진 글씨를 더욱 빨리 찾아낼 수도 있었을 것이다.

우리의 뇌는 편견이나 선입견, 고정관념 등에 꽤 익숙해져 있는데 이러한 것들은 관찰을 가로막는 아주 큰 장애물이다. 누누이 말하지만 그러한 것들은 뇌가 정보처리를 빨리 할 수 있도록 사용하는 일종의 거름망이다. 외부로부터 받아들인 정보를 모두 처리하려면 뇌는 용량이 초과돼 견딜 수 없을 것이다. 작은 문제 하나를 처리하는 데도 오랜 시간이 걸리고 효율은 급격히 나빠질 것이다. 이때 자신이 평소 알고 있는 경험이나 지식, 노하우 등을 이용해 정보를 걸러내면 상대적으로 수월하게 사고할 수 있다. 예를 들어 낯선 사람을 만났을 때 그 사람의 말을 믿을 것인가 아닌가를 선택하기 위해 그 사람의 눈을 보고 판단하는 것이다. 그 사람이 나와 눈을 마주치는 것을 어려워하지 않는다면 그 사람이 하는 말에는 거짓이 없고 믿을만하다고 받아들인다. 반면에 눈을 제대로 쳐다보지 못하고 시선이 불안하다고 여겨지면 그의 말은 거짓일 가능성이 높다. 하지만 이는 편견일 수 있다. 그 사람의 말에는 거짓이 없지만 단순히 그 사람이 지나치게 내성적이어서 다른 사람과 눈을 마주치는 데 두려움을 가지고 있을 수도 있다.

남자아이는 무조건 파란색, 여자아이는 무조건 분홍색 옷을 입혀야 한다는 생각은 일반적으로 받아들여지기도 했지만 이 역시 한 시대의 고정관념일 뿐이다. 100년 전만 해도 남자는 분홍, 여자는 파란색이 어울린다고 생각했었다.

이렇게 편견이나 선입견, 고정관념이 머릿속에 자리 잡고 있으면 뇌에서는 정보를 받아들일 때 그 필터를 우선적으로 가동한다. 그리고 그 필터를 통과한 정보들만 받아들인다. 모든 정치인을 부정적으로 생각하면 그들이 베푼 여러 선행이나 올바른 정책들은 보려고 하지 않는다. 그들이 저지른 잘못들만 받아들이면서 자신의 생각을 공고히 해나갈 뿐이다. '내가 저놈들 그럴 줄 알았다니까!' 하는 확증편향과 함께 말이다. 한편으로 보면 편견이나 선입견, 고정관념 등은 그 대상이 되는 것들에 대해 관심을 갖지 않도록 만드는 회피 기제가 되기도 한다. 무조건 피하고 싶은 마음부터 드는 것이다.

따라서 관찰을 잘하는 요령 중 하나는 주관적 판단을 배제하는 것이다. 가급적 객관적인 관점에서 어느 한쪽에 치우치지 않고 중립적인 자세로 보는 것이 중요하다. 주관적인 판단을 하는 순간 정보의 편향, 사고의 편향이 일어나 한쪽으로 쏠린 정보만 받아들이게 된다. 그렇게 되면 정작 중요하게 봐야 할 정보를 놓치거나 불필요한 정보에 발목이 잡혀 잘못된 결과를 도출할 수 있다.

예를 들어, 요즘은 심미적인 측면에서 몸에 작은 타투를 새기는 사람들도 많이 늘어났음에도 아직도 사람들에게는 '문신=불량한 사람'이라는 인식이 깊게 남아있는 듯하다. 언젠가 미팅을 위해 방문한 출판사에서 편집장의 온몸에 문신이 새겨진 것을 보고 얼마나 놀랐는지 모른다. 덜컥 겁이 나기까지 했다. 후에 그가 쓴 수필을 보면서 그가 삶의 깨달음을 얻을 때마다 그 다짐을 몸에 새겨 넣은 것이라는 것을 알게 되긴 했지만 말이다. 예전보다 많이 나아졌다고는 해도 타투를 한 사람에게 여전히 부담스러운 시선이 닿기도 한다. 만일 동네 목욕탕에서 온몸에 문신을 한 사람을 만났다고 해보자. 그리고 불행히도 그 목욕탕에서 살인사건이 발생했고 그로 인해 경찰이 찾아왔다면 우리의 머릿속에 어떤 생각이 떠오르겠는가? 당연히 그 문신한 남자를 범인이라고 의심하며 그 의견을 경찰에게 전달하는 사람이 많을 것이다. 실제로 그 남자가 범인인지 여부와 상관없이 말이다.

하지만 만일 그가 범인이 아니고 전혀 생각지도 못했던 사람이 범인이라면? 우리의 말 한마디가 억울한 사람에게 누명을 씌울 수도 있는 것이다. 단지 객관적인 사실만 전달하면 편견 없이 받아들일 수 있는 일도 무언가 의심을 더해 이야기를 전달하면 동요될 수밖에 없다. 훈련받은 사람이라고 해서 그런 편견에서 자유로울 수 있는 것은 아니니 말이다. 가상의 상황이긴 해도 사실을 주관적으로 보느냐 객관적으로 보느냐에 따라 한 사람의 인생이 결정될 수도 있다. 실제로 화성 연쇄살인범을 쫓던 경찰이 엉뚱한 사람을 범인으로 몰아 오랜 기간 옥살이를 하게 만든 것도 현상을 객관적으로 보지 못하고 자신들이 만들어 놓은 주관적 틀에 맞춰 보았기 때문은 아닐까.

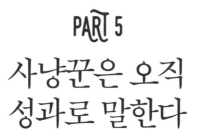

PART 5

사냥꾼은 오직
성과로 말한다

HAWK EYES

이탈리아 속담에 '길을 걷다 보석을 발견해도 팔아야 보석이다.'라는 말이 있다. 우리 속담 '구슬이 서 말이라도 꿰어야 보배'라는 말과 일맥상통하는 말이다. 아무리 값비싼 재료가 있더라도 그것이 가치를 창출하기 위해서는 무언가 행동으로 이어져야만 한다는 것을 의미한다. 관찰은 기회를 발견하고 가치를 만들어낼 수 있는 기획의 '트리거 포인트trigger point'가 될 수 있다. 하지만 그것만으로는 충분하지 않다. 방아쇠를 당기면 그것이 공이를 움직여 탄환 뒷쪽의 뇌관을 폭발시키고, 화약에 불이 붙어 가스가 차오르도록 하며, 그 가스의 압력에 의해 탄두가 발사되는 과정이 연속적으로 일어나야 한다. 그래야만 총알이 총신을 벗어나 사냥감을 맞힐 수 있다. 가치를 만들어내는 일이 사냥감을 적중시키는 일이라면 관찰은 단지 방아쇠를 당기는 일에 지나지 않는다. 적합한 후속조치들이 뒤따라야만 원하는 결과를 얻을 수 있다는 것이다.

아주 가끔은 관찰을 통해 즉시 활용할 수 있는 영감을 떠올리거나 직감적 발견을 이루어 가치 있는 성과를 이끌어낼 수도 있지만 그 자체만으로는 아무것도 결과를 낼 수 없는 경우가 더 많다. 이런 경우에는 반드시 관찰을 통해 얻은 발견이나 깨달음을 적용하는 후속 과정이 있어야만 비로소 구슬의 신세를 벗어나 목걸이나 팔찌 등 값진 보물로 바뀔 수 있다.

필자는 2013년에 출간한 도서《관찰의 기술》을 통해 관찰 프로세스의 개념을 제시한 바 있다. 관찰이라는 것이 '단순히 보는 것'에서 한 발 더 나아가 가치 있는 무언가를 만들어내기 위해서는 '개선'이라는 단계가 이어져야 한다. 즉 '관찰 → 발견 → 깨달음 → 개선'의 단계가 연속적으로 이어지는 것이 관찰 프로세스이며 이 프로세스의 완성도가 높을수록 관찰을 통해 만들어내는 가치가 커질 수 있다고 주장한 바 있다.

《관찰의 기술》에서는 관찰이 가진 힘이나 중요성 등을 더욱 강조하다 보니 '관찰 → 발견 → 깨달음'의 과정에만 초점을 맞추었고 상대

적으로 '개선'에 관해서는 이야기가 소홀할 수밖에 없었다. 그래서 관찰만 잘 하면 충분한 성과를 만들어낼 수 있다고 오해를 하는 경우도 있지만 절대 아니다. 이 장에서는 그에 대한 내용을 다루어볼까 한다. 관찰을 통해 발견한 보석들을 꿰는 방법에 대해서 말이다.

의문을 갖고 분석하라

다음 사진은 2020년 12월 15일 오후에 우리 집 거실에서 찍은 것이다. 책상 위에 놓아둔 카랑코에가 햇빛을 듬뿍 받고 예쁜 꽃을 피워 올린 모습이다. 가을까지만 해도 볼품없는 푸른 잎사귀들만 무성하게 자라기에 별 신경을 쓰지 않고 방치하다시피 했는데 어느 순간 꽃대를 피워 올리더니 겨울의 한가운데로 접어들면서 이렇게 아름다운 꽃을 피워냈다. 당시 외부의 기온은 영하 10도를 오르내리고 있었다. 꽃망울을 맺을 때부터 주의 깊게 지켜보았지만 거의 한 달 가까이 꽃을 피

우지 않았다. 아마도 햇빛을 듬뿍 받으며 내부에 꽃을 피워낼 충분한 에너지가 축적될 때까지 기다렸던 것이 아닐까 싶다. 한 번 꽃이 피기 시작하자 여기저기서 앞 다투어 꽃망울이 터지기 시작했기 때문이다. 한 겨울에 이토록 아름다운 꽃을 볼 수 있으리라고는 기대조차 못했건만 자연의 선물 앞에 눈도 마음도 그저 즐겁기만 하다.

꽃 사진을 보면 떠오르는 생각이 있는가? 어떤 사람은 너무 아름답다고 생각하겠지만 꽃을 좋아하지 않는 사람은 별다른 감흥을 느끼지 못할 수도 있다. 어떤 사람은 나처럼 한겨울에 꽃을 피우는 식물에 신비감을 느낄 수도 있다. 그러나 그러한 생각들은 하나의 감정일 뿐이다. 감정은 내면세계의 감성적 변화를 일으킬 수는 있지만 무언가 가치 있는 발견을 하거나 성과를 만들어내는 등 물리적인 변화를 일으킬 수는 없다. 이런 경우 관찰은 그저 관찰 행위 그 자체로 끝날 수밖에 없는 것이다.

나는 책상 위의 카랑코에가 꽃을 피우는 모습을 신기하게 보면서 동시에 의문점을 갖기 시작했다. 어떻게 초록색밖에 없던 줄기에서 저렇게도 선명한 붉은색과 짙은 노란색의 꽃이 필 수 있을까 하는 것이었다. 저 색깔들은 도대체 어디서 온 걸까? 저 줄기 속에 도대체 무엇이 들어있기에 저리도 정열적인 색깔의 꽃이 필 수 있는 걸까? 궁금한 생각이 들어 검색을 해보았다. 그러자 꽃이 다양한 색으로 나타나는 이유를 알 수 있었다. 식물의 몸체 안에는 이미 여러 가지 색소가 들어 있다고 한다. 가장 흔하게 볼 수 있는 것이 초록색으로 보이게 만드는 엽록소이다. 다음으로 '카로티노이드'라고 하는 색소는 가시광선의 다른 색깔들은 흡수하고 노란색만 반사함으로써 꽃이 노란색으로 보이도록 한다. '안토시아닌'이라는 낯익은 색소는 꽃이 붉은색이나 파란색으로 보이도록 하는데 이 색소는 특이하게도 환경에 따라 다른 색으로 나타나도록 만들기도 한다. 예를 들어 토양이 산성이면 붉은색 꽃이, 알칼리성이 되면 파란색 꽃이 핀다. 예전에 키우던 수국이 처음에는 분홍색에 가까운 꽃이 피다가 나중에는 파란색 꽃이 피기에 이상하게 여겼는데 그 비밀은 흙에 숨어 있었던 것이다.

그럼 하얀색 꽃은 왜 하얀색일까? 하얀색 꽃은 색소가 부족한 경우라고 한다. 색소가 부족하다 보니 색소가 차지해야 할 세포 틈새를 공기가 채우며 빛을 반사해 하얀색으로 보이게 만드는 것이다. 햇빛의 강도와 온도, 그리고 습도에 따라 꽃의 색깔은 시시각각 변하기도 한다. 연꽃은 아침에는 하얀색이었다가 낮에는 분홍, 그리고 저녁이 되면 붉은색으로 변한다. 주위에서 흔히 볼 수 있어 무관심하게 지나칠 수 있는 꽃 안에 이런 과학적 비밀들이 숨어 있는지는 미처 몰랐다. 아마 독자 여러분 중에도 이러한 사실을 처음 알게 된 사람들도 있을 것이다.

하지만 여기에서 그치면 관찰은 단지 이전에는 모르고 있던 지식을 채우는 수단밖에는 안 된다. 개인적으로는 의미 있는 일이 될지 모르지만 가치를 만들어내는 일이 될 수는 없다. 가치를 만들어내려면 이렇게 알아낸 원리를 응용해야만 한다. 만약 꽃이 가지고 있는 색소의 원리를 응용한다면 어떨까? 꽃이 가진 카로티노이드나 안토시아닌 색소를 혼합하거나 변형시킴으로써 기존의 색상 외에 다양한 색을 가진 꽃들을 만들어낼 수 있지 않을까? 장미꽃은 이렇게 색소의 변형을 통해 노란색이나 주황색, 분홍색 등 다양한 색의 장미꽃을 탄생시킬 수 있었던 것이다. 이른 봄에 피는 목련은 하얀색과 자주색만 있지만 만일 분홍색이나 빨간색 목련이 만들어진다면 또 다른 즐거움을 선사할지도 모른다.

또 다르게 응용할 수 있는 방법은 없을까? 사람들은 집안이나 일하는 공간의 분위기를 바꿀 목적으로 꽃을 가져다 놓지만 생화는 금방 시들어버린다는 단점이 있다. 매일 물을 갈아줘도 일주일 정도만 지나면 성성함을 잃고 시들어버리고 만다. 이러한 생화의 단점을 보완함으로써 사시사철 시들지 않고 예쁜 꽃을 감상할 수 있도록 만든 것이 '조화'이다. 아쉬운 점은 조화가 예쁘기는 하지만 생명력이 느껴지지 않고 별 감흥을 느끼지 못한다는 것이다. 없으면 허전하긴 하지만 막상 있어도 별로 좋은 줄 모르는 것이 조화다. 이렇게 생명 없는 조화에 꽃이 피는 원리를 응용해 마치 살아있는 꽃처럼 보일 수는 없을까?

이런 아이디어는 어떨까? 나무줄기 안에 보이지 않게 꽃송이를 숨겨놓고 일정한 온도 혹은 시간이 지나면 꽃이 피도록 만든다. 진짜 식물처럼 하얀색이나 노란색, 붉은색 혹은 파란색만 가진 꽃이 아니라 인공색소를 이용해 보다 다양한 색을 가진 꽃이 피도록 만든다. 게다가 산성 혹은 알칼리성 성분의 액체를 뿌려주면 꽃의 색깔이 달라질 수도 있다. 그렇게 핀 꽃은 온도가 바뀌거나 일정 시간이 지난 후에는 꽃잎이 지도록 만든다. 만일 이런 조화가 있다면 생화에 가까운 느낌이 나지 않겠는가? 그저 장식품 정도로 무미건조하게 바라보던 사람들도 마치 생화를 보듯 감정을 가지고 바라볼 수 있을 것이다. 생화는 부담스럽고 조화는 마땅치 않게 여기던 사람들도 관심을 가질 수 있다.

이런 조화가 상품성이 있는지 여부는 여기에서 다룰 문제는 아니다. 실제 그러한 조화가 없어 만들어보기 전에는 그 결과를 예상하기 어려우니 말이다. 중요한 것은 관찰한 것으로부터 의문을 가짐으로써 노랗고 붉은색 꽃이 피는 원리를 알게 된 것이고 그것을 응용한 아이디어까지 연결할 수 있었다는 것이다. 만일 의문을 품지 않았다면 실현 여부와 상관없이 이런 아이디어는 떠올리기 힘들었을 것이다. 단순히 관찰로 끝난 경우와 의문을 품고 원리를 분석하고 응용한 것 사이에는 이처럼 크나큰 차이가 있다. 발견이 유용한 발명으로 이어지기 위해서는 깊이 있는 분석과 연구개발이 따라야 하는데 의문 없이는 이러한 과정이 뒤따를 수 없다.

관찰한 것을 좀 더 깊이 있게 파고들려면 그 행동이 일어나도록 만드는 동인이 필요한데 그것이 바로 '의문'이다. 세상에서 가장 강력한 문제해결 툴이기도 하다. 무지개를 보고 단지 아름답다고만 생각하는 사람은 그 원리를 알 수 없지만 '왜 하늘에 형형색색의 빛깔들이 나타나는 거지?'라고 의문을 품으면 빛의 산란에 대한 원리를 파악할 수 있게 된다. 원리를 알게 되면 한 발 더 나아가 프리즘을 만들어내는 응용이 가능해지지만 원리를 깨닫지 못하면 현상에 갇혀 한 발도 앞으로 나아갈 수 없기 때문이다.

요즘은 음식에도 다양한 트렌드가 존재하는데 그 중 하나가 치즈를 많이 사용한다는 것이다. 전통적으로 치즈를 사용하던 서양음식은 물론 떡볶이나 닭갈비, 탕수육처럼 치즈를 사용하지 않던 음식에까지 치즈가 사용되고 있다. 심지어는 호두과자나 붕어빵 같은 길거리 음식에도 치즈가 들어가며 바야흐로 치즈 전성기를 이루고 있다. 이렇게 많은 사람들의 사랑을 받는 치즈는 어떻게 만들어진 것일까? 치즈가 언제부터 만들어진 것인지 정확하게 답을 해주는 문헌을 찾아보기는 어렵지만 최소 수천 년의 역사를 가지고 있는 것으로 보인다.

치즈가 인류의 식탁 위로 오르게 된 데에도 관찰과 의문, 분석의 과정을 담고 있다. 약 4,000년 전, 사막을 횡단하는 고대 아라비아의 상인들은 목을 축이기 위한 목적으로 내장으로 만든 주머니에 염소의 젖을 넣어 다녔다. 낙타를 타고 이동하는 동안 흔들림으로 인해 주머니 속의 젖이 서로 부딪히면서 액체형태인 웨이(whey, 유장액)와 고체형태인 커드(cud, 응고물)로 분리되었고, 더운 날씨로 인해 발효가 일어나 치즈 형태로 만들어졌다. 그리고 목이 마른 상인들이 염소젖을 마시기 위해 주머니를 열었다가 액체와 고체로 분리된 모습을 발견했을 것이다. 상인들은 왜 염소젖이 그렇게 변했는지 의문이 들었지만 당시에는 과학적 기술이 부족했던 만큼 정확한 원리는 모른 채 치즈는 세계인들이 사랑하는 음식이 되었다.

과학이 발달하면서 양이나 송아지의 위 점막에 우유를 응고시키는 천연성분인 '레닌rennin'이라는 것이 들어있다는 것을 알게 되었다. 그리고 이를 이용해 손쉽게 대량으로 치즈를 만들 수 있는 방법을 찾아내면서 치즈는 급격히 대중화되었다. 아마도 주머니 속의 염소젖이 응고된 현상을 관찰하되 의문을 갖고 파고들지 않았다면 치즈 제조에 핵심이 되는 레닌이라는 성분의 존재를 알 수 없었을 것이고, 치즈는 여전히 전통적인 방식에 따라 소량만 만들어졌을지도 모른다. 당연히 요즘과 같은 치즈 전성기는 이루지 못했을 것이고.

　의문은 관찰이 가치 있는 결과를 도출하도록 만드는 지렛대 역할을 한다. 장작에 박힌 단단한 못을 망치가 있으면 쉽게 빼낼 수 있지만 맨손으로 빼내려고 하면 힘만 들 뿐 빼낼 수 없다. 못이 깊숙이 박힌 장작이라는 현상을 보고 '의문'이라는 망치를 사용하게 되면 못을 쉽게 뺄 수 있는 '성과'를 거둘 수 있다. 단순히 관찰에 그치지 않고 한 발 더 앞으로 나아가도록 만들어주는 것이 의문이다. 어린아이들이 기발한 생각을 많이 할 수 있는 것은 이 의문이 많기 때문이다. 반대로 성인들이 창의적인 아이디어를 떠올리기 힘든 것은 의문을 갖지 않기 때문이다. 관찰은 의문을 일으키기도 하지만 때로는 의문이 관찰을 유도하기도 한다. 의문이 많을수록 관찰력은 높아지고 다른 사람들이 보지 못하는 것을 볼 수 있는 힘도 길러질 수 있다.

　유대인들의 위대함은 이미 잘 알려져 있다. 노벨상 수상자의 45퍼센트, 전 세계의 최고 부자들, 다이아몬드와 영화 산업, 월스트리트 등 모든 분야에서 두각을 나타내고 있는 사람들이 유대인이다. 그런데 이들이 그렇게 뛰어난 성과를 거두는 밑바탕에는 끊임없이 의심하고 질문하는 힘이 깔려 있다. 그들은 자신들이 만든 엄격한 법률과 계명에도 불구하고 '거기 그렇게 씌어 있고 랍비가 그렇게 이야기하니까' 그것을 지킨다고 하지 않는다. 왜 법률을 지켜야 하는지 다양한 각도에서 의심하고 이해하려고 하며 종교 역시 의심 없이 맹목적으로 받아들이지 않는다고 한다. 학생들에게는 난처한 질문을 던짐으로써 교사를 곤란하게 만들거나 그들과 논쟁을 벌일 자유가 있다. 이렇게 끝없이 의심하고 질문함으로써 그들은 좀 더 창의적인 사고에 다가설 수 있는 것이다. 따라서 관찰하고 의심하는 것 또는 의심하고 관찰하는 습관을 몸에 배도록 한다면 더욱 가치 있는 결과를 만들어낼 수 있다.

새로운 것을 유추하라

국내에서 꽤 이름이 알려진 모 신발업체의 사장은 직업의 특성상 사람들의 신발을 관찰하는 습관을 가지고 있었다고 한다. 사람들이 신고 있는 신발만 봐도 그 사람이 대략 어떤 일을 하는지, 걷는 습관이 어떤지, 어떤 장소를 자주 가는지 알 수 있다고 한다. 예를 들어 밑창이 오른쪽으로만 기울어져 닳아 있다면 그건 그 사람의 걷는 습관이 한쪽으로 쏠려 있다는 걸 추정할 수 있는 것처럼. 그가 오랜 기간 사람들을 관찰하던 중 발견한 것은 바로 겨울철만 되면 미끄러운 눈길이나 빙판길에서 넘어지지 않기 위해 뒤뚱거리며 걷는 모습이었다. 신발업체 사장인 그의 눈에 당연히 그 불편함이 들어왔고 그는 '겨울철에도 미끄러지지 않고 조금 더 편하게 걸을 수 있는 신발은 없을까?' 하는 의문을 가졌다.

그리고 어느 날, TV를 통해 북극곰을 보게 되었다. 북극곰들은 미끄러운 빙판 위에서도 미끄러짐 없이 잘 걸었는데 이를 궁금하게 여겼다. 다양한 자료를 찾아본 결과 북극곰들의 발바닥에는 미끄럼 방지 역할을 해주는 털이 촘촘히 나 있는데 그것이 빙판과의 마찰력을 높여줌으로써 쉽게 미끄러지지 않았던 것이다. 북극권에 사는 사람들의 장화에 털이 수북이 나 있는 이유도 바로 이 때문이었다. 이런 아이디어를 얻은 그는 그 원리를 응용한 '아이스 그립ice grip'이라는 기술을 적용한 신발 밑창을 개발했고 이 기술은 전 세계 30개 이상의 브랜드 제품에 적용되고 있다.

이것은 '트렉스타'라는 브랜드의 권동칠 사장 이야기다. 1980년대만 해도 세계 제일의 신발 생산국이었던 우리나라는 1990년대에 들어서면서 임금이 가파르게 상승하자 내리막길을 걷기 시작했다. 이때 권동칠 사장은 '토종 브랜드'와 '세상에 없는 신제품'을 앞세워 신발업계

아이스 그립 기술로 전 세계를 공략한 트렉스타
(출처_트렉스타 페이스북)

에서 재도약하기로 마음을 굳힌다. 그리고 그는 자신과의 약속대로 큰 성공을 이루게 되었는데 그가 밝힌 성공의 비밀이 바로 '관찰'이었다. 그는 관찰을 '일상의 불편함을 해소하는 문제해결 능력, 자연에 숨겨진 비밀을 발견하는 통찰력, 소비자의 욕구를 파악하는 공감력, 통념을 부수고 새로운 것을 만들어내는 창의력과 연결된다'고 하며 누구에게도 뒤지지 않는 관찰력이 그의 전부이고 유일한 무기였다고 자신의 책을 통해 밝혔다.

　같은 것을 바라보되 다른 점을 찾아내는 것이 '관찰의 힘'인데 통념을 깨고 사물을 다른 관점에서 바라보면 일상 속에서 얼마든지 숨겨진 보물을 발견할 수 있다는 것이다. 그의 말처럼 아이스 그립 기술 역시 관찰을 통해 떠올린 아이디어였다. 북극곰과 신발처럼 전혀 연관관계가 없는 둘을 연결함으로써 훌륭한 제품을 탄생시킨 이러한 사고방식을 '유추(analogy)'라고 한다. 2010년 삼성경제연구소에서 460명의 국내 CEO들을 대상으로 설문조사를 진행한 바 있다. '경험으로 비추어 보았을 때 경영에 가장 도움이 되는 창조습관이 무엇인가?'라는 질문이었는데 이 질문에 가장 많은 표를 얻은 것이 '유추'였다. 유추라고 하는 것은 서로 무관해 보이는 다양한 아이디어들을 효과적으로 연결시키는 능력을 말한다. 미끄러지지 않는 북극곰의 발바닥과 신발을 연결시키거나, 태양을 중심으로 행성들이 공전하는 방식을 통해 새로운 원자시스템의 구조를 떠올리는 것, 홍합이 바위에 달라붙어 잘 떨어지지 않는 것을 보고 의료용 접착제를 개발하는 것 등은 모두 유추에서 비롯되었다. 앞서 다루었던 자동차 타이어가 미끄러지지 않는 것을 보고 골이 파인 피클을 만들어낸 것 역시 유추라고 할 수 있다.

관찰 > 깨달음 > 유추 > 개선 (연구개발)

　가치를 만들어내는 창의력은 새로운 아이디어를 도출해내는 것이지만 그 바탕에는 과거의 지식이나 경험, 노하우가 필요하다. 유사하지 않거나 전혀 연관성이 없는 두 대상을 비교하고 자신의 경험이나 지식을 접목함으로써 새로운 아이디어를 떠올리는 것이 유추이다. 하나의 문제나 상황을 통해 얻어진 정보를 유사한 다른 문제 혹은 다른 상황에 자유자재로 전이시킬 수 있는 역량이기도 하다.

　벤젠은 실존하는 물질임에도 한동안 그 화학식을 찾아내지 못해 많은 학자들에게는 해결해야 할 과제로 여겨졌다. 모든 물질의 화학식은 선형으로 되어 있었는데 벤젠은 아무리 궁리를 해도 선형 화학식이 만들어지지 않았던 것이다. 그러던 어느 날, 독일의 화학자였던 케쿨레Kekulé는 꿈속에서 뱀들이 서로 꼬리를 물고 둥글게 얽혀 있는 모습을 보게 되었다. 잠에서 깬 그는 꿈속에서 본 모습을 떠올리며 벤젠의 구조가 육각형일지도 모른다고 발상을 전환하게 되었고 그 순간 모든 문제가 풀리기 시작했다. 모든 분자식은 선형 구조로 이루어져 있다고 여기던 통념이 깨지는 순간이자 사고를 유연하게 전환함으로써 다양한 화학적 발견의 계기가 된 사건이었다.

　이처럼 자신이 경험했던 상황과 새롭게 경험하는 상황의 유사성을 토대로 해결책을 찾아내는 역량이 유추이다. 유추를 잘한다는 것은 어딘가에서 보거나 경험한 지식을 바탕으로 새로운 상황에 접목해 복

잡하고 어려운 문제를 쉽게 해결할 수 있다는 것을 말한다. 관찰이 관찰로 끝나지 않고 유추의 과정을 거치면 더욱 가치 있는 결과를 만들어낼 수 있다. 즉, 다음과 같이 관찰한 것을 통해 원리를 깨닫고, 그 원리를 다른 문제해결 과정에 적용할 수 있는 유추과정을 거쳐, 실생활에 접목할 수 있도록 제품이나 서비스를 개발하는 프로세스가 필요하다.

그 동안 북극곰의 발바닥을 관찰한 사람은 권동칠 사장이 유일하지는 않았을 것이다. 하지만 오직 그만이 북극곰의 발바닥을 관찰하고, 미끄러지지 않는 원리를 깨닫고, 그것을 신발 밑창에 응용해보기로 유추하고, 연구개발을 통해 접목하는 과정을 거친 것이다. 아이스그립의 경우 출발점은 관찰이었지만 문제해결의 핵심은 유추였다. 관찰하되 그것에서 멈추지 않고 더 나아간 것이다.

거미줄을 관찰해보면 독특한 특성이 있음을 알 수 있다. 달라붙은 곤충이 몸부림치면 칠수록 거미줄은 뚫리지 않고 사냥감을 더욱 두껍게 감싼다. 그 특성으로 인해 곤충들은 꼼짝없이 거미의 먹잇감이 되고 만다. 빠르게 움직이는 물체의 주변을 다른 물질로 감싸 속도를 저하시키는 원리를 어딘가에 접목해볼 수 있지 않을까? 어디에 접목하면 효과적일까? 쉽게 뚫리거나 끊어지지 않아야 한다면 그건 무엇이 될까? 이렇게 진행된 고민은 '방탄복'이라는 아이디어에 도달하게 되었다. 빠른 속도로 회전하며 날아오는 총알을 질긴 섬유로 막은 후 총알이 회전할수록 주위의 섬유들이 돌돌 말려 더욱 두껍게 달라붙음으로써 총알은 속도와 회전력을 잃고 그 자리에 멈춰 서게 된다. 이것이 바로 거미줄에서 가져온 방탄복의 원리이다. 이런 식의 사고 역시 관찰과 유추를 결합한 것이다.

거미줄	방탄복
• 곤충이 날아와 붙으면 뚫리지 않는다.	• 총알이 날아와 닿는 순간 뚫리지 않는다.
• 곤충이 거미줄을 빠져 나가려고 발버둥칠수록 주변의 거미줄이 엉켜 꼼짝할 수 없게 된다.	• 회전하는 총알에 섬유들이 달라붙어 감싸면 속도가 줄어들어 관통하지 못하게 될 것이다.

　이처럼 유추를 잘 활용하면 창의적인 아이디어를 떠올리기가 수월해진다. 그리고 유추를 잘 하려면 어디선가 빌려올 수 있는 지식이나 경험이 필요하다. 아무리 의문을 가져도 북극곰의 발바닥에 털이 있어 마찰력이 높아진다거나 타이어에 골이 파여 쉽게 미끄러지지 않게 만들어준다는 사실을 알지 못한다면 응용하기가 쉽지 않기 때문이다. 빙판에 미끄러지지 않는 신발이나 골이 파인 오이 피클은 만들어지지 않았을 수도 있다. 관찰을 통해 많은 지식과 경험을 축적하는 것은 레고상자에 다양한 크기와 모양, 색깔의 부품들이 많을수록 만들어낼 수 있는 완성품의 종류가 다양해지는 것과 같다. 관찰을 많이 할수록 아이디어의 재료는 풍부해지고 그 자체로 경험과 지식이 되어 새로운 아이디어를 떠올리는 유추의 기반이 마련되는 것이다.

모방하고 또 모방하라

다음 그림은 '공룡 외길인생 5년'이라고 할 정도로 공룡에 푹 빠져 살아온 어느 꼬마가 그린 악어 그림이다. 자세히 보면 다섯 살이 그렸다고 보기 힘들 정도로 정밀하고 입체적인 느낌이 잘 살아있다. 벌어진 입의 입체감이 느껴지는가? 악어들 사이를 누비는 정체불명의 물체는 사람인데 털실을 이용하는 독창적인 기법을 사용했다. 지금까지 세계 미술사에 털실을 이용해 몸통을 표현해낸 작가는 단 한 사람도 없었다! 정말 창의적인 그림이 아닐 수 없다. 이 악어 그림을 그리기 전까지만 해도 이 꼬마는 여느 아이들이 그렇듯 주로 공룡을 그려왔다. 줄기차게 티라노사우르스나 트리케라톱스와 같은 공룡의 그림을 따라 그리며 축적된 경험이 살아서 입을 벌리고 있는 듯 생생한 느낌의 악어 그림을 그릴 수 있도록 만든 것이다.

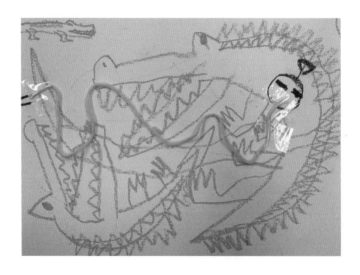

관찰로부터 가치 있는 결과를 만들어내는 방법 중 하나는 '모방(Imitation)'이다. 앞서 언급한 것처럼 인간의 뇌는 결코 무에서 유를 창조해내지 못한다. 아무것도 없는 완전한 백지상태에서 혁신적인 아이디어를 떠올리기가 쉽지 않다는 것이다. 주변에 존재하는 무언가를 보고 그것이 발화가 되어 새로운 아이디어를 떠올리는 경우가 대부분이다.《바로잉Borrowing Briliance》의 저자이자 기업의 혁신 책임자이기도 한 데이비드 코드 머레이David Code Murray는 '세상을 바꾼 창조는 모방에서 시작됐다'고 하며 모방의 중요성을 강조한다. 브래들리 하트Bradley Hart라는 예술가는 단열재나 완충재로 사용되는 일명 '뽁뽁이'에 아크릴 물감을 주사해 〈진주 귀걸이를 한 소녀〉나 〈모나리자〉 같은 명화를 재현함으로써 호평을 받았다. 비록 그림 자체는 이미 존재하는 것이지만 그것을 표현하는 방법을 달리하는 것으로 자신만의 예술세계를 인정받았다. 〈쇼미더머니2〉에서 MC 메타는 이런 말을 남겼다. "최대한 철저하게, 지긋지긋해질 때까지 카피하게 해요. 모든 창작은 도둑질에서 시작하거든요."

춤을 잘 추는 사람들은 누군가의 춤을 그대로 따라하지 않는다. 자신만의 독특한 안무를 개발해 자신만의 춤을 춘다. 그런데 이 사람이 처음부터 자신만의 고유한 안무를 개발할 수 있었을까? 그 수준에 이르기 위해서는 잘 추는 사람들의 춤을 수도 없이 따라하며 모방하고 또 모방해야 한다. 그러다 모방이 어느 정도 경지에 이르면 비로소 모방에서 벗어나 자신만의 독창적인 춤을 출 수 있게 된다. 노래도 마찬가지고 그림도 마찬가지다. 세계적으로 이름을 날린 화가들도 처음에는 다른 사람의 그림을 따라하는 것부터 시작한다. 피카소는 〈시녀들〉

이라는 그림으로 잘 알려진 벨라스케스의 그림을 모방하면서 자신만의 독특한 화풍을 만들었고, 같은 그림을 반복적으로 모방하며 새로운 영감을 얻기도 했다. 마네나 고흐의 작품을 모방한 것도 많다. 우측 페이지의 그림 중 위는 마네가 그린 〈막시밀리안 황제의 처형〉이고 아래는 피카소가 그린 〈한국에서의 학살〉이다. 자세히 들여다보지 않아도 피카소가 마네의 그림을 모방한 것임을 알 수 있다.

글을 잘 쓰는 사람 중에는 다른 작가의 글을 필사하는 것부터 시작한 사람들이 많다. 글을 베껴 쓰는 필사를 통해 문장을 구성하는 훈련을 하는 것이다. 이처럼 다른 사람의 그림을 따라 그리고, 다른 사람의 노래를 흉내 내고, 다른 사람의 글을 따라서 쓰다 보면 실력이 향상되고, 실력이 향상되면 어느 순간 임계점을 넘어서게 된다. 그 지점을 지나면 모방하던 것들 안에서 변형시킬 수 있는 포인트를 발견하고 자신만의 방식으로 표현할 수 있는 방법을 찾아내게 된다. 그러니 창의적인 결과물을 도출하기 위한 출발점으로 모방을 활용하는 것 자체가 훌륭한 전략이다.

문명이라고 하는 것은 앞서 존재하던 것들을 밟고 그 위에서 발전된다. 만일 창의력이라는 것이 아무것도 없는 맨바닥에서 성을 쌓는 것이라면 세상의 기술이나 문명은 지금처럼 발달하지 못했을 것이다. 모방이 창의력과는 무관한 것처럼 보이지만 그 역량이 축적되면 창조의 역량을 높일 수 있다. 앞서 공룡 그림에서 쌓은 실력을 유감없이 발휘함으로써 독창적인 악어그림을 그린 아이처럼 말이다. 애플의 수석 디자이너였던 조너선 아이브Jonathan P. Ive는 브라운Braun의 수석 디자이너였던 디터 람스Dieter Rams로부터 영감을 받아 오마주했다고 말한

(위)에두아르 마네, 〈막시밀리안 황제의 처형〉
(아래)파블로 피카소, 〈한국에서의 학살〉

다. 스티브 잡스는 세상에서 가장 창의적인 존재라고 인정받았지만 "창조적인 사람들은 어떤 일을 어떻게 했느냐는 질문을 받으면 아마 죄책감을 느낄 것이다. 사실 그들은 그 일을 다 한 것이 아니라 그냥 보기만 했기 때문이다"라는 말을 남겼다. 그 역시 창의적인 아이디어를 떠올릴 때 주변에서 힌트를 얻은 경우가 많았다는 것을 인정하는 셈이다.

창의적인 사고를 높이기 위해 관찰한 것을 모방하는 훈련부터 시작하는 것도 바람직한 방법 중 하나인데 실제로 모방할수록 창의력이 높아질 수 있다는 실험결과가 있다. 미국의 오클라호마대학교 교수들은 피험자들을 모집한 후 몇 가지 예시 그림을 보여주며 외계인을 그리도록 하였다. 참가자들은 그림을 그리는 동안 연구진이 보여준 예시 그림을 모방했다. 시간이 지나고 더 다양한 예시그림이 제시될수록 더욱 다양한 외계인의 모습이 등장했다. 더 나아가 초기 그림을 보여준 후 더 보완해달라고 요청하자 더욱 독창적인 그림들이 완성되었다.

모방은 또한 문제해결을 보다 쉽게 만들어주기도 한다. 조지아 공과대학의 크리스티나 셸리Christina Shalley 교수팀은 참가자들에게 일하는 동안 발생할 수 있는 문제 상황을 주고 해결책을 제시하도록 하였다. 피험자들은 세 그룹으로 나뉘어졌는데 첫 번째 그룹은 아무런 예시도 제공하지 않았고, 두 번째 그룹은 일반적인 예시, 그리고 세 번째 그룹에는 창의적인 예시를 제공했다. 그러자 창의적인 예시를 본 세 번째 그룹이 가장 창의적인 해결책을 제시했다. 이처럼 모방은 단순히 누군가 만들어놓은 것을 '베끼는' 행위를 넘어 자신만의 독창적인 아이디어를 떠올릴 수 있는 디딤돌을 만들어준다.

혹자는 모방과 유추가 같은 개념 아니냐고 할지 모르지만 모방은 유추와는 다소 다르다. 유추가 관찰로부터 얻어진 깨달음을 다른 유사한 상황으로 전이하는 것이라면 모방은 관찰한 것을 우선 흉내 내면서 핵심을 발견하고 모방의 상황에 익숙해지면 그 안에서 변화의 포인트를 찾아내 개선으로 이어 나가는 것이다. 관찰한 것을 그대로 적용하는 것이 아니라 자신의 역량을 끌어올림으로써 그것을 보다 가치 있는 무언가로 변환하는 창조적인 과정이 필요하다.

모방이라고 하면 상당수의 사람들이 거부감을 느낀다. 다른 사람들의 업적을 손쉽게 가로채는 행위라는 사회적 통념이 사고를 지배하기 때문이다. 물론 누군가의 아이디어를 허락 없이 그대로 사용하는 것은 있어서는 안 되는 일이다. 모방하라는 것은 관찰한 것을 그대로 가져다 쓰라는 것이 아니다. 관찰한 것을 그대로 흉내만 낸 것은 세상으로 내보내서는 안 된다. 모방하고 또 모방하면서 깨달음을 얻고 그로부터 더 나은 결과를 도출할 수 있을 때여야만 비로소 세상에 내보낼 수 있다. 요리사가 등장하는 프로그램이 인기를 끌자 너도나도 요리 프로그램을 만들고, 트로트 가수가 뜨자 여기저기 트로트 프로그램이 나타나면 보는 사람은 쉽게 피로를 느낀다. 관찰한 것을 그대로 모방하기보다는 그 안에서 깨달음을 얻고 발전된 것으로 만들어 나가야 한다. 아무것도 없는 백지 위에 그림을 그리는 것보다는 밑그림이 있을 때 그림 그리기가 훨씬 쉬워지는 법이다. 관찰하고 모방하라.

우연한 발견도 반복적으로 관찰하라

루이 파스퇴르Louis Pasteur는 면역학을 창시한 사람으로 수많은 사람들을 질병으로부터 구원한 위인이다. 그가 살던 시대에는 콜레라 같은 질병으로 수많은 사람과 가축이 속수무책으로 죽어나가곤 했다. 어쩌면 2020년 한 해를 강타한 코로나도 콜레라와 유사한 질병일지 모른다. 의학이 발달하고 사람들의 면역력이 높아져 과거의 콜레라만큼 무서운 위력을 발휘하지 못했을 뿐.

1879년에 그는 닭에 유행하는 콜레라균 퇴치를 위한 치료제를 연구하고 있었다. 그러던 어느 날, 감염된 닭에서 채취한 콜레라균을 깜빡 잊고 실온에 그냥 방치했다. 그리고 며칠 후 그 콜레라균을 건강한 닭에 주입하는 실수를 범하고 말았다. 뒤늦게 자신의 실수를 깨달은 파스퇴르는 세균을 주입한 닭이 금세 죽을 것이라 여겼다. 하지만 며칠을 앓고 난 닭은 다시 건강을 회복했고 다른 닭들이 콜레라균에 감염되어 죽어가는 동안에도 그 닭은 멀쩡하게 살아있었다. 파스퇴르가 실수로 방치해 둔 콜레라균은 며칠 지나는 사이에 독성이 약해지면서 살상력이 떨어졌고 이 균을 주입한 닭은 자연스럽게 항체가 형성되면서 살아남을 수 있었던 것이다. 이 사건이 백신 개발의 단초가 되었고,

콜레라균을 연구 중인 파스퇴르

우연한 발견을 통해 면역학의 태동이 이루어지게 된 것이다.

2002년 노벨화학상은 세계적으로 저명한 학자가 아니라 일본의 정밀의료기기 제조업체인 시즈마 제작소에 근무하던 말단사원 다나카 고이치田中耕一에게 돌아갔다. 그가 노벨화학상 수상자로 결정되자 세상은 떠들썩해졌다. 그도 그럴 것이 그가 누군지 아는 사람이 거의 없었기 때문이다. 일본의 지방대학 중 하나인 도호쿠 공대를 졸업하고 시즈마 제작소에 입사한 다나카는 전공인 전기와는 무관하게 중앙연구소에서 단백질 분자의 질량을 측정하는 장비 개발 업무를 맡게 되었다. 단백질에는 여러 종류가 존재하는데 이를 구분해내는 방법 중 하나는 질량을 정확히 측정하는 것이다. 이를 위해 단백질 분자에 레이저를 쏘아 분자를 이온화시키는데 이때 전기량과 질량의 차이에 의해 움직임이 생기고 그 성질을 활용해 질량을 측정할 수 있는 것이다.

문제는 단백질 분자구조가 열에 약해 레이저를 쏘게 되면 쉽게 파괴된다는 것이다. 이를 막기 위해 완충제를 넣어 레이저에 의한 충격을 줄인다. 2년에 걸쳐 다양한 보조제를 이용해 완충제를 개발하던 다나카는 어느 날 용기를 착각하는 실수를 범하고 만다. 일반적으로는 코발트 분말에 아세톤을 혼합해 사용하는데 그날은 그만 글리세린을 첨가하고 만 것이다. 다나카는 이것을 버리지 않고 그대로 실험에 사용했는데 그 동안의 실험과는 미세하게 다른 결과가 나타났다. 다나카는 이를 파고들어 이 물질이 단백질의 분자구조를 깨뜨리지 않는 완충작용을 할 수 있다는 것을 밝혀냈다. 하지만 실용성이 떨어진다는 이유로 그의 방법은 주목받지 못하고 사장되고 말았다. 하지만 1990년대 들어 바이오산업이 발달하면서 단백질에 대한 연구가 활발하게 진행되기 시작했고 마침내 다나카의 기술이 빛을 보게 된 것이다. 한 중소기업의 말단직원이 하루아침에 노벨상 수상자로 선정됐으니 세상은 놀랄 수밖에 없었던 것이다.

파스퇴르가 만든 백신이나 다나카가 발견한 단백질 완충제는 알고 보면 의도하지 않은 우연한 발견에 불과하다. 이러한 우연한 발견을 '세렌디피티serendipity'라고 한다. 세상에는 의도적인 연구개발을 통해 발명된 제품들도 많지만 이 사례들처럼 의도하지 않은 과정을 거쳐 발견되거나 발명된 제품들도 많다. 현대인의 삶에 없어서는 안 되는 커피나 조미료, 나일론이나 사카린, 보톡스 등도 모두 우연한 발견에 의해 만들어진 것이다. 이런 우연한 발견을 마치 로또 당첨처럼 노력 없이 이루어진 것으로 치부하기 쉽지만 알고 보면 그런 것만도 아니다. 우연한 발견에도 관찰은 숨어있다. 어떠한 현상을 발견하는 행위 자체는 우연일 수 있지만 그것에 주의를 기울이지 않으면 우연한 발견은 존재할 수 없다. 우연한 발견을 의미 있는 결과로 연결해 가치를 만들어내기 위해서는 반복적인 관찰이 이루어져야 하고 그것을 통해 범용으로 적용할 수 있는 깨달음을 찾아내야 한다.

1950년대에 개발된 심박조율기는 심장이 규칙적으로 뛸 수 있게 도와줌으로써 생명을 구조하는 데 유용한 발명품이다. 미국의 엔지니어였던 윌슨 그레이트배치Wilson Greatbatch는 심장박동 소리를 기록하는 장치를 연구하던 중 잘못된 부품을 조립하는 실수를 저질렀다. 그런데 이 장비를 작동시키자 심장의 소리를 기록하는 대신 심장과 같은 박동을 만들어낸다는 것을 알게 되었다. 심장박동에 어려움을 겪는 환자에게 심박조율기를 사용하게 되면 심장을 규칙적으로 뛰게 만들어 줌으로써 소중한 생명을 구할 수 있다. 이것 역시 우연한 실수를 통해 이루어진 성과다.

콜레라균을 주입한 닭이 건강한 모습을 되찾는 것을 본 파스퇴르가 그 즉시 깨달음을 얻거나 백신을 만들어냈을까? 코발트에 글리세린을 섞은 물질이 단백질 파괴를 줄인다는 것을 발견한 다나카는 바로 그것을 단백질 완충제라고 단정 지을 수 있었을까? 심박조율기는 바로 환자들에게 사용되었을까? 그렇지 않다. 그들이 제일 먼저 한 일은

의문을 갖는 것이었다. 왜 저 닭이 죽지 않고 건강하게 살아있을까? 왜
단백질 파괴가 덜 일어나게 되었을까? 왜 이 기계가 규칙적인 박동을
만들어내는 걸까? 하는 의문을 가졌을 것이다. 그리고 그 의문을 해소
하기 위해 반복적으로 관찰했을 것이고 그로부터 의미 있는 깨달음을
얻었을 것이다. 파스퇴르는 콜레라균을 희석해 건강한 닭에 투입하며
상태를 지켜보았을 것이고 다나카는 동일한 물질을 이용해 반복적으
로 단백질의 질량을 측정하는 실험을 진행했을 것이다. 윌슨 역시 잘
못 조립된 기계가 만들어내는 박동을 유심히 지켜보았을 것이다. 그렇
게 반복적인 실험과 관찰을 통해 숨겨져 있던 핵심원리를 깨닫고 그
원리를 응용하는 단계에 이르렀다.

살다 보면 누구나 의도하지 않은 발견을 할 때가 있다. 이를 토대

로 가치를 만들어내기 위해서는 그저 우연으로 지나쳐서는 안 된다. 우연을 필연으로, 그리고 더 나아가 가치 있는 결과물로 만들어내기 위해서는 반드시 관찰이 뒤따라야만 한다.

영감이나 직감을 떠올려라

관찰이 유추나 모방, 분석 등의 과정을 거쳐 유용한 결과로 연결되는 경우가 많지만 때로는 관찰 그 자체로 창의적인 아이디어에 가깝게 다가갈 때도 있다. 무언가를 보는 순간 번뜩이는 영감이 떠오르는 것이다. 주부들이 물걸레질을 하기 위해 쪼그려 앉아 있는 모습을 보면서 서서 사용할 수 있는 물걸레 청소기를 떠올린 것이 그러한 경우다. 이렇게 머릿속에 떠오른 영감을 발전시킴으로써 큰 성공을 일궈낸 경우도 있다.

영국의 버진 그룹은 괴짜로 알려진 리처드 브랜슨Richard Branson 회장으로 더 유명하다. 그는 학창시절부터 자금 마련을 위해 사업을

시작했는데 첫 아이템은 학생들을 상대로 잡지를 파는 것이었다. 하지만 그가 만든 잡지는 생각만큼 잘 팔리지 않았다. 그 이유를 알아내기 위해 주변 학생들을 관찰한 그는 학생들이 잡지를 사는 것보다 음반을 구매하는 데 더 많은 돈을 쓴다는 것을 알게 되었다. 당시만 해도 음반 할인 매장이 흔하지 않았기에 학생들은 제값을 다 내고 음반을 구입해야만 했다. 이에 영감을 얻은 리처드 브랜슨은 음반을 대량으로 값싸게 구매한 후 잡지를 사면 음반을 할인해준다는 마케팅 전략을 내세웠다. 그의 아이디어는 학생들로부터 좋은 반응을 얻었고, 이 사업을 통해 그는 더욱 큰 사업을 위한 종잣돈을 마련할 수 있었다. 관찰을 통해 시사점을 발견하고 그것을 활용할 수 있는 영감을 아이디어로 발전시켜 사업에 응용한 것이다.

아르키메데스가 욕조의 물이 넘치는 것을 보며 부력의 원리를 떠올린 것이나 뉴턴이 떨어지는 사과를 보며 중력의 원리를 떠올린 것은 관찰이 바로 영감으로 이어진 것이라 할 수 있다. 하지만 영감이 떠오른다고 그 즉시 적용 가능한 아이디어가 되는 것은 아니다. 아이디어는 어디까지나 아이디어일 뿐 이것을 보다 심화시키고 발전시키는 과정이 따르지 않으면 안 된다. 부력이 있다면 과학적으로 입증해야 하고 만유인력이 있다면 그것 역시 과학적으로 불변하는 힘이라는 것을 입증해야 한다. 아르키메데스나 뉴턴이 자신의 이론을 완성시키기 위해 수없이 같은 실험을 반복했을 것임은 불을 보듯 뻔한 얘기다.

관찰을 통해 훌륭한 비즈니스 아이디어를 떠올린 사례는 많다. 세계적인 패션 브랜드 '폴 스미스'는 영국 노팅엄의 작은 패션 부티크에서 시작되었다. 그는 늘 세상을 관찰하면서 얻은 영감을 바탕으로 디자인을 만들어내곤 했다. 그는 독창적이면서도 위트 넘치는 영국 클래식을 자신만의 관점으로 재해석함으로써 사람들의 관심과 사랑을 받는 브랜드로 성장시켰다. 그가 디자인한 셔츠 중에 녹색과 옥색, 회색이 배치된 스트라이프 셔츠가 있는데 이는 리투아니아를 여행하던 중한 교회에서 찍은 사진을 바탕으로 한 것이었다. 중국 베이징의 고궁에서 만난 안전요원의 옷 색깔은 남성 정장에 활용되었고, 스커트나가방 무늬에는 런던의 꽃 박람회에서 찍은 사진을 응용하기도 했다. 그에게는 일상에서 만난 모든 장면이 작품의 소재가 되는 셈이다. 그는 "보이는 모든 것이 영감의 원천이므로 모든 것을 관찰하고 그것으로부터 새로운 아이디어를 얻어라"라고 강조한다.

폴 스미스의 경우 관찰한 것이 그대로 디자인이 되는 것처럼 사진작가들이 멋진 풍광을 관찰해 작품사진을 찍는 것이나 화가들이 멋있는 풍경을 보고 그림을 그리는 것들도 모두 마찬가지다. 관찰의 결과가 영감이라는 프로세스를 거쳐 바로 가치로 환산되는 과정을 겪는것이다. 물론 이 경우에도 영감을 발전시키는 과정이 필요하지만 말이다.

창의적인 사람들의 특징 중 하나는 직감이 발달했다는 것이다. 노벨상 수상자의 상당수가 분석보다는 직감에 의해 해결책을 떠올렸다고 하는데 관찰은 이 직감을 자극하는 직접적인 수단이 된다. 인간의감각기관 중 가장 강력한 시각이 다른 감각기관을 깨우고, 두뇌활동을활발하게 만듦으로써 창의적인 생각을 떠올릴 수 있게 만들어주는 것이다. 영감과 직감은 다르다. 영감은(inspiration) 창조적인 일의 계기가 되는 기발한 착상이나 자극을 일컫는다. 직감은(intuition) 사물이나 현상을 접했을 때 설명하거나 증명하지 않고도 곧바로 진상을 알아차리는 감각을 말한다. 영감이 다듬어나가야 할 아이디어를 떠올리는 것에 가깝다고 하면 직감은 바로 해결책으로 연결될 수 있는 생각을 떠올리는 것을 말한다. 직감이나 직관이 발달할수록 통찰력 있는 해결책을 내놓을 가능성이 커진다.

관찰을 기반으로 문제를 해결하라

우리가 살아가는 세상은 문제로 가득 차 있다. 따라서 우리는 죽는 순간까지 수많은 문제를 해결하며 살아가야 한다. 그래서 인생은 철학자 사르트르의 말처럼 '선택의 과정'이라고 해도 과언이 아닐 것이다. 기획이 기존과 다른 접근방법으로 가치를 만들어낸다는 것은 뒤집어 말하면 해결되지 않은 문제가 있기에 지금보다 더 나은 해결책을 찾고 싶다는 말이기도 하다. 문제가 없다면 굳이 기획이 필요 없을 수도 있다. 새로운 제품이나 서비스를 개발하는 것은 기존 제품이나 서비스에 해소되지 않은 문제가 있기 때문이다. 무언가 새로운 일, 새로운 직장, 새로운 삶을 찾으려고 하는 것은 지금 하는 일이나 근무하고 있는 직장, 삶의 방식에 풀리지 않는 문제가 있기 때문이다.

문제해결의 출발점은 발견된 문제를 제대로 정의하는 것이다. 아인슈타인은 문제의 정의가 종종 그 해결보다 더 본질적이라고 했다. 따라서 문제해결 과정에서 무엇보다 중요한 것은 문제를 올바로 바라보는 것이다. 일반적으로 사람들은 문제 자체보다는 해결책에 집중하는 경향이 있다. 문제는 이미 주어진 것이라 보고 올바르게 정의할 생각은 하지 않는다. 하지만 아무리 창의적인 아이디어를 제시한다 해도 문제 자체가 제대로 정의되지 않으면 힘을 발휘하기 어렵다.

아프리카 신생아들의 사망률을 줄일 수 있는 문제에 대해 생각해보자. 인류의 문명이 하루가 다르게 발달하고 있지만 여전히 선진 의료혜택과 거리가 먼 아프리카에서는 신생아들의 사망률이 다른 대륙에 비해 상대적으로 높은 편이다. 그렇다면 사망률이 높은 것이 문제일까? 사망률을 낮추는 것이 해결 과제일까? 그렇다면 사망률을 낮추기 위해서는 무엇을 해야 할까? 그런데 사망률이 높다는 것은 현상으로 드러난 것일 뿐 그것 자체가 문제가 아닐 수도 있다. 사망률이 높다는 현상을 파고 들어가다 보면 신생아들이 체온유지 등 적절한 조치를 받지 못해 사망으로 이어진다는 것을 알 수 있다. 즉, 문제는 사망률이 높은 것이 아니라 신생아들이 필요한 의료조치를 받지 못한다는 것이라 할 수 있다.

문제를 '사망률이 높다'라고 정의하는 것과 '신생아들이 필요한 의료조치를 받지 못한다'로 정의하는 것에는 큰 차이가 있다. '사망률이 높다'라고 하면 해결책은 사망률을 낮추는 것이 될 터인데 답을 찾아내기가 어렵다. 문제가 너무 광범위하고 애매모호하기 때문이다. 이런 식의 문제 정의는 '뭔가 좀 더 좋은 세탁기가 있었으면 좋겠는데…'라고 하는 것과 다를 바 없다. 하지만 '신생아들이 필요한 의료조치를 받지 못한다'라고 문제를 정의하면 해결책은 '신생아에게 필요한 의료조치를 적절히 취하도록 한다'라고 구체적으로 방향을 정할 수 있다. 문제가 올바르게 정의되면 그만큼 해결책을 찾기 쉬워진다. 제과업체의 경우 오랫동안 베스트셀러를 누려온 과자의 매출이 떨어지고 있다면, '매출이 하락한다'라고 문제를 정의하는 것보다 '소비자의 입맛이 변하고 있다'라고 정의하는 것이 훨씬 해결책을 찾기가 쉬운 것처럼 말이다.

모든 문제해결의 첫 단계는 문제를 올바로 정의하는 것인데 여기에 활용할 수 있는 툴 중 하나가 '디자인 씽킹Design Thinking'이다. 디자인 씽킹에 대해 세계적인 디자인 그룹 아이디오IDEO의 CEO인 팀 브라운Tim Brown은 '사람의 요구, 기술의 가능성, 비즈니스 성공에 대한 요구사항을 통합하기 위해 디자이너들이 일하는 방식에서 가져온 인간 중심의 혁신에 대한 접근법'이라고 말한다. 디자인 씽킹이란 제품 디자이너 혹은 산업 디자이너들이 일을 하는 방식에서 차용한 개념이다. 디자이너들은 고객이 의뢰한 문제를 해결하기 위해 반드시 고객 입장에서 공감(empathy)하는 단계를 거친다. 그리고 공감을 위해 고객들이 제품을 사용하는 장면을 관찰하고, 고객들을 인터뷰하며, 자신이 직접 그 제품을 경험해본다. 관찰, 경험, 인터뷰를 통해 고객의 입장에서 공감이 되는 문제를 찾아내는 것이다.

이는 백종원 씨가 〈골목식당〉에서 식당을 컨설팅할 때 사용하는 방법과 같다. 백종원 씨는 식당의 문제를 찾아내기에 앞서 상황실이나 현장에서 음식을 조리하고 서빙하는 장면을 관찰한다. 그리고 현장 또는 상황실에서 식당 주인과 음식에 관한 여러 가지에 대해 인터뷰를 한다. 그리고 식당 주인이 만들어준 음식을 직접 먹어보고 평을 하는데 이는 경험이라고 할 수 있다. 관찰, 경험, 인터뷰를 거친 후에야 비로소 '이 식당의 문제는…' 하며 문제점을 끄집어내고 그것을 해결하기 위한 전략들을 제시한다. 그가 하는 행동들은 전문가로서 하는 것이지만 본질적으로는 어디까지나 식당을 찾는 손님 입장이 되어 하는 것이다.

많은 글로벌 기업들이 디자인 업체를 인수하는 이유도 바로 그 때문이다. 2012년에 딜로이트는 전략 디자인 컨설팅 업체인 '도블린Doblin'을 인수했고 액센츄어도 2013년에 영국의 서비스 디자인 회사인 '피오르드Fjord'를 인수했다. 보스턴컨설팅그룹BCG도 2014년에 디자인 회사인 'S&C'를 인수했으며 맥킨지 역시 2015년에 오랄비 제품의 디자인으로 유명한 디자인 에이전시 '루나Lunar'를 인수했다. 전통적인 경영 컨설팅 영역에 속해 있는 기업들이 이렇듯 앞다퉈 디자인 회사를 인수한 이유는 점점 더 복잡해지는 문제에 대해 새로운 솔루션을 요구하는 고객의 니즈에 대응하기가 쉽지 않았기 때문이다. 기존의 논리적 분석을 바탕으로 하는 전통적인 방법과는 다른 새로운 접근법이 필요했고 고객에 대한 철저한 공감과 이해를 통해 문제를 정의하고 창의적인 솔루션을 제공하는 디자이너들의 문제해결 방식에 관심을 두게 된 것이다.

앞서 언급한 아프리카 신생아 사망률 사례에서 알 수 있듯, 문제에 피상적으로 접근한다면 사망률이 높다는 결론만 도출된다. 현지에서 관찰하고, 인터뷰하고, 경험함으로써 원주민들의 입장에 공감해야 비로소 문제가 올바로 보이기 시작한다. 아프리카 신생아 사망률 문제를 해결하기 위해 다양한 선진국에서는 대량의 인큐베이터를 지원하는 사업을 펼쳤다. 하지만 어쩐 일인지 이후에도 영유아 사망률은 낮아지지 않았다. 이를 의아하게 여긴 사람들이 아프리카 현장으로 찾아가보니 다양한 현실적인 장애가 있다는 것을 알게 되었다.

우선 현지 주민들 입장에서는 인큐베이터가 설치된 병원 이용이 쉽지 않았다. 병원 자체가 많지 않은 데다 도로가 잘 발달되지 않았고, 교통수단마저 부족해 병원에 가고 싶어도 갈 수 없는 환경이었던 것이다. 다행히 병원을 이용할 수 있다고 해도 또 다른 문제가 있었다. 전기 공급 환경이 열악했던 것인데, 마치 우리나라의 6~70년대처럼 정전이 잦아, 전기가 공급되지 않는 날이 더 많았다. 이러한 환경에서 인큐베이터는 자리만 차지하는 무용지물이었던 셈이다. 현장을 이해하지 못한 상태에서 피상적으로 제시한 해결책은 이렇듯 전혀 도움이 되지 않았다.

상황이 이렇다면 해결책을 바꾸지 않으면 안 된다. 사망하는 아이들의 문제를 다시 관찰한 결과 체온유지가 가장 시급하다는 사실을 발견했다. 그렇다면 체온유지만 제대로 이루어져도 사망률을 줄일 수 있다는 것인데 문제를 다시 한 번 정의하면, '신생아들이 체온유지에 필요한 조치를 받지 못해 사망한다'로 구체적으로 정의할 수 있다. 이제 해결책도 방향이 명확해지고 구체화되었다. 병원에 방문하지 않고, 집에서도 편히 쓸 수 있으며, 전기 없이도 작동할 수 있는 수단만 있으면 되는 것이다. 그렇게 고안해낸 것이 바로 '히팅 패드'이다. 온수 순환장치가 설치된 포대기, 특히 체온을 많이 빼앗기는 머리 부분에 모자를 부착한 포대기를 만들어 배포한 것이다. 따뜻한 물은 아프리카라 해도 쉽게 구할 수 있고 전기가 따로 필요 없으며, 언제 어디서나 사용할 수 있는 제품이었다. 이로 인해 아프리카 신생아들의 사망률은 극적으로 줄어들 수 있었다. 사용자 입장에서 공감하고 이해함으로써 현실적인 해결책을 제시할 수 있게 된 기반은 바로 사용자에 대한 관찰이었다.

또 다른 사례도 있다. 국내의 한 컨설팅 업체는 중학교로부터 잔반의 양을 줄일 수 있는 방안을 만들어달라는 의뢰를 받았다. 책상에 앉아 이 문제를 생각할 때 가장 쉽게 떠올릴 수 있는 해결책은 자율배식이다. 밥과 반찬을 먹고 싶은 만큼 스스로 떠먹도록 하는 것이다. 하지만 이러한 답은 전형적인 탁상공론식 발상이다. 수백 명 혹은 수천 명씩 되는 학생들을 어떻게 일일이 밥과 음식을 담아먹도록 한다는 말인가? 시간이 오래 걸리는 등의 부작용도 나타날 수 있다.

이 문제를 해결하기 위해 컨설턴트들이 현장으로 갔다. 그리고 학생들이 밥을 먹는 모습을 관찰하고, 그들과 이야기를 나누고, 직접 밥을 받아 먹어보았다. 그러자 책상 앞에 앉아 생각할 때는 떠올릴 수 없던 문제를 발견할 수 있었다. 그것은 바로 음식의 양을 조절하기 어렵다는 사실이었다. 자율배식이야 자신이 먹고 싶은 만큼 떠먹는 방식이라 상관없지만 일반 배식의 경우 음식을 얼마큼 받느냐는 전적으로 배식하는 사람에게 달려 있다. 배식된 양이 적어 더 달라고 하면 이번에는 너무 많이 줘서 남기고, 처음부터 너무 많으면 그것 역시 남기게 되는 것이다. 그렇다면 문제는 명확해진다. '잔반이 지나치게 많이 발생한다'는 것이 문제가 아니라 '먹고 싶은 만큼 음식량을 조절할 수 없다'가 정말 해결해야 할 문제인 것이다. 문제가 명확해지면 해결책을 찾는 것은 상대적으로 쉬워진다. 스스로 양을 조절할 수 있도록 만들면 되는 것이다. 이 문제 해결을 위해 컨설턴트들은 식판에 금을 그었다.

아이디오가 개발한 물 운반 자전거 아쿠아덕트
(출처_HABITAT 홈페이지)

눈금에 맞추어 자신이 평소 먹을 수 있는 양만큼만 음식을 달라고 하
도록 만든 것이다. 그 결과 버려지는 잔반의 양이 무려 70퍼센트나 감
소했다.

　디자인 그룹 아이디오는 개발도상국 사람들이 깨끗한 물을 마실 수
있게 하는 방법을 찾아내려고 했다. 현지에서 살펴보니 열악한 위생상
태로 인해 식수로 쓰이는 물이 심각하게 오염된 상태였다. 그런데 현
지 주민들은 자전거를 많이 타고 다니며 물을 운반할 때도 자전거를
이용한다는 사실을 알게 되었다. 디자인팀은 이에 착안해 '아쿠아덕트
Aquaduct'라는 자전거를 개발했다. 오염된 물을 자전거 뒤에 설치된 탱
크에 싣고 집으로 이동하는 동안 페달을 밟으면, 정화펌프가 구동돼
자동으로 정수가 되어 자전거 앞의 깨끗한 물통에 저장되도록 만든 것
이다. 전기나 비싼 정수 장치를 쓰지 않고도 오염된 물을 깨끗한 물로

바꿀 수 있게 만듦으로써 저소득층의 식수문제를 손쉽게 해결한 것이다. 이 아이디어로 아이디오는 자전거 제조사 '스페셜라이즈드Specialized'에서 주최한 디자인 공모전에서 대상을 받았다.

이렇듯 사용자를 관찰하는 것만으로도 진정으로 해결해야 할 문제가 무엇인지 명확해지고 해결 방향에 대한 아이디어 도출이 쉬워진다. 아마존 창업자인 제프 베조스는 '18년 동안 아마존을 성공으로 이끈 가장 큰 세 가지 전략은 고객을 우선으로 생각하고, 발명하고, 인내하는 것이다'라는 말을 남겼다. 고객을 우선으로 생각하기 위해서는 문제 정의나 해결책 도출 역시 철저하게 고객의 관점에서 이루어지지 않으면 안 된다. 고객의 입장보다는 자신들의 입장에서 문제를 제기하고 해결해온 전통적인 컨설팅기업들이 앞 다퉈 디자인 회사를 인수한 배경도 이 때문일 것이다.

아이디오는 고객가치를 창출하는 디자인 제품을 만들어내기 위해 '창의적 디자인 사고(creative design thinking)'를 적극적으로 활용한다. 이는 스탠퍼드대학교의 '디 스쿨D-School'과 구글이 고객의 가치창출을 창의적으로 발견하고 개발하기 위해 공동으로 개발한 혁신적인 사고법이다. 디자인이라고 하면 일반적으로 보기에 좋은, 심미적인 측면만 다룬다고 여길 수 있지만 창의적 디자인 사고는 이를 뛰어넘어 창조적인 제품을 디자인하는 방법을 가르친다. 이 사고방식에서는 사람과 사물에 대한 공감적 관찰(empathic observation)을 통해 문제를 재해석(reframing issues)하고 시각적 아이디어를 도출하며, 가시적인 프로토타입prototype을 제작함으로써 사용자를 포함한 이해관계자들로부터 좋은 반응을 얻고 있다. 관찰이 모든 문제 해결의 출발점이라는 것을 누구보다 잘 이해하고 활용함으로써 성과를 만들어내고 있는 것이다. 이들이 사용하는 창의적 디자인 사고 프로세스는 발견하기, 해석하기, 아이디어 제시하기, 실험하기, 발전시키기의 다섯 단계로 이루어지는데 가장 앞선 발견하기 단계에서 고객에게 의미 있는 해결책을 제시하기 위해 그들의 욕구를 깊이 이해하는 활동들이 이루어진다. 이 과정에서 관찰과 경험, 인터뷰가 적극적으로 활용되는 것이다.

2005년에 아메리카 은행Bank of America이 '신규 은행계좌를 늘리는 방법'을 찾아달라고 요구해 왔을 때 아이디오가 한 일은 환경 및 데이터 분석 또는 다른 은행의 사례 조사 등이 아니었다. 일반적인 기업과 컨설팅 회사들은 이러한 방식의 접근법을 사용하지만 분명한 한계가 존재했다. 사람들의 일상을 관찰한 결과 저축을 하고 싶어도 여윳돈이 없어 저축을 못 하는 사람들이 많고, 물건을 사고 남은 잔돈을 통에 모은다는 사실을 알게 되었다. 이로부터 '잔돈 보관(Keep the Change)'이라는 상품을 개발하게 되었고, 3년 만에 500만 명이 넘는 가입자로부터 5억 달러(약 5,650억 원)가 넘는 금액을 예치하는 놀라운 성과를 거둘 수 있었다.

이처럼 문제해결 과정에서 관찰은 문제를 정의하고 해결책을 찾는 데 핵심적인 역할을 한다. 현상학의 거장인 마르틴 하이데거Martin Heidegger는 "사람들을 이해하길 원한다면 그 사람들의 눈과 귀가 되어 그들이 사는 세계를 경험하고 그들의 관점으로 보아야 한다"고 했다. 그의 말 자체가 디자인 씽킹에서 말하는 고객의 입장에서 공감하고, 이해한 것을 바탕으로 문제를 정의하고, 해결하라는 것과 조금도 다르지 않다.

임신 체험복을 입은 예비 아빠들
(출처 _pregnantdad 홈페이지)

경험을 통한 관찰은 더욱 큰 위력을 발휘할 수 있다. 어린 아이들의 창의력을 높이기 위한 수단 중 하나로 각종 체험학습이 인기가 높다는 것은 경험의 소중함을 입증하는 것이기도 하다. 남성들을 대상으로 임신과 출산 시의 진통 체험을 해보도록 만드는 프로그램도 있다. 우리나라에서도 많은 유명인들이 체험하거나 방송에 방영되면서 큰 이슈가 되었는데, 남성들이 7킬로그램 혹은 그 이상의 무거운 임신 체험복을 입고 운전이나 요리 등 다양한 일상생활을 경험하거나 출산 시 고통을 경험함으로써 임산부 입장에서 상대를 이해하도록 만든 프로그램이다. 이 프로그램을 경험한 남자들은 짧은 시간의 경험만으로도 임산부의 고통을 알 수 있었다. 이는 눈으로 보는 관찰이라기보다는 감각적인 관찰이라고 할 수 있지만 경험이 기존에 몰랐던 사실을 깨닫게 해주고 새로운 관점에서 대상을 바라보게 해준다는 사실을 잘 알려주고 있다.

유니버셜 디자인의 20대 디자이너 패트리샤 무어Patricia Moore가 노인들을 위한 제품 디자인을 위해 80대 노인 분장을 하고 장장 3년에 걸쳐 미국과 캐나다를 돌아다니며 불편한 사항을 발견하려고 했던 사례도 있다. 경험하지 않았다면 관찰하지 못했을 것이고, 관찰하지 못했다면 발견 또한 없었을 것이다. 경험과 관찰을 통해 비로소 사람들이 공감할 수 있는 가치를 만들어낼 수 있었던 것이다.

2004년부터 장장 15년에 걸쳐 방영된 영국의 드라마 시리즈 〈닥터 마틴〉에는 마틴 엘링엄Martin Ellingham이라는 괴팍한 의사가 등장하는데 그는 직접 진찰하지 않고서는 어떤 처방도 내리지 않는다는 철칙을 가지고 있다. 환자의 말만 듣고 '그럴 것이다'라는 추측 하에 처방을 내리면 잘못된 치료가 이루어지고 병을 제대로 치료할 수 없다는 소신으로부터 비롯된 것이다. 이렇듯 근본적인 문제 해결을 위해서는 자신의 경험과 지식만으로 문제를 정의하고 해결하기보다는 관찰부터 시작해야 한다.

명탐정 셜록이 범인을 잡기 위해 제일 먼저 하는 일도 현장을 살펴보는 일이다. 현장을 관찰해 얻은 단서를 바탕으로 가설을 세우고, 그것을 검증해나가는 과정을 거쳐 범인을 찾아낸다. '답은 항상 현장에 있다'는 말이 있다. 문제가 발생했을 때 답을 찾기 위해서는 무엇보다 먼저 현장을 관찰하는 것이 중요하다는 뜻이다. 그러므로 뛰어난 사냥

꾼이 되기 위해서는, 뛰어난 문제해결 역량을 갖추기 위해서는 보다 적극적으로 관찰을 활용해야 할 것이다.

PART 6
관찰력을 키워주는
일상의 훈련

HAWK EYES

우리는 앞서 가치창출을 위한 기획의 출발점으로써의 관찰의 역할과 관찰의 중요성, 관찰의 대상과 관찰하는 요령 등에 대해 다루었다. 관찰의 장점 중 하나는 별도의 시간이나 장소를 정해놓고 하지 않아도 된다는 것이다. 사무실에서 혹은 친구를 기다리는 카페에서, 집으로 돌아가는 전철 안에서, 점심을 먹고 난 후 나른한 몸을 달래기 위한 산책길 등 어디서나 손쉽게 할 수 있는 것이 관찰이다. 일상에서 마주치는 모든 장소와 모든 시간에 관찰 습관을 몸에 익히다 보면 언젠가는 사냥꾼의 눈으로 세상을 볼 수 있게 되고 그로부터 가치 있는 발견을 이루어낼 수도 있다. 이제 사냥꾼의 눈을 갖기 위한 간단한 연습을 해보도록 하자.

그림이나 사진을 보며 묘사하기

관찰력을 기르는 데 있어 가장 좋은 방법 중 하나는 미술작품을 감상하는 것이다. 미술작품을 감상하는 이유는 단순히 예술적 감동을 느끼기 위한 것뿐만 아니라 그림을 보면서 그 세부적인 내용들을 놓치지 않고 묘사하기 위한 것이다. 《우아한 관찰주의자Visual Inteligence》를 쓴 에이미 E. 허먼Amy E. Herman은 미술작품을 활용해 관찰역량을 높이는 '지각의 기술'이라는 프로그램을 운영 중인데, '미술에는 관찰과 지각과 소통 기술을 연마하는 데 필요한 모든 것이 담겨 있다. 미술작품을 보고 어떤 상황인지 말할 수 있다면 일상 속에서 접하는 장면에 관해서도 말할 수 있다'고 주장한다. 미술작품을 보면서 상황을 묘사하는 연습을 거듭하면 실생활에서도 관찰력이 높아질 수 있다는 것이다.

의사에게 있어 환자를 관찰하는 일은 매우 중요한 일 중 하나이다. 환자가 스스로 언급하는 증상만 가지고는 환자의 병이 무엇인지 정확히 진단하기 어렵기 때문이다. 환자의 혈색이나 눈동자의 움직임, 피부의 상태, 손의 떨림이나 발음의 정확도 등 겉으로 드러난 모습을 보면 환자가 미처 말하지 못하거나 환자가 자각한 것과 다른 증상에 대한 실마리를 잡을 수 있고 더욱 정밀한 치료가 가능해지기 때문이다. 그래서 하버드 의대생들은 관찰력을 기르기 위해 미술작품을 감상하는 수업을 듣는다고 한다. 미술작품을 감상하면서 길러진 관찰력이 환자를 돌보는 데 큰 힘을 발휘한다고 믿기 때문이다.

하버드뿐만 아니라 많은 의과대학에서 미술수업을 정식과목으로

텍사스대학교 의료센터와
댈러스 미술관이 협업하는
미술수업
(출처_댈러스 모닝 뉴스)

도입하고 있는데 텍사스대학교의 남서부 의료센터University of Texas
Southwestern Medical Center는 댈러스 미술관Dallas Museum of Art과 협업
해 '관찰의 기술Art of Observation'이라는 수업을 운영한다. 이 대학의
보웬 히Bowen He 교수 등은 미술수업이 실제로 관찰역량과 공감능력
의 향상을 가져오는지 검증하기 위해 2015년부터 2017년 사이에 미
술수업을 수강한 의대생들을 대상으로 평가분석을 실시했다. 그들은
학생들에게 미술관 수업 후에 인식능력이나 사고, 감정 등을 파악할 수
있는 개방형 질문들을 제시하고 그 내용을 분석한 것이다.

　　그 결과 수업을 이수한 학생들의 관찰력이 향상되었을 뿐만 아니
라 기술적인 내용을 구두로 설명하는 역량 또한 향상된 것을 확인했다
고 한다. 의사의 임무는 단지 환자가 가진 병이 무엇인지 밝혀내고 치
료하는 것뿐만 아니라 환자와 보호자들에게 관련 내용을 이해하기 쉽
도록 전달할 책임도 있는데 미술수업이 관찰력은 물론 설명력까지 향

상시켜 주었다는 것이다. 앞서 허먼이 말한 것처럼 미술 감상이 관찰과 지각, 소통 능력을 향상시킨다는 명제가 사실로 입증된 것이다. 뿐만 아니라 자기인식이나 인내심, 의료행위에 대한 인도적인 측면의 관점이 모두 개선되었으며 번아웃burn-out 증상도 줄었다고 한다. 단지 관찰역량뿐 아니라 기술記述능력, 공감능력, 인내심과 내면적인 스트레스 수용성 등 모든 면에서 효과를 거두었으니 일석삼조가 아닐 수 없다. 비록 우리는 의사가 아니지만 효과가 검증된 그림 또는 사진을 감상하는 방식의 훈련을 해보는 것도 나름 의미 있는 일이 될 것이다.

다음에 제시된 그림을 보면서 관찰할 수 있는 내용들을 모두 종이에 적어보라. 피상적으로 대충 훑어보고 적기보다는 최대한 꼼꼼히 살피면서 자세히 적는 것이 바람직하다.

관찰을 할 때 중요한 것은 보이는 것을 그대로 묘사하는 것이다. 앞서도 말했지만 최대한 자신의 감정이나 의견을 배제한 채 객관적이고 중립적인 입장에서 보이는 것만 묘사하는 것이 중요하다. 그림 중앙에는 앳돼 보이는 여자와 남자가 있다. 10대 후반이나 20대 초반 정도로 보이지만 그렇게 단정 짓는 것은 안 된다. 여자는 머리를 위로 묶어 올리고 붉은색 천을 이용해 리본 형태로 머리를 고정했다. 리본처럼 보이지만 머리 뒷부분에도 붉은색 천이 있는 것으로 보아 리본이 아니라 머리 전체를 뒤덮는 두건이 아닐까 싶지만 역시 단정할 수 없다. 얼굴은 살짝 미소를 띤 듯 보이지만 미소인지 찡그린 것인지 알 수 없다. 그건 주관적인 판단이기 때문이다. 대신 '왼쪽 입꼬리가 살짝 올라가 있다'라고 표현하면 좋을 것이다. 양쪽 볼은 불그스름하게 상기되어 있는데 햇빛 때문인지 언덕길을 걸어 올라온 때문인지는 알 수

없다. 귀에는 둥그란 모양의 하얀 귀걸이를 하고 있다.

여자가 입고 있는 옷을 한 번 살펴보자. 겉으로 드러나 보이는 옷은 모두 세 벌로 보인다. 맨 안쪽에 몸에 꽉 끼는 드레스를 입고 있고 그 위에 겉옷 그리고 다시 바깥쪽에 망토처럼 생긴 것을 걸치고 있다. 드레스의 위쪽은 하늘색이고 치마는 노란색이다. 치마에 잡힌 주름으로 보아 치마가 꽤 풍성하다는 것을 알 수 있다. 그리고 앞단에 하얀색 천이 덧대어 있다. 노란색이 살짝 비쳐 보이는 것으로 볼 때 아주 얇은 시스루 천임을 알 수 있다. 드레스 위로 외곽선을 따라 화려한 레이스가 달린 하늘색 상의를 걸치고 있다. 이 상의는 허리를 지나 엉덩이를 가릴 정도로 길어 보인다. 앞가슴에는 클로버 모양의 하얀 리본 장식이 걸려 있는데 자세히 보면 목에도 같은 재질의 천이 둘러져 있다. 그것으로 보아 가슴의 리본과 목에 둘러진 천이 하나로 연결된 펜던트 형태의 장식일 것이라 추정되지만 확실하지는 않다. 맨 바깥쪽에는 하얀색 망토를 두르고 있다. 망토의 외곽선을 따라 검은색 띠가 둘러져 있는데 그것이 모피인지 단순히 천인지는 확인하기 어렵다. 전체적으로 여자가 입고 있는 옷으로 볼 때 꽤 화려하다는 것을 알 수 있다. 다소 수수해 보이는 뒤편의 남자와 대비하여 귀족 여성과 수발드는 하인으로 볼 수도 있지만 그렇게 판단하는 것은 전혀 객관적이지 못하다. 남자가 여자의 오빠나 동생 등 가족일 수도 있고 친구나 연인일 수도 있으니 말이다.

망토 밖으로 내민 여자의 오른손에는 부채가 쥐여져 있다. 접었다 폈다 할 수 있는 부채는 윗부분은 밝은 색이고 아랫부분은 어두운 색이다. 여자의 무릎 위에는 강아지 한 마리가 정면을 향한 채 웅크리고 있다. 자고 있는 것처럼 보이지만 눈을 뜨고 있는지 감고 있는지는 알 수 없다. 목에는 빨간 목줄을 하고 있으며 희끗희끗 하얀색이 보이는 것으로 보아 얼굴 부위에 하얀 털이 있음을 알 수 있다.

여자 뒤편의 남자는 오른손에 양산을 들고 왼손은 허리에 대고 있다. 초록색 양산은 휘어진 부분과 살이 지나는 자리에 빛바랜 흔적들이 보인다. 이를 두고 꽤 오래 사용한 것처럼 보인다고 할 수 있는데 이역시 확인할 수 없는 주관적인 추정일 뿐이다. 남자의 표정은 어둡지도 밝지도 않다. 남자 역시 하늘색 두건으로 머리를 장식하고 있는데 이마 위로 리본 매듭이 보인다. 여자와 남자 모두 동일한 형태로 머리장식을 한 걸 보면 당시에 저 스타일이 유행했을 거라 짐작할 수 있다. 남자는 노란색 상의와 하의를 입고 있는데 양산으로 인한 그늘 때문에 짙은 갈색으로 보인다. 하지만 그늘이 드리우지 않은 남자의 어깨 쪽이 밝은 노란색인 것으로 보아 전체적으로 노란색이라는 것을 알 수 있다. 단추가 꽤 많은 빨간색 조끼를 입고 있고 안에는 하얀색 블라우스를 입고 있으며, 목에는 검은색 스카프를 둘렀다. 스카프는 가슴 정도에서 매듭을 만들어 길게 늘어지도록 했고, 허리에는 갈색이 섞여 있는 군청색 허리밴드를 하고 있다.

이제 주위 풍경으로 시선을 돌려보자. 여자의 오른쪽에 보이는 그리 높지 않은 담장은 벽돌을 쌓아 만든 것으로 보인다. 담장 아래쪽으로는 식물들이 자라고 있고 망토 바로 옆으로 적어도 7개의 잎을 가진 바람개비처럼 생긴 식물이 있으며 주위에는 풀들이 깔려 있다. 노란색 치마 아래로 살짝 풀잎의 실루엣이 보이는 것으로 볼 때 풀밭 위에 앉아 있다는 것을 알 수 있다. 그림 오른쪽 하단에는 나무들이 서 있다. 남자의 뒤로는 잎이 무성하지 않은 나뭇가지가 보이는데 오른쪽으로 휘어져 있고 나뭇잎의 방향 역시 오른쪽을 향하고 있는 것으로 보아 왼쪽에서 오른쪽으로 바람이 불고 있는 것 같다. 이는 추측이긴 하지만 나뭇잎의 방향이 모두 오른쪽이나 오른쪽 아래 방향을 향하고 있는 것으로 볼 때 바람이 불고 있음이 틀림없다. 그렇지 않다면 나뭇잎들이 위로 향해 있어야 할 테니 말이다. 더 뒤쪽으로는 구름이 꽤 많이 끼었음을 볼 수 있다. 오른쪽 위편으로는 구름이 없는 맑은 하늘이 보인다.

처음 그림을 보았을 때 관찰한 것들 중 놓친 것은 없는가? 이 글을 읽다 보면 똑같은 그림을 보고도 자신이 못 보고 놓친 것들이 많다는 것에 놀랄 수도 있다. 그런데 위에서 언급한 내용이 관찰할 수 있는 것의 전부는 아니다. 혹시 양산으로 인해 드리워진 그림자를 보았는가? 자세히 살펴보면 여자의 어깨부터 가슴을 지나 남자의 오른쪽 가슴과 팔에 이르는 그림자가 보일 것이다. 남자의 상체 거의 대부분이 짙은 갈색으로 보이기 때문에 그것이 양산으로 만들어진 그림자인지 자연적인 명암인지 구분하기는 어렵지만 오른쪽 팔을 보면 분명 밝은 부분과 어두운 부분이 있어 그림자가 졌다는 것을 알 수 있다. 게다가 여자의 왼쪽 턱 아래로부터 목에 이르는 부분은 살짝 밝은데 마치 햇빛이 거울에 반사된 듯한 느낌이 든다. 이로부터 비록 두 사람의 뒤쪽으로는 구름이 꽤 많이 있지만 그림을 그리는 시점에 앞쪽으로는 해가 떠 있음을 알 수 있다.

이 그림은 낭만주의 화가인 스페인의 프란시스코 고야Francisco Goya의 초창기 작품 중 하나인 〈파라솔〉이다. 그림에 등장하는 젊은 남녀는 각각 마하Maja, 마호Majo라고 불린 프롤레타리아 출신의 멋쟁이들이다. 이 그림이 그려진 1777년 당시 스페인 마드리드에서는 마하와 마호가 집시를 연상시키는 화려한 옷차림과 자유분방한 행동으로 선풍적인 인기를 끌었으며 귀족들마저 이들의 유행을 따라 할 정도였다. 고야가 시골을 떠나 마드리드에서 생활한 지 얼마 안 되는 시기에 그린 이 작품은 우리가 알고 있는 고야의 그림과는 다소 거리가 있어보인다. 아무튼 이 그림은 마하와 마호가 마드리드의 어딘가에서 보내는 즐거운 시간을 담은 것이다. 여자를 사치스러운 귀족으로 여겼거나 남자를 시중드는 하인이라고 생각했다면 그 생각은 틀린 것임을 알 수 있다.

그림을 살펴보는 것으로 연습을 해봤지만 관찰이라는 게 그리 쉽지는 않다. 게다가 자신의 주관적인 생각을 배제하고 객관적인 사실만 관찰하기는 더더욱 어렵다. 앞서도 말했지만 우리는 자신의 경험을 통해 만들어진 사고의 필터를 통해 세상을 바라보기 때문에 무엇을 보든 그 순간 판단하려는 경향이 있다. 당연히 판단에는 주관적인 느낌이 개입될 수밖에 없어 무언가를 객관적이고 중립적으로 본다는 것은 쉽지 않다. 그러나 이런 훈련을 반복적으로 하다 보면 부분적으로 세밀하면서도 전체를 놓치지 않는 관찰역량이 성장한다. 특히 이러한 훈련은 실제 시각적 관찰이 업무의 성과와 직접적으로 연관된 사람들에게 더욱 효과적이다. 예를 들어 사건현장을 조사하는 경찰관이나 화재현장을 살펴보는 소방관, 생산현장을 점검하는 생산관리자, 안전시설을 점검하는 안전요원, 학생들을 꼼꼼히 살펴야 하는 교사, 환자의 상태를 예리하게 살펴보아야 하는 의사, 신고대상 물품을 몰래 들여오는 사람을 적발해내는 세관원 등에게 유용한 훈련수단이 될 수 있다. 그러므로 이러한 훈련을 반복적으로 하는 것은 관찰력을 높이는 데 도움을 준다.

한 번 더 연습을 해보자. 다음 페이지에 제시된 그림을 보며 관찰할 수 있는 모든 것들을 종이에 적어보라.

아마 앞서 살펴보았던 그림에 비해 이번에는 신경을 써서 더 많은 것을 관찰하고 자세히 적었을 것이라 생각된다. 대략적인 상황부터 살펴보자. 그림 가운데 커다란 통나무가 있고 두 남자가 주위에 있다. 등을 돌리고 있는 남자의 왼발이 통나무에 기댄 채 구부려져 있고 두 다리가 넓게 벌어져 있다. 다리를 벌린 자세와 오른쪽 다리의 모습으로 보아 무게중심이 오른쪽에 실려 있는 것으로 보이는데 일반적으로 이런 자세는 힘을 주려고 할 때 나온다. 남자가 기다란 물체를 나무에 대고 있고 그 물체가 지나간 자리에 굵은 선이 있는 것은 남자가 톱을 이용하여 나무를 자르고 있음을 나타낸다. 반대편 남자는 잘린 통나무 틈 사이로 무언가를 집어넣어 힘껏 당기고 있다. 무엇을 하는지는 잘 모르겠으나 잘린 통나무를 분리하는 일을 하는 듯 보인다.

아마 대개의 사람들은 이 정도를 관찰했을 것이다. 그런데 전체적으로 어두운 이 그림이 낮인지 밤인지 알 수 있을까? 단서를 찾을 수 있는가? 통나무와 풀밭에 드리운 남자의 그림자가 힌트가 될 수 있다. 파란색 바지를 입은 남자의 오른발 아래로 그림자가 보이고 통나무에도 굴곡을 따라 그림자가 진 걸 보면 등을 돌리고 있는 남자의 오른쪽 방향에서 해가 비치고 있음을 알 수 있다. 남자가 무척 힘이 들 것이라는 사실을 유추할 수 있는 힌트도 있다. 무엇일까? 등을 돌리고 있는 남자의 오른쪽 멜빵이 흘러내려 허벅지에 걸쳐 있는 것이 보이는가?

일반적으로 몸을 많이 움직이는 활동을 하다 보면 멜빵이 흘러내릴 수 있다. 그것으로부터 남자가 멜빵이 흘러내릴 정도로 격렬하게 톱질 중이라는 사실을 알 수 있다.

그런데 두 남자 외에 또 한 사람이 있다는 것을 발견했는가? 아마 제3의 남자를 발견하지 못한 사람들이 많을 것이다. 자세히 살펴보면 앞을 보고 있는 남자와 등을 돌린 남자 사이로 삼각형의 꼭짓점을 이루는 부분에 도끼를 치켜들고 나무를 내려치려는 사람의 모습이 보인다. 도끼는 수평면에서 30도쯤 치켜 올라가 있고 오른쪽에서 왼쪽으로 막 도끼를 내려치려는 참이다. 해가 진 후에 나무를 벨 리 없으므로 이 장면은 낮에 작업하는 모습을 그린 것이라 할 수 있다. 조금 더 나아가 남자가 등을 지고 도끼질을 하는 것이 아니라 앞으로 보고 도끼질을 하는 것으로 보아 오른손잡이가 아니라 왼손잡이일 가능성이 크다. 의도적으로 왼쪽과 오른쪽을 바꿔가면서 작업할 수도 있겠지만 만일 저 남자가 오른손잡이라면 등을 진 상태에서 도끼질을 하는 것이 훨씬 편하다. 하지만 남자가 앞을 보고 있다는 것은 왼손이 더 숙달되어 있음을 나타낸다. 이 그림은 〈만종〉과 〈이삭 줍는 여인들〉을 그린 장 프랑수아 밀레Jean-François Millet의 〈톱질하는 벌목인부들〉이라는 작품이다.

이처럼 그림을 보면서 세세한 부분을 빠짐없이 살펴보는 훈련이 반복되다 보면 그것이 뇌에 의식적인 습관으로 자리 잡을 수 있고 시간이 지날수록 관찰역량은 더욱 향상될 것이다. 그림 대신 사진을 보면서 훈련을 하는 것도 좋은 방법 중 하나다. 앞서 살펴본 그림들은 유화의 특성상 세세한 내용들을 파악하기가 쉽지 않지만 선명하게 찍힌 사진은 세밀한 부분까지 관찰하기가 용이하다. 그러므로 그림 혹은 사진을 이용해 관찰력을 키우는 노력을 해보기 바란다.

그림으로 기록하기

그림이나 사진을 살펴보는 것보다 더 뛰어난 관찰훈련은 그림을 직접 그려보는 것이다. 필자의 책꽂이에는 세 권의 드로잉 서적이 있는데 그 책들에서 공통으로 하는 말은 '보이는 만큼 그릴 수 있다'는 것이다. 잘 그리려면 먼저 잘 보려고 해야 한다. 일반적으로 그림이라고 하면 선천적으로 타고난 재능을 언급하며 손사래를 치는 사람들이 많겠지만 그림을 못 그리는 이유 중 하나는 관찰하지 않기 때문이다. 예를 들어 무언가를 그릴 때 한 번에 그리는 선의 길이가 관찰력의 길이인데 어떤 사람은 한 번 그릴 때 2~3센티미터 정도의 선만 긋는가 하면 어떤 사람은 거침없이 선을 그려나간다. 선을 짧게 그린다는 것은 짧은 선의 길이만큼밖에 안 보이는 것이다.

그림을 그리려면 대상이 되는 물체나 상황을 주의 깊게 바라보지 않으면 안 된다. 전체적인 사물의 배치, 사물 간의 크기 비교, 사물이 가지고 있는 특징, 질감, 사물에 영향을 미치는 햇빛이나 바람과 같은 환경요소들, 시간에 따른 대상의 변화 등을 세세하게 관찰하고 그것을 포착해낼 수 있는 사람일수록 더욱 뛰어난 그림을 그릴 것임은 두말할 필요가 없다. 전체적으로 사물들 간의 조화가 이루어지지 않고 비율이 안 맞는다면 그만큼 관찰을 못하기 때문일 것이다. 누군가의 두드러진 특징을 포착해 그것을 극도로 부각시키는 그림을 캐리커처라고 하는데 이 그림의 힘은 대상이 가진 특징을 얼마나 잘 찾아내느냐에 달려 있다. 따라서 그림을 그리다 보면 사물을 바라보는 시각이 달라지고 그 안에서 특징을 찾아내는 힘이 길러질 수밖에 없다. 사물의 변화를 알아차리기 쉬워지며 때로는 눈에 보이지 않는 미묘한 차이를 발견할 수도 있다. 그러한 것이 세상을 바라보는 눈으로 확대되면 일상에서의 관찰능력도 높아질 것이다.

하루에 30분씩만 시간을 내서 주위 사물을 그려보라. 그림을 그린다고 해서 화가들처럼 잘 그려야 한다는 부담을 가질 필요는 없다. 그림을 그리는 이유가 관찰력을 기르기 위함이지 화가가 되기 위함은 아니기 때문이다. 누구에게 보여줄 필요도 없다. 그냥 눈에 보이는 것을 빠짐없이 꼼꼼히 살피며 그림을 그리다 보면 사물을 바라보는 시각이 달라지고 사물에 숨겨진 특징을 찾아내는 힘이 길러질 것이다. 그렇게 1년 정도만 한다면 다른 사람들에 비해 훨씬 뛰어난 관찰력을 가질 수 있을 것이다. 다음 이미지를 한 번 보자.

이것은 사진일까, 아니면 손으로 그린 것일까? 누구도 이 그림을 손으로 그렸다고 생각할 사람은 없을 것이다. 의심할 여지없이 사진처럼 보이지만 스웨덴의 극사실주의 작가 요하네스 웨스마크Johannes Wessmark가 아크릴과 유화물감을 이용해 손으로 직접 그린 그림이다. 마치 살아있는 것 같은 피부의 질감과 색조, 햇살을 받아 일렁거리는 물결의 움직임, 한 올 한 올 늘어진 머리카락 등이 그림이라고 믿기 어려울 만큼 섬세하게 묘사되어 있다. 사진과 함께 비교해보면 100퍼센

요하네스 웨스마크의 극사실화 ⓒJohannes Wessmark

트의 싱크로율을 나타낼 듯싶다. 놀라운 것은 요하네스 웨스마크는 그림을 정식으로 배워본 적이 없다는 것이다. 독학으로 배운 그림 솜씨가 저 정도라니 그저 혀를 내두를 수밖에 없다.

　이 그림을 그리기 위해서는 섬세한 관찰이 바탕이 되었을 것임은 의심의 여지가 없다. 사물의 외곽은 물론 얼굴과 피부 톤의 변화, 햇살에 반사된 물결의 모양, 굴절된 수영장 바닥의 타일 모습 등을 마치 현미경을 통해 들여다보듯 세심하게 관찰해야만 이런 그림이 완성될 수 있다. 그러므로 그의 작품은 관찰의 뛰어난 힘이 바탕이 되었기 때문에 가능한 것이라고 볼 수 있다. 이런 극사실주의 작품을 그리는 것이 목적은 아니지만 그림을 그리다보면 대상을 세밀히 관찰하지 않을 수 없고 따라서 관찰역량은 높아질 수밖에 없다.

본 것을 떠올리며 메모하기

기억력 천재로 알려진 에란 카츠Eran Katz는 우리나라에도 여러 차례 방문한 바 있다. 그는 10년 전의 특정한 날에 일어난 모든 일들을 하나도 빼놓지 않고 세세하게 기억하는 비범한 재능을 가지고 있다. 또한 500개의 단어를 단 한 번만 듣고 모두 기억함으로써 기억력 부문에서 기네스북에 오른 인물이기도 하다. 그는 강연장에서 사람들이 불러주는 20자리 숫자를 한 번만 듣고 정확히 기억해냄으로써 감탄을 불러일으키기도 한다. 그는 자신의 기억력의 비밀을 집중하고, 관심을 가지고, 관찰하는 것이라고 말한다. 세심하게 주위를 관찰하고 그로부터 특징을 찾아내 엉뚱한 상상으로 연결함으로써 기억을 쉽게 떠올릴 수 있게 한다는 것이다.

예를 들어 '고양이가 높은 곳에서 떨어졌는데 아무 일도 일어나지 않았다', '캥거루는 뒷걸음질을 치지 못한다', '미국의 한 가정집에 70마리의 호랑이가 살고 있다'는 사실을 기억해야 한다면 그 내용을 주변의 장소와 연결 지어 기억하는 식이다. 주변을 둘러보면 천장과 출입문, 책상 같은 것들을 찾을 수 있다. 그러면 고양이를 천정과 연결 지어 수많은 고양이가 천정으로부터 떨어지는 것을 상상하는 것이다. 출입문을 보면서 캥거루가 출입문으로 걸어 들어오고, 책상에서는 호랑이가 으르렁거리거나 할퀸다고 상상하는 식이다. 이렇게 하면 기억을 위한 연결고리들이 형성되고 그것이 강화되면 시간이 지나도 쉽게 잊히지 않는다고 한다.

기억력의 원리에 대해
강연 중인 에란 카츠
(출처_미얀마 타임스)

에란 카츠의 이야기를 거꾸로 한 번 생각해보자. 무언가를 기억하기 위해서는 상상력이 필요하고 상상력을 발휘하려면 주변 요소들의 특징을 찾아내야 하며, 그러기 위해서는 주변을 관찰할 수밖에 없다는 것이다. 본 것을 떠올리며 기록하기 위해서는 이 과정들을 모두 거쳐야 한다. 관찰하지 않으면 특징을 찾아낼 수 없고, 특징을 찾아내지 못하면 상상력을 발휘하기 어려우며, 상상력이 동원되지 않으면 기억은 오래 갈 수 없다. 따라서 본 것을 떠올리며 기록하는 훈련을 거듭하다 보면 형상화하는 과정이 따르게 되고 관찰력도 높아질 수밖에 없다. 그러므로 매일 낮에 본 것을 떠올리며 기록을 남기는 습관을 들이는 것이 좋다. 단, 이때의 기록은 짧은 것보다는 세밀한 것이 더욱 좋다. 앞서 본 요하네스 웨스마크의 그림처럼 말이다. 대략적으로 특징만 기록하는 것보다는 세세한 내용을 적으려고 할수록 더욱 많은 것을 관찰할 수 있을 테니.

가장 좋은 것은 무언가를 관찰한 즉시 기록을 남기는 것이다. 하지만 때로는 즉시 기록을 남기기 어려울 때도 있다. 이럴 때 '관찰 – 특징의 파악 – 상상 – 기억'의 매커니즘을 활용하면 시간이 지난 후에도 기록을 남길 수 있다. 그리고 이러한 기록들은 훗날 창의적 사고의 재료로 활용할 수 있다. 기억과 상상력 사이에 밀접한 관계가 있다는 것은 이미 앞서 말한 바 있다. 한 발 더 나아가 본 것을 글로 기록하지 않고 그림으로 기록을 남기는 것도 시도해볼 만한 방법이다. 그림을 못 그리는 사람은 그리는 행위 자체에 대해 거부감을 가질 수 있지만 그림을 잘 그릴 필요는 없다. 다만 관찰한 것을 세세하게 떠올리고 가급적 많은 내용들을 그려 넣는 것이 중요하다. 보고, 떠올리고, 그리는 것은 시각적 사고의 세 가지 필수요소이기도 한데 이 세 가지를 잘 활용할수록 시각적 사고역량은 높아지고 상상력이나 창의력을 발휘하는 데도 도움이 될 것이다.

메타인지로 관찰 수준 파악하기

인간이 다른 동물들과 차별화되는 요소 중 하나로 '메타인지(meta cognition)'라는 것이 있다. 메타는 그리스어로 '한 차원 높다'는 뜻인데 메타인지라고 하면 한 차원 높은 곳에서 인지하는 것을 말한다. 즉, 자신이 무엇을 인지하고 있는지 자체를 인지하는 능력이라고 할 수 있으며, 객관적으로 자신의 상태를 돌아보는 것을 말한다. 화가 날 때 자신이 화가 난 것을 인지하는 게 메타인지다. 네덜란드 라이덴대학교의 마르셀 베엔만Marcel Veenman 교수에 따르면 아이들의 성적에 미치는 영향이 지능지수는 25퍼센트에 불과했지만 메타인지 능력은 40퍼센트의 영향을 미친다고 한다. 메타인지 능력이 높은 아이들의 경우 자신이 무엇을 알고, 무엇을 모르는지를 객관적으로 알 수 있기 때문에 아는 것은 넘어가고 모르는 부분만 집중적으로 학습함으로써 성적을 끌어올릴 수 있다는 것이다. 이는 마치 바둑이나 장기에서 경기를 하는 사람이 아니라 훈수를 두는 사람처럼 자신을 바라보는 것을 말한다. 보통 경기를 하는 사람들은 그 안에 몰입돼 상황을 객관적으로 보지 못한다. 반면 옆에서 구경하는 사람들은 자신이 개입된 것이 아니므로 양쪽의 상황을 보다 냉정하게 바라볼 수 있고 객관적으로 판단하기 쉬운 것이다. 경기를 하는 사람들은 보지 못하는 것을 옆에 있는 사람은 볼 수 있는 이유도 그것 때문인데 스스로를 훈수 두는 사람처럼 바라보는 연습이 필요하다.

미국의 심리학자인 존 플라벨John H. Flavell은 인간은 메타인지를 통해 문제해결에 필요한 것이 무엇인지 선택해 계획을 세우고, 얻어진 해답을 확신하기 위해 관찰하고 통제하는 사고과정을 거친다고 한다. 이러한 지적활동 과정을 거쳐 지식의 효율을 높이고 문제해결 역량이 강화되어 창의력이 증폭된다는 것이다. 우리가 잘 알고 있는 소크라테스의 문답법이 자신이 알고 있는 것과 모르고 있는 것을 질의응답 과정을 거쳐 스스로 파악하게 만듦으로써 메타인지를 학습하는 방법이라 할 수 있다.

콜롬비아 대학교의 리사 손Lisa Son 교수는 '쉽게 배운 것은 쉽게 잊어버리지만 어렵고 힘들게 학습한 것은 뇌에 남는다'며 '계속 반복해서 보는 것보다 스스로 해당 부분에 대해 설명하는 셀프 테스트를 하는 것이 더욱 효과적'이라고 한다. 이 말은 무언가를 공부했을 때 그 것을 계속 암기만 하는 것보다 공부한 내용을 잘 이해하고 기억하고 있는지 문제를 풀어보는 것이 효과적이라는 얘기다.

관찰역량을 키우는 데도 이와 같은 메타인지 이론을 적용해볼 수 있다. 자신이 평소 얼마나 관찰에 관심을 기울이고 있으며 얼마나 관찰을 잘 하는지 스스로를 살펴보고 자신의 관찰능력을 객관적으로 살피고 수준을 파악해볼 수 있다. 앞서도 얘기했지만 사람은 편견이나 선입견, 고정관념 등 편향된 사고에 의해 영향을 받는 일이 많은데 관찰 역시 마찬가지다. 스스로를 돌아봄으로써 평소 자신이 잘 보는 영역과 그렇지 못한 영역이 무엇인지 알아내 인지편향을 개선하는 것도 필요하다. 평소 나의 행동에서 관찰을 방해하는 요소가 무엇이며 그 것을 개선하려면 어떻게 해야 하는지 생각해볼 수도 있다. 또한 앞서 언급한 그림이나 사진을 보면서 관찰하기, 그림 그리기, 본 것을 떠올리며 기록하기 등의 활동을 통해 스스로의 관찰력을 테스트해볼 수도 있다.

이렇게 스스로의 관찰수준을 마치 제3자가 보는 것처럼 살펴보는 것만으로도 자신이 관찰을 잘 하고 있는지, 아니면 노력이 더 필요한지, 노력이 필요하다면 부족한 것은 무엇인지, 무엇을 더 보완하면 좋을지 찾아낼 수 있다. 무언가 자신에게 부족한 것을 정확히 알고 있는 것과 그렇지 못한 것 사이에는 노력에서 차이가 생길 수 있다. 그러므로 메타인지를 활용해 스스로의 관찰역량을 파악하고 부족한 부분을 키워나가려는 노력이 필요하다.

앞서 언급했던 카이스트의 배상민 교수는 자신이 좋아하는 것, 자신이 가장 잘 하는 것, 자신과 가장 잘 어울릴 수 있는 것, 어디에 있을 때 가장 자연스러워지는지, 무슨 일을 할 때 가장 자신감이 넘치는지 등 다양한 질문을 던져봄으로써 자기 자신에 대해 인식할 필요가 있다고 한다. 이러한 질문을 통해 자기인식을 하고 나면 자아성찰의 단계로 넘어가야 한다. 스스로를 돌아보며 지금 자신이 잘하고 있는지를 끊임없이 돌아보아야 자신만의 언어와 캐릭터가 나올 수 있기 때문이다. 다시 말해 그 수준이 되어야 자신만의 생각으로 사물이나 현상을 바라보고 창의적인 생각을 떠올릴 수 있게 된다는 것이다. 배상민 교수가 말하는 자기성찰이라는 것도 결국은 유체이탈을 하듯 멀찍이 떨어진 관점에서 자신을 바라보고 평가하는 것이라 할 수 있는데 결국은 메타인지의 과정이라고 해도 좋을 것이다.

전체를, 세밀하게, 집중해서

관찰은 사냥꾼처럼 해야 한다. 사냥꾼이 사냥할 때의 모습을 상상해보라. 그들의 일은 사냥감을 발견하는 것으로부터 시작된다. 사냥감을 발견한 후 목표물이 도망가기 전에 재빠르게 총을 쏘아 맞추고, 그로부터 고기나 가죽을 얻는 것이 사냥꾼이 하는 일이다. 사냥감을 많이 찾으면 찾을수록 그들의 성과는 올라간다. 사냥감을 찾기 위해 그들은 눈은 물론 온몸의 감각을 활짝 열어놓는다. 시각, 청각, 촉각, 후

각은 물론 초월적 감각인 육감까지 활용한다. 사냥감을 발견하기 위해 사소한 것도 놓치지 않고 주의 깊게 관찰한다. 사냥감을 못보고 지나치는 실수를 저지르지 않기 위해 전체를 부분으로 쪼개 세밀하게 보면서도 가급적 넓은 범위를 보려고 한다. 한편 깊이 있게 자세히 보면서도 부분을 합친 전체는 넓어야만 한다. 넓이와 깊이를 동시에 추구하는 것이다. 세밀하게 보지 않으면 나뭇잎이나 눈, 바위 등에 가려지거나 은폐된 사냥감을 놓치게 돼 헛걸음을 하거나 역으로 사냥감의 먹이가 될 수도 있다. 동시에 넓게 보지 않으면 빠르게 이동하는 사냥감을 효율적으로 쫓을 수 없다. 사냥감이 시야의 프레임에서 벗어나지 않게 하면서도 그 안에서 전체를 나누며 세세한 관찰까지 필요한 것이다. 사냥꾼들은 이러한 일을 빠른 시간 내에 해내야 하기 때문에 찾고자 하는 목표물에 초집중한다.

TV를 보다 보면 〈극한직업〉이나 〈나는 자연인이다〉 같은 프로그램을 통해 산에서 약초 캐는 사람들의 모습을 볼 수 있다. 이들이 쫓는

건 사냥감처럼 살아 움직이는 생명이 아니라 땅에 뿌리를 내리고 사는 식물이지만 이들이 약초를 캘 때의 모습은 사냥꾼과 다를 바 없다. 그들은 울창하게 우거진 수풀 속에서 자신들이 캐야 할 값비싼 약초를 귀신처럼 찾아낸다. 평범한 사람이라면 보지 못하고 지나치거나 잡풀로 여기고 지나칠 것들도 그들은 소홀히 여기지 않는다. 그렇다고 그들이 모든 식물을 꼼꼼히 살피는 것도 아니다. 쓱 한 번 살펴보는 것 같으면서도 필요로 하는 모든 것들을 다 찾아낸다. 그들은 사냥꾼들처럼 전체를 놓치지 않고 살피면서도 부분을 정밀하게 관찰한다.

사냥꾼도 그렇지만 약초꾼도 무작정 살피지는 않는다. 그들이 제일 먼저 하는 일은 대상으로 하는 목표물이 있음직한 지역을 찾는 것이다. 동네 뒷산과 같은 낮은 산책길에서 귀한 사냥감이나 값비싼 약초를 찾을 리 없다. 손에 넣기 어려운 것일수록 깊은 산속으로 들어가야만 한다. 해발 1,000미터의 산이 있다고 하면 그들은 해발 700미터나 800미터가 넘는 지역만 살펴본다. 그것이 최고의 효율을 추구하는 방법이기 때문이다. 그러므로 관찰을 할 때는 전체를 부분으로 나누어 세밀하게 집중해서 살펴보되 무언가 찾는 것이 있음직한 영역부터 정해야 한다.

천천히, 조금 더 느리게

《멈추면, 비로소 보이는 것들》이라는 책이 있다. 이후 저자가 구설에 휘말리며 실망을 안겨주기도 했지만 제목만큼은 지금도 큰 공감을 자아낸다. 무엇이든 너무 빠르게 달리다 보면 보지 못하는 것들이 많아지고 신경을 써서 관찰하기도 어렵다. 현대인의 삶은 말을 타고 달리는 것 이상이다. 마치 KTX를 탄 것처럼 바쁜 일상의 연속이다. 무언가를 주의 깊게 살펴볼 틈도 없이 주변의 모든 일들이 순식간에 지나가고 만다. 바쁘게 사는 사람들일수록 관찰의 힘은 줄어들 수밖에 없다.

두뇌가 외부로부터 받아들인 정보를 인지하고, 처리과정을 거쳐 지각하고, 아이디어를 떠올리거나 행동에 옮기기 위해서는 시간이 필요하다. 물론 그 시간이 몇 시간이나 몇 분처럼 긴 시간이 아니라 몇백만 분의 1초 정도로 짧은 시간에 불과해 의식적으로 인지하기 어렵지만 모든 것들이 너무 빠르게 지나가다 보면 뇌 안에서 의미 있게 정보처리 과정을 거치기 어렵다. 관찰하기보다는 그냥 보고 지나치는 셈이다. 효과 있는 관찰을 하기 위해서는 뇌가 인지하고 자각하고 창의적 아이디어를 떠올릴 수 있도록 속도를 조금 늦추는 것이 좋다.

뇌는 정신없이 바쁘게 지낼 때보다는 일에서 벗어나 한가하게 지낼 때 더욱 많은 정보를 처리할 수 있고 '아하 모먼트Aha moment'라고 하는, 창의적인 아이디어를 떠올리는 순간을 만나게 된다. 생각해보면 정신없이 바쁘게 지내는 사무실보다는 잠시 쉬는 시간에 더 많은 아이디어가 떠오르는 걸 알 수 있다. 뇌 안에서 좋은 정보가 많이 떠오르는 시간은 주로 화장실(bath), 전철이나 버스 등 대중교통 수단 안(bus) 그리고 잠자리에 들기 직전(bed)이다. 이를 3B라 한다. 자기 전에 무언가 좋은 생각이 떠올라 다시 불을 켜고 주섬주섬 메모를 남기거나 화장실에서 아이디어가 떠올라 잊지 않기 위해 중얼거렸던 경험이 있을 것이다. 그래서 한 기업에서는 화장실의 3면을 메모판으로 만들어놓은 곳도 있다고 한다. 동양에서는 측상廁上, 마상馬上, 침상寢上의 3상이라고 한다. 서양의 3B와 정확히 일치한다. 이들의 공통점은 일을 하는 시간이 아니라 쉬는 시간이라는 것이다. 아르키메데스의 부력의 원리는 사무실이 아니라 목욕탕에서 쉴 때, 뉴턴의 만유인력은 연구실이 아니라 사과나무 밑에 누워 빈둥거릴 때 떠올랐다.

뇌는 두 가지 작동모드가 있는데 무언가 집중해서 과제를 처리할 때는 '주의모드(attention mode)'라는 것이 작동한다. 전두엽, 두정엽, 측두엽 등 정보를 처리하는 영역들이 주로 가동되며 주의모드를 형성한다. 반면에 집중하던 과제에서 벗어나 한가하게 지낼 때 뇌는 주의모드의 불이 꺼지고 '디폴트 모드 네트워크Default Mode Network'라는 부위가 가동된다. 이 부위가 가동되면 바쁠 때는 하지 못했던 정보처리가 의식 아래에서 자동적으로 이루어지기도 하고 서로 무관해 보이는 정보가 연결되기도 한다. 의식적으로는 생각하지 못했던 A라는 정보와 B라는 정보가 연결되면서 의도치 않게 좋은 아이디어를 떠올리기도 한다. 바로 이 순간이 '아하 모먼트'이다. 일명 '유레카 모먼트Eureka moment'라고도 한다.

철학자 임마누엘 칸트Immanuel Kant는 매일 오후 3시 30분에 마을을 한 바퀴 돌며 자신의 생각을 정리했다고 한다. 베토벤은 점심을 먹고 난 후 1시간 동안 연필과 악보를 챙겨들고 산책을 즐겼고, 찰스 다윈은 자신의 집 주변을 자주 산책하곤 했는데 그곳에 '생각하는 길'이라는 이름을 붙였다고 한다. 무라카미 하루키도 음악을 들으며 산책과

조깅을 즐기는 것으로 알려져 있다. 한가롭게 휴식을 취하는 시간에 좋은 아이디어를 떠올리기 위해서는 뇌에서 처리할 수 있는 정보가 필요하다. 뇌에 들어있는 정보가 빈약하면 떠올릴 수 있는 아이디어가 별로 없을 것이다. 따라서 우리가 무언가에 집중하지 않고 휴식을 취할 때 뇌가 좋은 생각을 떠올릴 수 있도록 하기 위해서는 평소에 많은 정보를 입력하는 것이 좋은데 그 방법 중 하나가 관찰이다. 앞서도 얘기했지만 관찰은 그냥 보고 지나치는 것이 아니다. 그냥 보고 지나치는 것은 인지하기는 해도 지각하지 못한다. 즉, 저장되지 않는다는 것이다. 관심을 가지고 깊이 있게 들여다봐야 그것이 인지과정을 거쳐 지각하게 되고 정보로 남을 수 있다. 비록 그것이 활용될지 여부는 알 수 없지만 일단 머릿속에 새겨져야 활용될 기회도 가질 수 있다. 그렇게 하기 위해서는 정보가 입력될 수 있도록 속도를 늦추는 것이 필요하다. 관찰한 것이 머리에 새겨질 수 있도록 말이다.

전자기기 내려놓기

요즘의 20대와 30년 전의 20대 중 누가 더 관찰력이 좋을까? 지능지수처럼 관찰력을 객관적으로 측정할 수 있는 도구가 있고 과거부터 지속적인 측정이 이루어져 왔다면 좋으련만 아쉽게도 그러한 수치는 존재하지 않는다. 그로 인해 절대적인 비교는 불가능하지만 생각해보면 과거의 사람들에 비해 요즘 사람들의 관찰력이 상대적으로 낮을 것 같다. 과거에는 일상생활에서 고개를 들고 다니며 주변을 살피는 일에 시간을 많이 쓰던 사람들이 기술이 발달함에 따라 점점 고개를 숙이는 일이 늘어났기 때문이다.

현대인들이 살아가는 생활환경은 참으로 관찰에 신경을 쏟기 불리하다. 앞서 말한 것처럼 관심이 있어야 관찰에도 신경을 쓸 텐데 주의를 분산시키는 요인들이 도처에 너무나 많기 때문이다. 그 중에서도 가장 큰 장애는 손에 들고 있는 스마트폰이다. 스마트폰이 등장한 이래 사람들의 라이프스타일은 급격히 바뀌고 있다. 아침에 눈을 뜨면서부터 밤에 잠자리에 들기 직전까지, 하루 종일 스마트폰 없이는 생활이 어려울 지경에 이르렀다. 화장실에 갈 때는 물론이고 밥을 먹을 때나 길을 걸을 때나 시선이 스마트폰에서 떠나질 않는다. 오죽하면 앞을 보지 않고 스마트폰을 들여다보며 걷는 사람들을 위험으로부터 지키기 위한 점등장치까지 등장했을까. 지하철을 타면 모두들 고개를 숙이고 스마트폰을 들여다보느라 정신이 없다. 전화나 문자, 이메일 등 사람들과의 커뮤니케이션, 각종 커뮤니티나 SNS 활동, 게임이나 TV, 영화 등의 여가활동, 무언가를 배우는 학습 등이 모두 한 뼘 정도밖에 안 되는 조그마한 세상에서 이루어진다. 일상생활에 필요한 모든 것들이 그 안에 담겨있다 보니 하루 종일 그것으로부터 시선을 뗄 수가 없다.

이쯤 되면 중독이라고 할 수밖에 없다. 2019년에 한 기관에서 조사한 내용에 따르면 성인 중 40퍼센트 정도가 자신이 '스마트폰 중독'이라고 답했다고 한다. 심지어 스마트폰을 깜빡 두고 나오거나, 분실하거나, 배터리가 간당간당한 상황이 되면 어쩔 줄 모르고 심각한 불안을 느낀다고 하는데 이를 지칭하는 '노모포비아'라는 신조어까지 등

장했다. 노모포비아란 'No+Mobilephone+Phobia'의 합성어를 나타
낸다. 노모포비아는 특히 어려서부터 그 환경에서 자라온 젊은 사람들
일수록 그 정도가 심하다. 또 다른 조사에 의하면 10~30대는 특별한 일
이 없어도 평균 3~6분마다 한 번씩 스마트폰을 만진다고 한다. 정도의
차이는 있겠지만 상당수의 사람들이 이런 증상을 가지고 있을 것이다.

중독의 위험성은 그 대상이 되는 물질이나 행위에서 빠져나오기
가 쉽지 않다는 것이다. 중독이 되면 될수록 더욱 큰 자극과 보상을 필
요로 하기 때문에 더 자주 스마트폰을 들여다보고 더 많은 시간을 스
마트폰과 지내야 한다. 스마트폰이 없으면 불안하고 초조해지며 일에
집중할 수 없다. 빠져나오고 싶어도 빠져나오기 힘든 것이 스마트폰인
데 이 지경에 이르면 당연히 스마트폰 이외의 세계에 관심을 가지기
어렵다. 앞서 90년대 생에 관한 이야기를 했지만 스마트폰이 등장한
2007년 이래로 그 기기에 익숙해진 세대가 직장에 입사하기 시작하는
2030년 중반쯤 되면 아마도 지금보다 더욱 큰 지각변동이 일어날 것
이라 생각한다.

관찰은 고개를 들어 세상을 둘러보고자 할 때 이뤄지는데 손바닥
만한 기계 안에만 시선을 고정시키니 주변을 둘러보지 못함은 당연한
일이다. 물론 마음만 먹으면 스마트폰 안에서도 어느 정도의 관찰은
가능하다. 뉴스를 읽으면서 사회적인 트렌드 변화를 살펴볼 수 있고,
쇼핑몰을 살펴보면서 어떤 제품들이 팔리는지 파악할 수 있으며, 유튜
브를 보면서 어떤 콘텐츠가 인기를 끌고 있는지 살펴볼 수도 있다. 새
롭게 등장하는 어플리케이션은 어떤 종류와 특징을 가지고 있는지 살
펴봄으로써 사람들의 욕구가 어떻게 달라지고 있는지 그 변화를 유추

해볼 수도 있다. 하지만 스마트폰을 이렇게 건전하게 사용하는 사람이 얼마나 있단 말인가. 그 안에서 무언가를 얻고자 하는 사람들은 그리 많지 않다. 당연히 관찰역량도 줄어들 수밖에 없다. 물론 이는 단정적으로 이야기할 수 없다. 앞서도 말한 것처럼 객관적으로 측정할 수 있는 기준이 없으니 말이다. 어쩌면 생각과는 달리 보다 많은 외부의 자극으로 인해 관찰력이 높아졌을 가능성도 있다. 혹은 관찰의 영역이 예상하지 못한 새로운 분야로 바뀌거나….

　　하지만 분명한 건 전자기기에 빠져 고개를 숙이고 다니면 볼 수 없는 것이 많아지고 놓치고 지나는 것이 많을 수밖에 없다는 것이다. 사람들의 표정도, 사람들의 옷차림도, 사람들의 헤어스타일도, 주변에 생겨나는 음식점이나 상점들도, 사람들이 들고 다니는 가방이나 소지품도, 사람들의 행동도 모두 의식하지 못한 채 지나칠 수밖에 없다. 친구나 가족 구성원들 간의 대화도 줄어들고 사람들 마음을 읽는 역량도 줄어들 수 있다. 그러므로 고개를 들어 주위를 살피기 위해서는 전자기기를 내려놓아야 한다. 하루 중 출퇴근 시간만이라도 혹은 특별히 정해진 시간만이라도 스마트폰을 손에서 놓고 주위를 둘러보라. 그 시간이 길어지면 길어질수록 의미 있는 발견을 할 가능성은 커진다.

관찰이 바꿔놓을 삶을 준비하라

사람들은 누구나 성공적인 삶을 살고 싶어 한다. 더불어 죽을 때까지 돈 걱정 없이 살 수 있는 부를 원한다. 하지만 다이아몬드나 금수저가 아닌 이상 스스로의 힘만으로 성공의 자리에 오르고 부자가 되는 일은 참으로 힘들다. 그래서 많은 사람들은 스스로 성공하고 부자가 되는 것을 포기하는 대신 힘을 가진 사람 밑에 들어가 노동력을 제공하며 직장생활을 하는 것을 택했다. 그 대가로 안정적인 삶을 누리며 살아왔다. 아날로그 시대에서는 그것이 보통 사람들, 다수의 사람들이 사는 삶의 방식이었다. 하지만 세상이 달라지면서 성공에 대한 생각도 달라지고 있다. 더 이상 힘 있는 사람들 밑에 웅크리고 있다고 해서 안정적인 삶을 누릴 수 있는 시절이 아니다.

세상은 무서운 속도로 변하고 있다. 과거에서 현재에 이르는 것보다 현재에서 미래로 가는 길은 변화가 더욱 빠르고 심해질 것이다. 이렇게 급변하는 세상에서는 과거에 쌓아둔 질서가 무너지면서 새로운 기회가 등장하는 일이 자주 일어나곤 한다. 오프라인에서 호황을 맞이했던 비디오대여점이 사라지고 온라인에서 실시간 스트리밍 서비스로 세상을 평정하는 것 같은 일들이 수시로 벌어지고 있는 것이다. 이러한 변화는 과거에 꿈꾸지 못했던 성공의 기회를 만들어내기도 한다. 세상을 사냥터라고 비유하면 지금껏 볼 수 없었던 값진 사냥감들이 속속 나타나고 있는 것이다. 그러한 세상에서 우리는 누구나 사냥꾼이 될 수 있다. 전에 없던 새로운 사냥감들이 나타나는 순간 누구보다 먼저 그것을 발견하고 잡을 수 있다면 누구나 꿈꾸는 부와 성공을 손에 거머쥘 수 있다. 과거라면 기회가 없어서 도전하지 못할 일들이 지금 그리고 앞으로 펼쳐질 세계에서는 관심과 노력만 있다면 얼마든지 기회를 잡을 수 있게 된 것이다.

하지만 또 누구나 그런 기회를 잡을 수 있는 것은 아니다. 조앤 롤링Joan K. Rowling은 홀로 어린 아이를 키우며 정부지원금으로 살아가는 가난한 여성이었지만《해리포터》시리즈로 무려 3조 원이 넘는 수입을 올려 인생 대역전극을 이루었다. 그런데《해리포터》가 처음부터 출판사의 환영을 받았던 것은 아니다. 무려 열두 곳의 출판사에서 거절을 당했는데 그 이유는 내용이 너무 많고 이야기 전개가 느리다는 것이었다. 결국 블룸즈버리Bloomsbury라는 작은 출판사가 책을 펴낼 수 있는 기회를 잡게 되었다. 초판 500권을 찍는 것으로 시작한《해리포터》시리즈는 전 세계 70여 개의 언어로 번역돼 무려 5억 권이 팔려나갔다. 이로 인해 블룸즈버리 출판사는 일약 세계적으로 이름을 알리게 되었고 지금은 시가 총액 2,500억 원 규모의 기업으로 성장했다. 앞서간 열두 개의 출판사에도 상상할 수 없는 부를 거머쥘 수 있는 기회가 있었지만 그들은 그것을 놓치고 말았다. 기회는 블룸즈버리에게 돌아갔다. 그 차이는 기회를 찾아낼 수 있는 눈에 달려 있다. 날카로운 매의 눈으로 세상을 바라보는 사냥꾼은 달라지는 세상에서 기회를 찾고 그것을 손아귀에 넣을 수 있지만 그렇지 않은 사람들은 지금과 별다를 바 없는 삶을 살게 될 것이다.

기회는 매일 우리 주변을 스쳐 지나가고 있고 누구에게나 공평하게 주어지고 있다. 세상이 달라지면서 더 많은 기회들이 주어지고 있다. 그것을 볼 수 있느냐의 여부가 성공하는 삶으로 가는 길의 문을 열수 있는 열쇠가 될 것이다. 날카로운 사냥꾼의 눈으로 세상을 관찰한다면 개인적으로 사업가나 창업가가 되거나, 투자를 통해 큰돈을 벌수 있는 기회는 끊임없이 찾아올 것이다. 비단 직장생활을 하는 경우라 해도 사냥꾼의 눈을 통해 날카롭게 세상을 바라볼 수 있다면 그 안에서 조직의 가치를 높일 수 있는 기회들을 발견할 수 있게 되고 업무성과도 높아질 수 있을 것이다. '관찰'이 여러분의 미래를 바꿔 놓을 수있다.

〈참고문헌〉

프롤로그
- 「1000억 계약… 점자 패드로 美 교육시장 잡은 만 30세 CEO」, 주간조선, 2020.12.20. 이 신영, 『한국의 젊은 부자들』, 메이븐(2017)

01. 사냥꾼의 눈으로 세상을 바라보기
- 「아이 엄마에서 공유경제 선구자로, 로빈 체이스가 말하는 ‘공유경제의 미래’」, The Science Times, 2016.3.18.
- 「‘스낵네이션’은 어떻게 MS·디즈니 직원들의 마음을 사로잡았나」, 아시아경제, 2019.7.2.
- 「하루종일 집에 있는 아이들 간식 준비 걱정 ‘끝’」, 문화일보, 2020.3.23.
- 김광석, 「구독경제를 구독하라」, 인터비즈, 2020.12.31.
- 「[리얼 실리콘밸리] 평범한 주부의 유튜브 성공기 ‘미주리 스타 퀼트’」, 비즈한국, 2018.10.29.
- 「[애그리biz] 나뭇잎 팔아 활기 되찾은 고령자 농촌 일본 가미카쓰 마을」, 이코노믹리 뷰, 2018.10.3.

02. 관찰은 어떻게 무기가 되는가
- 「유 퀴즈 온 더 블록, ‘어떻게 살 것인가’ 특집」, tvN, 2020.11.25.
- 「투자 수익률 300% 한국판 워런 버핏」, 중앙일보, 2015.5.16.

- 임나리,「배상민 "난 아름다운 쓰레기를 만드는 디자이너였다"」, 채널예스, 2014.9.29.
- Matthijs Baas, Barbara Nevicka, Femke S Ten Velden, "Specific Mindfulness Skills Differentially Predict Creative Performance", Personality and Social Psychology Bulletin 40(9):1092-1106, 2014 May 23
- Dave Wendland, "Creativity Begins With Observation", Forbes, Apr 8, 2019
- 마르코 폰 뮌히하우젠,『집중하는 힘』, 강희진 역, 미래의창(2017)
- Michael Melnick et al., "A Strong Interactive Link between Sensory Discriminations and Intelligence", Current biology: CB 23(11), May 2013
- 카야 노르뎅엔,『내가 왜 이러나 싶을 땐 뇌과학』, 조윤경 역, 일센치페이퍼(2019)
- Annette Karmiloff-Smith, "Constraints on representational change: Evidence from children's drawing", Cognition, Volume 34, Issue 1, January 1990, Pages 57-83
- 바버라 베이그,『하버드 글쓰기 강의』, 박병화 역, 에쎄(2011)
- 모헤브 코스탄디,『일상적이지만 절대적인 뇌과학 지식 50』, 박인용 역, 반니(2016)
- 하군,「이 사람은 전국의 크레파스를 뒤엎었다: 제일기획 CD 이채훈」, 지식의 전당 PPSS, 2019.9.23
-「쓸쓸히 세상을 떠난 선각자, 제멜바이스」, 네이버 지식백과
-「Benchmarking Innovation Impact 2018」, KPMG, 2018
- Sunil Gupta, "Rebuild Your Strategy for Digital Transformation", 동아 비즈니스 포럼, 2019.12.4.
-「구글 새 서비스 '쓴잔'에도 "우린 실패 반겨"」, 한겨레, 2010.8.9
- 에이미 E. 허먼,『우아한 관찰주의자』, 문희경 역, 청림출판(2017)
- 한스-게오르크 호이젤,『뇌, 욕망의 비밀을 풀다』, 강영옥 등 역, 비즈니스북스(2019)
-「'복붙의 아버지' 래리 테슬러 사망… 컴퓨터 대중화 주역」, 세계일보, 2020.2.20

03. 무엇을 관찰할 것인가?

- 권도균,『권도균의 스타트업 경영수업』, 위즈덤하우스(2015)
-「"3만원 내고 낮잠" 슬리포노믹스 급성장」, 매일경제, 2018.8.3.
- 구지영, "Insightful Thinking: 통찰력을 통한 혁신상품 발굴사례", 연세대학교 CEO 특강, 2019.9.11.

- 「이색 보험의 세계…'오른손 보험'부터 '층간소음' 보장까지」, 매경이코노미, 2020.8.10.
- Bill Gates, "We're not ready for the next epidemic", GateNotes, March 18, 2015
- 「10년 전에 미래 예측한 박진영」, 유튜브(https://www.youtube.com/watch?v=8feZciqnAlY)
- 크리스티안 마두스베르그, 『센스메이킹』, 김태훈 역, 위즈덤하우스(2017)브랜드 랩, 「화해, '화장품의 이면을 보다'」, https://brand-lab.tistory.com
- 「스마트폰 시장 축소됐지만, 웨어러블·태블릿 큰폭 성장」, 한겨레, 2020.11.4
- 최재붕, 『포노 사피엔스』, 쌤앤파커스(2019)

04. 기회를 놓치지 않는 관찰의 기술

- Christopher F Chabris et al., "You do not talk about Fight Club if you do not notice Fight Club: Inattentional blindness for a simulated real-world assault", Iperception. 2011; 2(2): 150 - 153.
- 「[Weekend Interview] 윗세대 보라고 썼는데 20대까지 열광 임홍택 '90년생이 온다' 저자」, 매일경제, 2019.4.26
- 「日, 남성들이 '생리대' 착용하는 이유」, 부산 파이낸셜 뉴스, 2015.10.13.
- 로버트 케이브, 『괴짜 과학자들의 별난 실험 100』, 제효영 역, 시그마북스(2017)
- 「결정적인 사소함」, HS Adzine, 2019.5.31.
- 「뚱뚱한 모나리자? 무엇이든 거꾸로 보는 문화예술계 천재들 〈결국 아이디어는 발견이다〉」, KMAC Books, 2020.2.28
- 「케이팝 20년… '현지화 전략' 보아에서 한국어로 부르는 방탄까지」, 한겨레, 2019.5.11.
- 양은우, 『관찰의 기술』, 다산북스(2013)
- 이화선, 『생각 인문학』, 비즈니스북스(2020)
- 왕카이, 『소요유, 장자의 미학』, 신정근 역, 성균관대학교출판부(2013)

05. 사냥꾼은 오직 성과로 말한다

- 권동칠, 『관찰의 힘: 최고의 성과를 만드는 습관』, 성림원북스(2020)
- 「애플 디자이너 조너선 아이브가 존경하는 디자이너 디터 람스가 현대 산업 디자인에 끼치는 영향력」, welle 이야기, 2020.11.24.

- 곽금주, 「[전문가 칼럼] 모방과 창의는 '뫼비우스의 띠'」, 삼성뉴스룸, 2014.11.14.
- 이병주, 「모든 우연한 발견에도 공통점이 있다」, DBR, 134호(2013년 8월 Issue)
- 권태훈, 「관찰과 창의력, 세계적인 패션 브랜드를 만들다, 폴 스미스」, MODU, 2014.4.28.
- 「백종원의 골목식당 속의 '디자인 씽킹'」, LG CNS, 2018.6.29.
- 조준동, 『창의융합 프로젝트 아이디어북』, 한빛아카데미(2015)
- 「고객가치와 창의적 디자인 사고」, 창업에듀
- 김철수, 『인사이트, 통찰의 힘』, 비즈니스북스(2015)
- 윤신희, 「시에 있어서의 관찰과 상상력 – 구상」, 신희의 미소가 있는 풍경, 2016.12.11.

06. 관찰력을 키워주는 일상의 훈련

- Bowen He et al., "The art of observation: a qualitative analysis of medical students' experiences", BMC Medical Education volume 19, Article number: 234 (2019)
- 「한국 찾은 기억력 천재 에란 카츠」, 연합뉴스, 2008.4.28.
- 「"인간만의 '메타인지'를 살려라"」, The Science Times, 2019.6.27.
- 「전교 1등은 알고 있는 '공부에 대한 공부'」, KBS News, 2014.7.28.
- 리사 손, 「내 안의 가능성을 끌어내는 메타인지의 비밀」, 세바시 1224회
- 「걷고 들으며 길에서 생각을 만든 거장들」, TTimes, 2020.9.21

사냥꾼의 눈

초판 1쇄 발행 2021년 5월 5일
초판 2쇄 발행 2021년 5월 10일

지은이 | 양은우

발행인 | 유영준
편집부 | 오향림 · 한주희
표지 디자인 | 김윤남
본문 디자인 | 디자인 연우
인쇄 | 두성 P&L
발행처 | 와이즈맵
출판신고 | 제2017-000130호(2017년 1월 11일)

주소 | 서울 강남구 봉은사로16길 14 나우빌딩 4층 쉐어원오피스(우편번호 06124)
전화 | (02)554-2948
팩스 | (02)554-2949
홈페이지 | www.wisemap.co.kr

ISBN 979-11-89328-41-2 (03190)